# 北大政治学评论

## （第3辑）

## 政治哲学与政治文化

俞可平　主编

商务印书馆
创于1897　The Commercial Press
2018年·北京

**图书在版编目（CIP）数据**

北大政治学评论. 第3辑 / 俞可平主编. —北京：商务印书馆，2018
ISBN 978-7-100-15662-2

Ⅰ. ①北… Ⅱ. ①俞… Ⅲ. ①政治学—文集 Ⅳ. ①D0-53

中国版本图书馆CIP数据核字（2017）第305165号



**北大政治学评论**
**（第3辑）**
俞可平　主编

商务印书馆出版
（北京王府井大街36号　邮政编码 100710）
商务印书馆发行
三河市尚艺印装有限公司印刷
ISBN 978-7-100-15662-2

2018年1月第1版　　开本 787×1092　1/16
2018年1月第1次印刷　　印张 19 3/4

定价：68.00元

# 目　录

## 特　稿



## 政治学理论



## 政治学研究方法



## 治理理论



## 政治文化研究



## 海外译稿

## 重要概念 / 理论综述



## 附 录

# Contents

# 特 稿

# Special Articles

# 论人的尊严：一种政治学的分析

俞可平 *

**摘　要**：人的尊严是人文社会科学的基本概念，也是人的最高价值和基本权利。本文首先回顾了从传统尊严观转为现代尊严观的简要历史，分析了传统尊严观与现代尊严观的主要区别，然后着重从价值、权利和制度三个维度对“人的尊严”作了全面深入的分析。作者认为，对人的尊严的认识，集中表明了人类对自身价值和命运的认识；人类在维护自身尊严方面所取得的成就，集中反映了人类文明的深刻进步。认识到人的尊严，是与生俱来的人的内在价值，是人类自身认识史上的重大飞跃；把人的尊严视为人权的“第一原则”，并在宪法和法律中加以明确的规定，是人类政治发展史特别是人权历史的重大突破。不再依赖任何形式的“救世主”，而是依靠人类自己，并通过具体的政治、经济和社会制度，来维护和保障人的基本权利，进而维护人的尊严，是人类终于找到的、实现自我解放的唯一正确道路。

**关键词**：人的尊严　人的价值　人的权利　民主政治　共享经济　福利制度

**Abstract**: Human dignity is not only one of the fundamental concepts in the humanities and political philosophy, but also the supreme value and basic right of human beings. The article gives a brief historical review of human dignity; from its traditional notion to its modern one. It also distinguishes the main difference between the traditional and the modern notions of human dignity. It then analyses human dignity via three perspectives: as a value, a right and an institution. The

---

* 俞可平，北京大学讲席教授，北京大学政府管理学院院长、中国政治学研究中心主任、城市治理研究院院长。

author argues that the knowledge of human dignity that mankind has achieved is a concentrated reflection of human knowledge of human beings themselves, and the progress the mankind has made in human dignity is a concentrated reflection of progress in human civilization. It was a leap in history of human epistemology to recognize human dignity to be the inherent value of human beings by nature and abreakthrough in history of human political progress to regard human dignity to be the "first principle" of human rights which is stipulated in constitutions and laws.

**Key Words**: Human dignity; Human values; Human rights; Democracy; Sharing economy; Welfare system

对于国内许多读者来说，“尊严”这一概念还显得相当陌生，甚至有些“奢侈”。其实，自从康德把“人的尊严”视为“人的内在价值”以后，“人的尊严”就开始被广泛地当作“人的最高价值”，并被以联合国为代表的国际社会普遍接受为“人的基本权利”或“人权的基本原则”。作为全人类共同的基本价值，尊严一直是哲学、伦理学、文学和史学等人文学科与政治学、经济学、社会学和法学等社会科学关注的重大问题，甚至也是医学、生物学和心理学等自然科学关注的重要问题。本文将从政治学的角度对“人的尊严”这一重要范畴提出一种新的解释，即不仅把人的尊严当作一种人类的基本价值和基本权利，而且也把它当作一种社会的基本制度。在笔者看来，在人的尊严问题上的许多错误观点，以及侵犯人类尊严的大量不当行为，在相当程度上源于人们没有正确认识到人的尊严作为价值、权利和制度之间的内在联系。在正式论述人类尊严的这三个基本维度之前，我们先来考察一下国内外学者对尊严研究的简要历史。

## 一　人的尊严：从传统到现代

尊严最初的意义，是人的某种社会地位和社会价值，特别是某种优越的社会地位和价值，受到应当受到的承认和尊重。这种思想几乎与人类文明同时产生，它也确实存在于世界各大文明体系的主流伦理和政治思想之中，尽管“尊严”一词未必出现。

在中国传统文化中，很早就出现了“尊严”一词，其基本意义是指个人的威严和尊贵，尤其是指应该得到他人承认和重视的威严和尊贵。例如，有人考证后指出，在古汉语中作为一个固有词汇，“尊”和“严”首次有联系地出现于郭店楚墓竹简《五行》篇中：“不远不敬，不敬不严，不严不尊，不尊不恭，不恭亡礼。”“远而庄之，敬也。敬而不节，严也。严而畏之，尊也。”马王堆帛书《五行》篇也有类似表述：“不敬不严，严犹严，严敬之责者也。不严不尊，严而后己尊。”“尊严”作为一个完整的汉语词汇，最早由荀子提出，他在《致士》篇中说：“尊严而惮，可以为师。”[①] 尽管在传统中国，确实有不少思想家，特别是像孟子这样的儒家学者，强调人的尊严应当来自于人本身的道德品行，所谓“内圣”才能“外王”。但是，这至多是一种政治理想，不可否认的事实是：在传统中国，人的尊严的现实基础是权力，而非德行。皇帝拥有最高的政治权力，他也因此而成为最有尊严的人。事实上，即使强调德行的儒家本身，其主流观点也把最高的尊严给予了皇帝。这是因为“尊君安国”或“尊主安国”，是以儒家为代表的中国传统政治思想的重要支柱之一。例如，管子明确说，“安国在乎尊君”[②]；朱熹也认为，“人主极尊严”[③]。“‘尊主安国’是一种自上而下通过加强中央集权来进行政治统治的策略思想，它认为国家的安定、人民的兴旺唯有维护君主的绝对权威才能实现。”[④] 这就从本质上决定了中国传统社会的尊严观与现代社会的尊严观是截然不同的，甚至是格格不入的。

现代社会的尊严观起源于西方。对尊严的系统研究和阐述在西方文明中源远流长，一支是宗教的源流；另一支是世俗的思想源流。宗教的源流以基督教为代表，基督教的思想家认为，上帝以“自己的荣耀创造了人类”，“赐他荣耀尊贵为冠冕”[⑤]。人类便因此而具有尊严，它比世间万物更加尊贵。英文的“尊严”（dignity）一词，最初就源于拉丁文 dignitas，它多次出现于基督教思想家托马斯·阿奎那的名著《神学大全》中。世俗的尊严观发源于古希腊

① 乔清举：《儒道尊严思想简论》，《社会科学》2013 年第 4 期。

② 《管子·重令篇》。

③ 朱熹：《朱子语类》，黎靖德编，中华书局 1986 年版，第 7 册，第 2727 页。

④ 俞可平：《中国传统政治文化论要》，《孔子研究》1989 年第 2 期。

⑤ 《旧约·诗篇》第 8 章第 4—8 节。

的柏拉图和亚里士多德，经古罗马的西塞罗，到文艺复兴和启蒙运动的思想家那里达到西方传统尊严思想的高峰。柏拉图和亚里士多德其实并没有对尊严有过专门的论述，但在他们的著作中已经包含着人类因为其不朽的灵魂而具有尊严的思想，到西塞罗那里，才首次明确地把尊严当作人类德性的产物，并且把它当作人的高贵品性。至今仍然在流传的西塞罗名言之一，便是“没有诚实何来尊严？”到了15世纪，尊严才第一次开始作为讨论的热点问题引发人们广泛关注。意大利哲学家皮科·米兰多拉（Pico della Mirandola）发表于1468年的《论人的尊严》（*De Hominis Dignitate*）被认为是西方思想史上第一部集中辩护“人的尊严”的论著，在人类思想解放的历史上具有里程碑的意义，它也因此而被公认为“文艺复兴的宣言”（The Manifesto of the Renaissance）①。

毫无疑问，在西方思想史上，最终完成从把尊严作为人的“外在价值”的传统尊严观，转变为把尊严作为人的“内在价值”的现代尊严观的标志性人物，是德国哲学家康德。康德关于尊严的一系列论述，是现代尊严思想诞生的标志。康德尊严观的核心就是，把人本身当作目的而非实现其他目的的手段，进而把人的尊严当作人的内在价值和本质属性。这样，康德就把人的尊严提到了前所未有的高度。人之所以成为人，或者说，拥有理性的人之所以区别于其他动物，首先就是因为人有“人的尊严”。所以，尊严对于人类而言，是至高无上的、不可让渡的、不可替代的和无价的。在康德那里，尊严本身成了人类的“理性”“德性”和“人性”的内在要素。康德提出了一系列关于尊严的重要论断，其中包括以下这一被广泛引用的著名论断：“目的王国中的一切，或者有价值，或者有尊严。一个有价值的东西能被其他东西所代替，这是等价；与此相反，超越于一切价值之上，没有等价物可代替，才是尊严。”②

康德，这位德国的杰出思想家在18世纪就把人的尊严上升为人类的德性和人性，从而开启了人类现代尊严思想的先河。然而，多少有些讽刺的是，在两个世纪后的20世纪，在康德的祖国却发生了人类历史上惨绝人寰的大规

① 关于米兰多拉《论人的尊严》及其相关讨论，可参见程新宇《关于人的尊严之争论现状及其原因》，《华中科技大学学报》（社会科学版）2015年第6期。

② 康德：《道德形而上学原理》，苗力田译，上海人民出版社1986年版，第87页。

模剥夺人类尊严的悲剧：对犹太人的大屠杀和发动第二次世界大战。纳粹德国的暴行，最彻底地摧毁了人的生命、尊严和理性，也完全违背了西方思想史上一切关于人类尊严的文明理论，特别是以康德为代表的现代尊严观。正是因为吸取了第二次世界大战中纳粹德国、意大利法西斯和日本军国主义摧残人的尊严、漠视人的生命的反人类暴行的惨痛教训，战后通过的《联合国宪章》和《世界人权宣言》正式引入了“人的尊严”这一概念，并且一致把“人的尊严”确认为全人类的普遍价值和国际社会必须共同遵守的根本法律原则。准确地说，自从这两个重要的国际性公约确认“人的尊严”的基本价值后，“人的尊严”概念才被广泛引入国际公约和民族国家的宪法之中，对“人的尊严”的研究和讨论也开始在国际范围内变成知识界普遍关注的热点问题，并且成为横跨哲学人文学科、社会科学和自然科学的多学科研究的重点。

## 二　人的尊严：近期的研究

从20世纪末特别是21世纪初开始，人的尊严再度成为国际社会普遍关注的热点，并且在知识界引发了新一轮的“人的尊严”讨论，像尤尔根·哈贝马斯（Jürgen Habermas）这样一些国际知名的重量级学者也纷纷发表论著，阐明各自对人类尊严的看法。在新一轮对人类尊严的讨论中，有一些非常值得注意的动向或趋势。首先，从学科的角度看，对尊严的讨论已经从原先的哲学、政治学、伦理学、社会学、法学等传统人文社会科学，扩展到医学、生物学、管理学、心理学和人工智能科学等自然科学和管理科学。其次，讨论的范围从原先的西方发达国家，扩展到了全球范围，许多发展中国家的学者也开始热切关注人类尊严问题。例如，中国知识分子对尊严的关注度，在21世纪后明显上升，并且开始成为多个学科关注的对象①。再次，对人类尊严的关注重点，开始从纯粹的理论问题转向紧迫的现实问题。例如，如何进一步完善法

① 检索“中国知网”（CNKI）以“尊严”为主题的论文发表数量，以及检索以“尊严”为主题的专著出版数量，也可很好地说明这一点。笔者还在2010年召集并主持了国内首次以尊严为主题的国际学术研讨会，会后正式出版了以提交会议的论文为主体内容的《幸福与尊严》一书（中央编译出版社2012年版）。

律制度以更好地维护人的尊严，如何改进医护设施和医疗技术以尊重病人的尊严，等等。最后，在第二次世界大战后关于人类尊严的讨论，首次在知识分子中间产生了重大分歧。强调人类尊严的至高价值，一直是第二次世界大战后各国政治家和学者之间最大的共识，但在新一轮关于尊严的讨论中，有些学者公开否定“尊严”的价值。例如，美国著名的生物伦理学家露丝·麦克琳（Ruth Macklin）教授以醒目的标题著文指出，“尊严是一个无用的概念”，对它弃之不用不会有任何损失。[①]

尊严问题再次引起关注并且出现上述这些新的动向，有其深刻的现实根源，最重要的是以下几个原因。

首要的原因是，在全球范围内，损害人类尊严的现实问题还大量存在，人类的尊严远没有受到应有的尊重。人类的尊严得不到应有的尊重，人性和人道就得不到应有的张扬，人权就难以得到切实的维护。正如哈贝马斯所指出的那样，“我们已经有过侵害人的尊严的经历，在许多情况下这种经历还可能以新的方式出现。例如，贫穷阶层不可忍受的社会状况和被边缘化，工作场所中男女的不同待遇，对外国人以及对少数族群在文化、语言、宗教和种族上的歧视，对那些必须从传统礼仪的暴力中解放出来的移民家庭中的年轻妇女的折磨，以及对非法移民和避难者的野蛮驱赶”[②]。所有这些都表明，如何维护人类的尊严，从而保障基本的人权，依然是人类自身的紧迫任务。

其次，科学技术的新发展和突破，特别是临床医学技术、生物基因技术、人工智能技术和信息网络技术的新进展，对人类尊严提出了新的挑战。像器官移植、基因工程、动物克隆、视频监控等技术，一方面可以造福人类，帮助人们维护公共秩序；但另一方面也可能侵犯人的隐私，伤害人类的尊严。此外，在新兴科学技术突飞猛进的条件下，如果完全照搬传统维护人类尊严的做法，也有可能妨碍某种先进科学技术的试验和推广应用，最终不利于人类的发展。事实上，21 世纪对人的尊严的热烈讨论和争论，往往由新的科学

---

① 露丝·麦克琳：《尊严是一个无用的概念》（Dignity is a Useless Concept），《不列颠医学杂志》（*British Medical Journal*）2003 年第 327 期。

② 尤尔根·哈贝马斯：《人的尊严的概念和现实主义的人权乌托邦》（The Concept of Human Dignity and the Realistic Utopia of Human Rights），《元哲学杂志》（*Metaphilosophy*）2010 年 7 月第 41 卷第 4 期。

技术的发明和应用所引发。例如，布什总统时期的美国“生物伦理委员会”（President's Council on Bioethics）分别于2003年和2008年发表的两份报告《弘扬人道》（Being Human）和《人的尊严与生物伦理学》（Human Dignity and Bioethics）被认为直接引发了美国学界关于人的尊严的大讨论。正是在上述这两份报告发表后，麦克琳教授公开指出“尊严是一个无用的概念”，而哈佛大学的斯蒂芬·宾克（Steven Pinker）教授则走得更远，公开著文抨击说，“人的尊严”是一个“愚蠢的”观念[①]。

最后，更多的国家和政府重视人的尊严。随着一些国家民主政治的进步和人民物质生活条件的改善，越来越多的民众开始对自己的尊严更加重视，希望受到更多的尊重。这种情况在发展中国家尤其明显。以中国为例，1982年重新修订颁布的现行宪法第38条规定：“中华人民共和国公民的人格尊严不受侵犯。禁止用任何方法对公民进行侮辱、诽谤和诬告陷害。”从立法原意而言，这是“总结了‘文化大革命’中大量发生肆意侵犯和蹂躏特定公民（尤其是当时的国家高级领导人）的名誉权、荣誉权、隐私权等人格利益事件的惨痛历史教训所作的一项补救性规定”；但在规范的根本依据和价值基础上，并未抽象并上升到一般的哲学和政治原则的高度。[②] 到了2010年，时任国务院总理的温家宝多次强调，“要让人民生活得更加幸福、更有尊严”。尤其是，他还将“我们所做的一切都是要让人民生活得更加幸福、更有尊严”写入了2010年的《政府工作报告》，使之成为政府施政纲要的目标。[③] 这是中国领导人和中国政府首次作为一般性政治原则和政治追求正式提出并倡导人的尊严，从而首次引发了中国知识界对尊严问题的广泛讨论和关注。

## 三　人的尊严：作为内在价值

尊严首先是一种人的价值，而且不是一般的价值，它是人的内在价值

① 本·迈克（C. Ben Mitchell）：《人的尊严：首要的原则》（Human Dignity: A First Principle），《十字路口》（*Crossway*）2014年第30卷第3期。

② 林来梵：《人的尊严与人格尊严：兼论中国宪法第38条的解释方案》，《浙江社会科学》2008年第3期。

③ 温家宝：《政府工作报告》（2010年），《人民日报》2010年3月6日。

（intrinsic value）或固有价值（inherent value）。尊严是人之所以成为人的本质属性，也是每个人都同等地拥有的天然属性。作为人人天然地拥有的内在价值，人的尊严超越其他所有的人类价值，具有至高无上的性质。放弃自己的尊严，就是放弃自己作为人的内在价值。从这种意义上说，人的尊严对人的存在而言具有某种绝对性。正如康德所说，尊严是人类理性和自由之上的绝对价值，维护人的尊严，是一种绝对的“道德命令”。认识到尊严是每个人都具有的、与生俱来的内在价值，这是现代尊严观与传统尊严观的首要区别。传统的尊严观把尊严当作人的外在价值，即把尊严当作社会外在地赋予人的价值，人的尊严源于他人和社会的赋予。与此相反，现代的尊严观认为，每个人的尊严都应当受到他人和社会的尊重，因为人的尊严源于每个人自身天然的固有价值。

说尊严是人的内在价值或固有价值，就是说尊严是人自身的一种属性。或者像有的学者所分析的那样，尊严作为一种人的价值，有多个类别，但首先是“内在的尊严”（intrinsic dignity）。所谓“内在的尊严”，指的是“人之所以拥有其意义、地位和价值，仅仅因为他们是人，既与其生物的、心理的、社会的、经济的和政治的状况无关，也与其他的人无关，更与其任何特殊的智力、技能和权力无关。内在尊严是这样一种价值，人们之所以拥有这种价值仅仅因为他们是人类。例如，当我们说种族主义是对人的尊严的侵犯时，我们就是在使用内在的尊严这一概念”[①]。

尊严作为人的内在价值，表明人本身就是目的，而非实现其他任何目的的手段。只有把人本身当作最高目的，才能体现人的真正价值和人的尊严。把人当作纯粹的工具使用，本质上就是剥夺人的内在价值，侵犯人的尊严。反过来说，维护人的尊严，就必须最大限度地尊重人，把人自身当作最高价值和最终目的。人的尊严，意味着人类文明的所有成就最终都应当服务于人本身的目的。从这个意义上说，尊严是人与人交往的“第一原则”或“首要原

---

① 丹尼尔·苏尔马西（Daniel P. Sulmasy）：《多种尊严：一个逻辑的和概念的分析》（The Varieties of Human Dignity: A Logical and Conceptual Analysis），《医疗与哲学》（*Med Health Care and Philosophy*）2013 年第 16 期。除了“内在的尊严”外，苏尔马西认为还有另外两种尊严，即“附加的尊严”（attributed dignity）和“衍生的尊严”（inflorescent dignity）。这三种类型的尊严是内在地相互联系的，但从逻辑上说，“内在的尊严”要优先于其他两种尊严。

则”。每个人既不能把自己当作别人的工具，也不能把别人当作自己的工具。马克思和恩格斯把其理想的共产主义社会的本质，界定为每个人“自由而全面的发展”的“自由人联合体”①，表明真正的马克思主义者，也把人自身当作最高的价值和终极目标。

从根本上说，尊严作为人的内在价值，源于人性或人道。人性主要体现为理性和德性，尊严即是基于人类理性和德性之上的人的本质属性。理性和德性是人区别于其他动物的本质性要素，因而，基于理性和德性之上的尊严也是人类区别于其他动物的本质属性。理性是人类独有的独立思考能力、逻辑推演能力和自主判断能力，理性使每个人成为独立自主的个体。基于理性之上的尊严，要求每个人都具有内在的自尊性，在社会交往中不失去自我；同时也充分尊重他人的个性和自由，不强求人与人之间思想和意志的一律。德性是人类独有的道德判断能力和是非鉴别能力，德性使每个人内在地具有向善和博爱的秉性。基于德性之上的尊严，要求每个人都内在地具有一种良知，并且在社会交往中坚守自己的良知。失去人的良知，便是丧失人的德性和尊严，便是失去人性。

人的尊严基于人类理性之上，它给人以自我和自主，使人幸福。每个人都是独一无二的，这是个体存在的内在价值。这种个体的独一无二性，就是每个人的自我。自我不是自私，它是区别个体与个体的标识，是人的个性。这种每个人与生俱来的自我个性，就是个体的尊严，也是生命的尊严。失去了自我和个性，也就是失去了个人的尊严。每个人都具有独立的理性，天生都是自己的主人，而不是别人的奴仆。放弃自己的自主性，甘愿附身于他人，成为他人的奴才，就是放弃自己的尊严。任何人都不是别人的主人，强使自己成为别人的主人，或者强迫奴役别人，就是强制性地剥夺他人的尊严，也就是剥夺他人的人格。反之，当一个人拥有尊严时，他会觉得实现了自我的价值，就会有一种内在的满足感和幸福感。失去尊严使人痛苦，拥有尊严则使人幸福。对此，早在古罗马时代的西塞罗就有了清楚的认识，他说：“由于尊严和荣誉有相似之处，因而谁受人尊重，谁便被认为是幸福的；谁不享有荣

① 参见马克思《资本论》第1卷和马克思、恩格斯《共产党宣言》，分别见《马克思恩格斯文集》（10卷）第2卷和第5卷，人民出版社2009年版。

誉，谁便被视为最不幸的。”[①]

人的尊严基于人类德性之上，它给人以博爱，使人高尚。尊严意味着每个人不仅要自我尊重，也要尊重其他人；意味着不仅自己要拒绝恶，而且也不能将恶加于他人，“己所不欲，勿施于人”。不仅要自我关爱，也要关爱其他人。尊重他人，关爱他人，拒绝邪恶，是人类的德性和良知使然，也是人类尊严的体现。博爱和尊重他人，就是弘扬德性和良知，就是维护人的尊严，就是可以使人变得高尚的善行和德行。从这个意义上说，尊严可以使人变得高尚。或者像马克思所说，“尊严是最能使人高尚、使他的活动和他的一切努力具有更加崇高品质的东西，是使他无可非议、受到众人钦佩并高出于众人之上的东西”[②]。

把人的尊严当作人的内在价值，当作人之所以成为人的实质性要素，对于人类正确认识自己的价值和命运，无疑有着极其重要的意义。其首要的意义在于，它为人类进一步认识自己所拥有的权利提供了前提，为人类维护自己的权利创造了合法性基础。然而，如果我们对人的尊严的认识，只停留在康德的层面，即只把它仅仅视为人的内在价值，哪怕是人的绝对价值，那么，这样一种尊严观的现实意义将受到极大的限制。因为，这样一种尊严观的全部意义几乎只限于道德的领域，它只是一种道德命令。只要人的尊严没有从道德价值转化为政治价值，没有从道德命令转化为法律命令，那么，人类就完全无法阻止现实生活中时刻发生的对人的尊严的粗暴侵犯。这也是产生了现代尊严观的德国，却发生了人类历史上摧残人类尊严最惨痛的悲剧的原因所在。

将人的尊严从道德价值转为政治价值，从道德命令转为法律命令的关键，就是将人的尊严不仅视为人的内在价值，而且进而将它视为人的基本权利。

## 四 人的尊严：作为基本权利

只有将人的尊严转化为人的基本权利，或者说把人的尊严具体化为人的权利，人类才能最有效地防止大规模对自身尊严的侵犯，最大限度地维护自身

① 西塞罗：《西塞罗文集》（政治学卷），王焕生译，中央编译出版社 2010 年版，第 164 页。
② 《马克思恩格斯文集》第 1 卷，人民出版社 2009 年版，第 59 页。

的尊严。“只有当其人权得到满足的时候，才能过一种有尊严的生活。”[①] 直到20世纪中叶，人类终于在无数次惨痛的教训中，特别是在第二次世界大战有组织地大规模摧残人类尊严的惨剧中，集体地认识到了这一点，而且破天荒地在两个最重要的国际公约中正式将人的尊严确定为人的基本权利或人权的基本原则，并在随后的一系列重要国际权利性公约中反复地予以确认。

1945年6月26日签署的《联合国宪章》在“序言”中重申，人类对“基本人权，人格尊严与价值，以及男女与大小各国平等权利之信念”[②]。1948年12月10日联合国大会通过的《世界人权宣言》分别在“序言”和“第一条”中确认，“人类家庭所有成员的固有尊严及其平等的和不移的权利”，“乃是世界自由、正义与和平的基础”；“人人生而自由，在尊严和权利上一律平等”[③]。在随后陆续通过并颁布的《经济、社会、文化权利国际公约》《公民权利及政治权利国际公约》和《公民权利及政治权利国际公约任择议定书》这三个最重要的国际人权公约中，联合国代表国际社会进一步将“人的尊严”详细地分解为一个个的政治、经济、社会和文化权利，并要求国际社会全体成员通过各自的宪法和法律来共同实现和维护体现“人的尊严”的各项基本人权。

在《联合国宪章》和《世界人权宣言》等重要国际性公约的倡导和要求下，越来越多的国家吸取了第二次世界大战的惨重教训，在各自的宪法和其他基本法律中将“人的尊严”确立为基本的人权或基本的权利原则，其中最有代表性的就是德国。1949年通过的《德意志联邦共和国基本法》，在第一章“基本权利”的第一条中就开宗明义规定：“一、人之尊严不可侵犯，尊重及保护此项尊严为所有国家机关之义务。二、因此，德意志人民承认不可侵犯与不可让与之人权，为一切人类社会以及世界和平与正义之基础。三、下列基本权利拘束立法、行政及司法而为直接有效之权利。”[④] 正如许多学者所

① 托马斯·博格：《阐明尊严：发展一种最低限度的全球正义观念》，《马克思主义与现实》2011年第2期。

② 《联合国宪章》“序言”，载王家福、刘海年主编：《中国人权百科全书》，中国大百科出版社1998年版。

③ 《世界人权宣言》“序言”和“第一条”，载王家福、刘海年主编：《中国人权百科全书》，中国大百科出版社1998年版，第781页。

④ 《德意志联邦共和国基本法》“第一章基本权利”之“第一条”，见《世界各国宪法大全》，台湾华冈文化书局1967年版。

分析的那样，“基本权利”这三项条文之间，存在着内在逻辑联系：“第一项是对人的尊严的概括性宣示，并明确指出其责任主体；第二项是将人权看作是人的尊严的体现，没有人权就无所谓尊严，也可以说，人的尊严就在于人权；第三项是规定人的尊严或者人权具体化（成为基本权利）及其实现途径。在这里，《基本法》对于人的尊严的承认和保护，没有设定任何附加条件或者前提。换言之，人的尊严就是每一个自然人作为生命体的存在所拥有的尊严，不考虑（也不应该考虑）个人的任何特征或者属性——人应该有尊严，只因为人是人，而不是因为人是其他意义上的存在。”①

许多国家通常只在宪法原则上把“人的尊严”当作人的基本权利，但也有一些国家则非常具体地把“人的尊严”分解为公民的政治、经济和社会权利。在这一方面，南非的宪法具有相当的代表性。“人的尊严”被视为南非整个宪法的“道德理想和法律试金石”（the moral ideal and legal touchstone）。据此，南非的新宪法在规定了国民的公民权利和政治权利之外，还列举了公民的社会经济权利，并且明确要求各级法院通过保障公民的各项基本权利来提升人的尊严。“宪法起草者的意图很清楚，这就是按照人的尊严、自由和平等这些价值来解释和实施宪法中的各项社会经济权利。”②

当然，并不是所有国家的宪法都明确规定了“人的尊严”是人的基本权利，也并不是所有人都赞同将人的尊严直接规定为人的基本权利。但是，在“人的尊严”与“人的权利”的相互关系上，世界各国的政治家和学者至少达成了以下这样两个重要的共识：首先，“人的尊严”是最重要的政治原则和法律原则，作为人的固有价值或内在价值的人的尊严，是人的权利的合法性来源和逻辑前提。维护和增进人的基本权利，最终是为了维护人的尊严。正如一些学者所指出的那样，从最低限度来说，人的尊严为人权理论提供了合法性证明。继《联合国宪章》和《世界人权宣言》断定“人权源于人类固有的尊严”之后，“绝大多数国际人权约法都包含了相似的条款。《赫尔辛基约定》（*The Helsinki Final Act*）甚至走得更远，它指出，‘所有’的人权（‘公民的、政治

① 赵娟：《尊严的理念悖论及其宪法消解》，《南京社会科学》2013 年第 7 期。

② 伊万尼·格兰特（Evadne Grant）：《人的尊严和社会经济权利》（Human Dignity and Socio-Economic Rights），《利物浦法律评论》（*Liverpool Law Review*）2012 年第 33 卷，第 235—261 页。

的、经济的、社会的和文化的’权利）‘都源于人类固有的尊严’”[①]。其次，人权必须体现人的尊严，只有通过维护人的基本权利，才能切实维护人的尊严。人的尊严如果不体现为具体的人权，那么，维护人的尊严只是一个空洞的口号。从这个意义上说，“人的权利只是实现人的尊严的手段或工具”。正是通过保障人的各种基本权利，才能充分发展人的理性、德性和自主，从而维护人的尊严。[②]

从根本上说，所有的人权都或多或少关系到人的尊严。不过，在庞大的人权谱系中，有些权利与人的尊严关系更加直接，也更为重要，这些就是人的基本权利。对于维护人的尊严而言，最为重要的基本人权包括生命权、人格权、健康权、自由权、平等权、参与权、劳动权、福利权和受教育权。

生命权、人格权和健康权是与人的生物特性相关的自然权利，与人的尊严具有最直接的关系。特别是生命权，是最重要的人权，是其他一切权利的前提。马克思和恩格斯说：“全部人类历史的第一个前提，无疑是有生命的个人的存在。”[③]人的个体的生命，是人的价值和尊严的前提。在人类所知的宇宙万物中，人的生命是独一无二的，是不可取代的和无价的。人的生命本身就是目的，而不是实现任何其他目的的手段。人的生命具有至高无上的和绝对的价值，从这个意义上说，人的尊严就是生命的尊严，人的价值就是生命的价值。“生命至上”，意味着任何人的生命都不应当被他人剥夺。人的尊严首先体现为人的生命的完整存在，侵害人的生命，就是侵害人的尊严；剥夺人的生命权，就等于剥夺了人的全部尊严。“生命本身是无价的和不可替代的（或不可逆的）。因此，完全有理由无条件地要求所有人必须尊重他人的生命，没有正当理由不得侵害他人生命；法治国家也无一例外地将人的生命权确定为最重要、最基本的人权，强制性地要求所有人必须尊重他人的生命尊严，同时

---

① Charles R. Beitz：《人权理论中的人的尊严：仅仅只是一个术语？》（Human Dignity in Human Rights Theory: Nothing But a Phrase？），《哲学与公共事务》（*Philosophy & Public Affairs*）2013年第41卷第3期。

② 参见杰克·唐纳利（Jack Donnelly）：《人权与人的尊严：对非西方人权观的分析性批判》（Human Rights and Human Dignity: An Analytic Critique of Non-western Conceptions of Human Rights），《美国政治科学评论》（*The American Political Science Review*）1982年第76卷，第303—316页。

③《马克思恩格斯全集》第1卷，人民出版社1995年版，第67页。

赋予所有人依法保护自己生命的神圣权利（如正当防卫权等）。”①

人格权事关人作为生命个体存在的完整性，人格受到侵犯，通常直接体现为人的尊严受到侵犯。广义的人格权泛指与人的生命与尊严具有本质联系的所有权利，包括生命权、人身权、隐私权、健康权、名誉权等。我们在此使用狭义的人格权，主要指直接影响人的身心完整的各项个人权利②。对人的身心的折磨、虐待、侮辱、歧视和强暴，既是对人格权的侵害，也是对人的尊严的直接侵害。保护个人的人格权不受侵犯，主要着眼于防止外部力量和外部因素对人的身心的非法伤害，从而维护人的尊严。但人的身心也常常会受到自然的或个人自身因素的伤害，这同样也会伤害人的尊严。例如，对于一个身受疾病折磨而痛不欲生的人来说，生命的尊严势必受到严重的损害。因而，随着人类自身的进步和发展，健康权与人的尊严的紧密关系开始日益受到重视。事实上，联合国之所以开始倡导人类的“健康权”（right to health），是因为它假定人的健康与人的尊严之间存在着必然的联系。人的健康是人“有尊严地生活”（living a life in dignity）的前提条件。③

自由权、平等权和参与权属于公民政治权利的范畴，是维护人的尊严所必不可少的基本权利，也是其他众多社会政治经济权利的基础。对于个人而言，自由权和平等权既有其自然属性，又有其社会政治的属性。自由和平等是人的天然权利，每个人生而自由，并且在人格和人的尊严方面天然平等。《世界人权宣言》在“序言”中指出：“对人类家庭所有成员的固有尊严及其平等的和不移的权利的承认，乃是世界自由、正义与和平的基础。”在“第一条”再次重申：“人人生而自由，在尊严和权利上一律平等。”在随后颁行的《经济、社会、文化权利国际公约》和《公民权利和政治权利国际公约》，以及其他一系列人权的国际约法中，对上述人类的自由和平等这些基本权利，均予以

---

① 韩跃红、孙书行：《人的尊严和生命的尊严释义》，《哲学研究》2006 年第 3 期。

② 关于人格权的广义与狭义之区分，可参阅林来梵《人的尊严与人格尊严》一文。他认为，“广义的人格权，被视为广泛地包括了生命、身体、贞操、名誉、信用、姓名、肖像以及像隐私权这样的与私生活密切相关的各种权利等”；而狭义的人格权“一般主要指的是包括了姓名权、名誉权、荣誉权、肖像权以及隐私权、自我决定权等与人格价值具有密切关系的权利”。见林来梵：《人的尊严与人格尊严》，《浙江社会科学》2008 年第 3 期。

③ 参见诺拉·雅各布逊（Nora Jacobson）：《尊严与健康：一个评论》（Dignity and Health: A Review），《社会科学与医学》（*Social Science & Medicine*）2007 年第 64 期，第 292—302 页。

反复的“确认”[1]。在主权国家的层面，在国家的宪法和基本法中明确规定，公民具有天然的自由和平等权，并且不得非法剥夺，几乎是每一个现代国家的通行做法。现代国家的宪法，也因此在本质上被视作公民权利的保障书，尤其是公民的自由权和平等权的保障书。

人的基本政治权利就是传统讲的自然权利，主要指生存权、自由权、平等权等，它们属于“消极权利”的范畴，即个人要求国家无论如何也不得侵犯的权利，而国家则对这些个人权利有依法保护和不加侵犯的义务。消极权利亦称人格权，它与个人的生命始终相伴随。消极权利包括自由权（个人的行动、安全、居住、迁徙、言论、著作、出版、信仰、请愿、职业、通信、集会、结社等自由）、平等权（男女平等、宗教平等、种族平等、政治平等、经济平等、党派平等、人格平等，等等）。与消极权利相对的是“积极权利”，即个人要求国家加以积极行为的权利，也就是社会福利权利，主要指各种受益权（如工作权、受教育权、社会救济权、保健权、娱乐权等）。对这些权利，国家不得消极无为，而必须积极地实现或加以保障，对此，它有不可推卸的实施义务。参与权虽是一种政治权利，但与平等权和自由权有所不同，参与权应当属于“积极权利”的范畴，国家提供必要条件给予保证。随着现代民主政治的深入发展，参与权对于维护人的尊严意义日益重大。公共参与特别是政治参与，包括参与选举和被选举、参与决策和公共管理、控告和检举、请愿和批评、抵抗和示威、监督和罢免、建言和创制等，已经成为保障人的尊严的基本权利。

人权除了“消极权利”和“积极权利”之分外，还可以分为基本政治权利和社会经济权利两大类。如果说前述所列的生命权、人格权、自由权、平等权和参与权属于政治权利，那么劳动权、福利权和受教育权就属于社会经济权利。如果没有经济的物质基础，人类的政治需求、政治价值就成为空中楼阁，难以真正实现，人类的尊严最终也无从得以保障。“仓廪实而知礼节，衣食足而知荣辱”[2]这一古老的中国传统哲学，以及“人们为了能够‘创造历史’，必

① 参见《世界人权宣言》《经济、社会、文化权利国际公约》和《公民权利和政治权利国际公约》，载王家福、刘海年主编：《中国人权百科全书》，中国大百科全书出版社 1998 年版，第 781—801 页。

②《管子·牧民》。

须能够生活。但是为了生活，首先就需要衣、食、住以及其他东西”[①]这一马克思主义的唯物史观，在20世纪上升为人类的政治共识。联合国在第二次世界大战后的多个决议中反复载明：“若不同时享有经济、社会和文化权利，则公民和政治权利绝无实现之日。实现人权如要达成长久进展，亦有赖于健全有效的国家和国际经济和社会发展政策。”[②]正是出于对基本政治权利与社会经济权利内在联系的这样一种深刻认识，联合国专门通过了《经济、社会、文化权利国际公约》，并作为在保障人的尊严和权利方面最重要的国际约法之一。

劳动权或工作权就是每个成年人都有获得就业机会的权利，故又称就业权。劳动不仅为社会创造价值和财富，也为每个人的体面生活奠定基础。在现代社会，绝大多数普通人都是通过劳动获得收益，从而为自己的物质生活创造必要的条件。劳动权是普通人赖以生存的权利，从某种意义上说，它对于人的尊严生活而言居于“首要地位”。《世界人权宣言》对劳动权或工作权给予了高度的重视：“人人有权工作、自由选择职业、享受公正和合适的工作条件并享受免于失业的保障。”《经济、社会、文化权利国际公约》也规定：“本公约缔约各国承认工作权，包括人人应有机会凭其自由选择和接受的工作来谋生的权利。”[③]劳动权的内容十分广泛，既包括充分就业，还包括自由择业、取得合适报酬、良好的工作条件、就业机会均等、劳动保护、参加工会、同工同酬、合法罢工，等等。

福利权是对劳动权的一种补救，当人们由于种种原因暂时或永久失去劳动机会，或虽未失去劳动机会，但其收入不足以维持“尊严地生活”时，就需要享受必要的社会福利。所以，福利权也称“物质救助权”。福利权的内容也极为广泛，包括通常所说的最低生活标准、基本养老金、失业和疾病救助等各种各样的“社会保障”和“社会保险”等权益，其目的是保证每个人能够享受最基本的物质生活。上述两个国际人权公约都重申“每个人，作为社会的一员，有权享受社会保障”；“人人有权享受为维持他本人和家属的健康和福

① 马克思、恩格斯：《德意志意识形态》，《马克思恩格斯文集》第1卷，人民出版社2009年版。

② 联合国：《关于人权新概念的决议案》，载王家福、刘海年编：《中国人权百科全书》，人民出版社2009年版，第185页。

③ 参见《世界人权宣言》《经济、社会、文化权利国际公约》和《公民权利和政治权利国际公约》，载王家福、刘海年主编：《中国人权百科全书》，人民出版社2009年版，第781—801页。

利所需的生活水准，包括食物、衣着、住房、医疗和必要的社会服务；在遭到失业、疾病、残废、守寡、衰老或在其他不能控制的情况下丧失谋生能力时，有权享受保障”。[①]

受教育权包括儿童的基本教育和成人的终身教育，是指人们有权享受义务教育和终身教育的机会。许多研究证明，人们的生活地位和尊严，与其受教育的程度有极其紧密的关系。教育关系到人的理性能力和道德能力，关系到人的潜能和技能的发展，而后者又关系到人的就业和参与，所有这些都关系到人的尊严。《世界人权宣言》规定：“人人都有受教育的权利，教育应当免费，至少在初级和基本阶段应如此”，“教育的目的在于充分发展人的个性并加强对人权和基本自由的尊重”。《经济、社会、文化权利国际公约》也重申了上述受教育的权利：“本公约缔约各国承认，人人有受教育的权利。它们同意，教育应鼓励人的个性和尊严的充分发展，加强对人权和基本自由的尊重。”[②]在受教育权方面，国际社会关注的重点是儿童的受教育权。在联合国相继发布的《儿童权利宣言》和《儿童权利公约》等一系列公约中，对儿童的受教育权都有明确的规定：“儿童有受教育之权，其所受教育至少在初级阶段应是免费的和义务性的。儿童所受的教育应能增进其一般文化知识，并使其能在机会平等的基础上发展其各种才能、个人判断力和道德的与社会的责任感，而成为有用的社会一分子。”明确要求各缔约国，“实现全面的免费义务小学教育”；“鼓励发展不同形式的中学教育，包括普通和职业教育”；“以一切适当方式，根据能力使所有人均有受高等教育的机会”。[③]

将“人的尊严”从“人的内在价值”或“固有价值”提升为“人的基本权利”或“人权的基本原则”，这是人类发展史上的重大突破。在联合国的倡导下，绝大多数国家都在各自的宪法和基本法律中将“人的尊严”体现为基本权利或权利原则。这对于实质性地维护和提升人的尊严，有着不可估

---

① 参见《世界人权宣言》《经济、社会、文化权利国际公约》和《公民权利和政治权利国际公约》，载王家福、刘海年主编：《中国人权百科全书》，人民出版社 2009 年版，第 781—801 页。

② 参见《世界人权宣言》《经济、社会、文化权利国际公约》和《公民权利和政治权利国际公约》，载王家福、刘海年主编：《中国人权百科全书》，人民出版社 2009 年版，第 783、787 页。

③ 参见联合国《儿童权利宣言》和《儿童权利公约》，载王家福、刘海年主编：《中国人权百科全书》，人民出版社 2009 年版，第 832、839 页。

量的作用。然而，在现实生活中我们不难看到，一方面，人的尊严远没有提升到应有的高度，践踏人类尊严的言行每天都在世界各地发生；另一方面，同样作为国际人权公约的缔约国，但各国对人的尊严的保护和实现程度却有着极大的差别。为何出现这种结果？这就涉及维护人的尊严的另一个基本因素，即制度安排。

## 五　人的尊严：制度安排

虽然尊严是人的不可让渡的本质属性和基本权利，但“人类的尊严是脆弱的，需要社会保护”[①]，最重要的社会保护，就是一整套行之有效的制度安排。制度是用以约束和调整人类行为的规则、程序和机制的体系，包括正式的和非正式的制度。正式的制度是由国家权威部门颁布的成文规则，如国家法律、政策、条规等；非正式的制度通常是不成文的规则，如各种惯例、礼仪、习俗和所谓的“潜规则”等。制度是人类文明的伟大成果，也是人类文明的集中体现。所有制度都是由人制定的，但制度具有结构性和系统性，制度一旦形成并发生实际的作用，对于具体的个人而言，它就变成一种外在的力量，反过来影响、规范、形塑个人的行为。从长远来说，在决定性地影响社会进步的过程中，制度的因素和人的因素相辅相成，共同发生作用。然而，对于具体的个人来说，制度具有外部性，是一个环境性的变量，始终具有决定性的作用。从本质上说，制度是一种社会结构，对于任何一个特定的社会群体，不同的制度安排，会产生截然不同的社会政治经济效果。好的制度可以使恶魔变成天使；而坏的制度则会使天使变成恶魔。这一点同样适合于人的尊严和人的权利的现实情况。

如果说，只在认识论层面把人的尊严视为人的最高价值，而没有把人的尊严转化为人的基本权利，人的尊严只是纸上谈兵；那么可以说，只把人的尊严转化为人的权利，没有良好的制度安排去实现人的权利，人的权利或人的尊

---

① 托马斯·博格：《阐明尊严：发展一种最低限度的全球正义观念》，《马克思主义与现实》2011 年第 2 期。

严在很大程度上也仍然是纸上谈兵。在人类历史上，从来不乏这方面的惨痛教训。例如，有许多专制独裁国家，其宪法和法律都白纸黑字明确规定着公民的种种权利，但实际上公民的人权却遭到粗暴的践踏。因为这些法律规定的公民权利只是欺骗舆论的一纸空文，事实上没有相应的制度和机制去实施这些法律条文。没有制度保障的任何法定权利，最终必然是一纸空文。捍卫人的尊严，不仅需要将人的尊严转化为人的权利，而且需要将人的权利进而转化为社会的制度安排。那么，对于维护作为人的一种基本权利的人的尊严，有哪些制度安排是最为重要的呢？

首先是政治制度，民主政治是实现人的尊严的唯一制度基础。到现在为止，人类发明了许许多多不同的政治制度。人们可以从不同的角度对这些制度的类型做出相应的分类：从社会体制的属性来看，原始社会后的人类已经有过奴隶制度、封建制度、资本主义制度和社会主义制度；从国家权力的产生方式来看，主要有世袭制、神权制和共和制；从统治主体的性质来看，主要有专制政治、寡头政治、威权政治和民主政治；从国家权力运行方式来看，主要有独裁制、议会制、总统制、内阁制、委员会制、人民代表大会制等；从中央政府与地方政府的关系来看，主要有单一制、联邦制和邦联制。在上述政治类型学中，相对而言，统治主体的性质对于国家的政治状况有着最重要的决定意义。经过多少次血和火的洗礼，人类终于认识到，尽管民主制度有着种种弊端，但在人类历史发展的当代阶段，对于保障人的尊严和权利而言，它被证明是最好的政治制度。

只有把人本身当作根本目的的制度，才能真正保障人的尊严，民主正是这样一种国家制度。民主这个概念意味着，在制度与人的关系上，人是制度的目的，制度不是人的目的，即国家的法律制度为人民而设立，而不是反过来，人民为国家的法律制度而存在。正如马克思所说："在民主制中，不是人为法律而存在，而是法律为人而存在；在这里法律是人的存在，而在其他国家形式中，人是法定的存在。民主制的基本特点就是这样。"[①] 民主的本来意义就是"人民的统治""主权在民"或"人民当家做主"。就其本义来说，民主

① 马克思：《黑格尔法哲学批判》，《马克思恩格斯全集》第3卷，人民出版社2002年版，第40页。

政治不允许存在任何的特权者和特权阶层，每个人的人格和尊严是平等的。民主是这样一种政治状态，在这种政治状态中每个人的权利和尊严得到了最充分的保证。在民主政治中，政府把政治体中的全体成员都当作单独的个人，并给这些个人以同样的平等和尊重。或者说，民主政治的实质是保证个人自由和尊严的实现，使人能够“自我做主”(self-mastery)。

民主作为一种政治制度，在不同的国家必然会各有特色，不可能完全相同。但无论哪种特色的民主，都必须具备民主政治赖以存在的几个共同要素，是否具备这些要素不仅关系到民主的真实性，而且直接关系到人的尊严是否具备有效的制度保障。民主的要素包括选举、参与、法治、协商分权、责任、透明等，其中选举、参与和法治对维护人的尊严尤其重要。自由而公正的选举，使每个人有权委托自己的代表，这是人的主体性的体现；没有自由的选举，不可能有真正的民主。公民参与政治生活，既可以有效防止政府的政策侵犯人的尊严，也可以在公共参与中实现自己的尊严。法治（rule of law）不同于法制（rule by law），法治强调宪法和法律是最高权威，在法律面前人人平等，这是维护人的尊严的基本法律原则。民主国家都拥有一部规定个人自由权利的根本大法，宪法对于政府和公民具有最大的权威，是保证个人自由和平等的根本保障。另一方面，民主同时也是一种过程或一种程序，个人的自由平等权利和尊严只有在这种过程或程序中才能实现。

其次是经济制度，共享经济是维护人的尊严的经济基础。人的尊严有赖于人的生命，而人的生存首先必须拥有基本的物质生活条件。一般而言，人们的物质生活条件越好，他就越有条件过上一种“有尊严的生活”；相反，贫穷使人失去尊严，一个食不果腹、衣不蔽体的人是没有尊严可言的。人类物质生活水平的提高，与社会经济发展的水平、社会财富的积累和分配直接相关，而后者又与社会的经济制度密切相关。为了提高生产力水平、发展社会经济、增加国民财富的积累、改善人类的物质生活条件，与政治制度一样，人类也发明了众多的经济制度。在生产资料的所有制方面，有私人所有制、国家所有制、集体所有制、股份合作制、社会所有制或混合所有制等；在产品生产和流通方面，有市场经济、计划经济、命令经济和混合经济等；在产品和收益的分配方面，有供给制、报酬制、分红制等，所有这些不同的制度都各有利弊。一种合理而公正的经济制度，不仅能够激发人们的劳动积极性，促进社会经济的发展，而且能够使人们在经济活动中不失去自己的主体性和人的尊严。从维护人的尊严的角度看，至关重要的是，人们能够公平地共享社会经济发展的成果。这种共享经济（sharing economy）不仅是对财富和收益的共享，而应当体现在所有重要的经济活动中，包括生产过程、流通过程、交换过程和分配过程。[①] 共享经济的实质，是每个劳动者作为人都是独立的主体，其主体性和尊严不受雇主和管理者的侵犯，也不因参与经济活动而丧失。共享经济要求从生产、经营、流通、就业、分配、劳动保障等重要制度安排中遏制和消除现实中大量存在的经济剥削、压迫、歧视和强制等异化现象，因为剥削和压迫等异化现象完全违背了人的尊严，是从经济上对人的尊严的摧残。

最后是社会制度，福利制度是维护人的尊严的最低物质保障。户籍管理、公共治安等社会制度都关系到人的尊严，但对于维护人的尊严最为重要的是社会福利保障制度。福利国家的出现，是人类历史上最为重大的制度性进步之一，它为维护人的尊严奠定了坚实的物质保障基础。在数千年的人类文明发展史中，个人的衣食住行等基本物质生活条件，以及养老、医疗、教育等与人的体面生活直接相关的基础条件，都被当作纯粹个人的私人事务，与国家和政府没有直接关系。个人体面生活所必需的这些基本物质条件，在传统社会完全是由个人自己提供的。相反，在现代社会，所有这些基本物质条件则需要由国家来提供。所以，社会福利制度又称福利国家。福利国家的出现，彻底改变了传统社会的状态，人类的体面生活所依赖的基本物质生活条件，不再被当作纯粹的个人私人事务，而是当作国家的重要职责之一。人的基本权利也因此而被分为“消极权利”和“积极权利”两大类型，其中的“积极权利”就是国家必须为实现个人权利而必须承担的义务，国家如果没有努力实现个人的“积极权利”，同样也是失职。这些所谓的“积极权利”就是联合国倡导的经济、社会和文化权利，包括最低收入、义务教育、失业救济、基本医疗、司

① 本文所说的“共享经济”（sharing economy）不同于目前在经济学界和网络上流行的“共享经济”概念，目前流行的“共享经济”是基于互联网技术之上的产品生产、流通和服务的共享，可参阅维基百科对“sharing economy”词条的解释，详见 https：//en. wikipedia. org/wiki/Sharing_economy。

法救助、环境保护、住房保障等内容。实现上述这些“积极权利”的基本制度，就是社会福利制度，其内容十分广泛，几乎包括了人的衣食住行、生老病死、教育卫生。国家通过税收制度等财政转移手段，给低收入或无收入者以最低限度的物质生活保障，使穷人或低收入者也能够有一种相对体面的生活，从而维护人的尊严，是社会福利制度的实质性内容。因而可以说，社会福利的实现程度，既是衡量社会进步和社会发展的重要尺度，也是衡量人的尊严和人的发展的重要标尺。

总而言之，对人的尊严的认识，集中表明了人类对自身价值和命运的认识；人类在维护自身尊严方面所取得的成就，集中反映了人类文明的深刻进步。认识到人的尊严，是与生俱来的人的内在价值或固有价值，是人类自身认识史上的重大飞跃；将人的尊严视为人的基本权利，或人权的“第一原则”，并在宪法和法律中加以明确的规定，是人类政治发展史特别是人权历史的重大突破。不是依赖于“万能的上帝”或哪位“救世主”的恩赐，而是依赖于人类自己并通过具体的政治、经济和社会制度，来维护和保障人的基本权利，进而维护人的尊严，是人类终于找到的实现自我解放的唯一正确道路。每个人都是自己的主人，都有权维护自己的尊严；国家的尊严以个人的尊严为基础，没有公民的尊严，就没有国家尊严。以剥夺一些人的尊严，来彰显另一些人的尊严，是现代国家的耻辱。维护每个人的尊严，让每一位公民过上一种有尊严的生活，是现代民主国家的基本责任。

# 中国近代社会转型的学术折射*
## ——北京大学政治学学科与学系的建立

金安平**

**摘　要**：近代意义上的大学、大学的专业和学系的建立与形成，为中国的近代化提供了教育和学术的基础，中国政治学学科的建立和发展更是中国政治近代化进程的学术折射。本文通过对北京大学政治学学系和学科建立的历史考证，从挖掘北京大学政治学学系与学科建立的细节中观察其与戊戌维新、清末新政、西学东渐等中国近代化进程中重大事件存在的可能关系，以及这一学科建立前后中国官方、知识界以及社会的态度，为探讨这一学科与中国政治发展和社会转型的关系提供了前置性研究。

**关键词**：京师大学堂　仕学馆　废门改系　政治学学科与学系

**Abstract**: The establishment and formation of modern disciplines and departments at universities in China not only laid the foundation of education and academic for China's modernization, but also reflected the process of the political modernization of China. Through the historical text research on the establishment and the early development of the political science department and discipline at Peking University, the paper tries to dig out the possible relationship between such an academic event and several important historical events in Chinese history such as the Constitutional Reform and Modernization of 1898, the late Qing Dynasty New Deal, Eastward Spread of Western Culture and other major issues

* 本文为国家社科基金重点项目"中国近现代政治学学科、学术演化与发展研究"（12AZZ002）的阶段性成果。

** 金安平，北京大学政府管理学院教授、博士生导师。

in the process of modernization. The paper also analyzes the attitudes of Chinese government, intelligentsia, and the society in general during this course. The paper serves as a prerequisite study for further discussion on the relationship between the discipline of political science and China' s political development and social transition.

**Key Words**：Imperial University of Peking; Shixueguan（college for officials）; Transforming "Men"（classical division of knowledge in Chinese college）into department; Discipline of Political science and Department of Political science

19 世纪末 20 世纪初，中国面对现代社会的来临曾处于既迎又拒、半推半就的矛盾纠结中。在传统国家向现代国家转变前夕，中国急需现代政治知识尤其是现代国家知识的积累和传播作为建设现代国家之政治思想准备。以“国家理论”为核心的西方近代政治学学科与学术，在 19 世纪末 20 世纪初的美国形成不久就几乎同步地引进和落地中国，成为当时中国最权威、地位最高的大学的专业之一，成为中国高等教育体系中重要的学科，这比起其他近代学科的产生与传入要迅捷得多[①]，这是中国被动现代化中的一次主动对接，是中国近代社会政治转型在学术发展上的映现和必然。尽管如此，近代政治学学科在中国的落地与生长也依然是一个艰难曲折复杂的过程，这一复杂过程既表现为中国对近代政治学学科的认识和理解有很多误读，也表现为这一学科发生、成长处在与旧的学科体系纠缠和分离中难以厘清。一个现代学科的形成、生长和成熟，通常是要借助大学的课程体系和专业设置，通过大学本科学生培养以及学科建设来完成的。中国近代政治学学科的出现和生长最早开始于京师大学堂 —— 北京大学，这是具有象征意义的。梳理北京大学政治学学科和政治学系发生和发展的历史，进而探讨其与整个时代和国家政治发展的关系，是对中国政治学学科和学术发展研究的一种必要前置研究。

① 美国现代政治学学科的形成大约在 19 世纪末 20 世纪初的标志有三。一是 1880 年 10 月，美国成立了“哥伦比亚大学政治研究院”。二是 1886 年美国政治学的专门研究性刊物《政治学季刊》创刊。三是 1903 年美国政治学会（American Political Science Association）成立以及会刊《美国政治科学评论》创刊。

## 一 1899年9月京师大学堂政治专门讲堂的设立是北京大学政治学系最早的学科渊源和组织渊源

作为“学系”的北京大学政治学，究竟发端何处、肇始何时？它的前身或起源为何？比较流行的说法，一是1898年京师大学堂建立时的“仕学院”，二是1899年京师大学堂的“仕学馆”。但是，细考之下可以发现，这两种说法都不十分严谨。第一种说法是没有了解京师大学堂初建时“仕学院”的真正情形，第二种说法则没有分清京师大学堂“仕学院”与“仕学馆”的区别。史料显示，由于计划办学和实际办学的差别，1898年京师大学堂开学时，办学规模与办学计划相比大大压缩，以至于都没有专业划分，整个大学堂只有一个“院”，即“仕学院”，如果将初办时的仕学院当作是政治学系的前身，那么，后来的许多学科专业和学系（尤其是文史哲各专业和学系）都可以这样“认宗”，京师大学堂的仕学院就成了众多学科和学系的共同前身。而“仕学馆”的设置和称谓是1902年京师大学堂恢复招生设立速成科时才有的。这个问题的线索和答案，可以从京师大学堂的开学时间和初创阶段学科设置的微妙之处找寻。

1. 京师大学堂的开办时间

一个大学的建立通常会涉及两个日期。一是开始筹办或者计划开办的日子；一是学校建成开学的日子。通常开学的日期更重要、更正式、更带有标志性。京师大学堂究竟何时建立？一种常见的说法是，京师大学堂创建于1898年7月3日（清光绪二十四年，农历戊戌年五月十五日）。这一说法广泛见诸百度百科一类的信息源和一些专著中。认定京师大学堂创建于此日的主要依据和理由是光绪帝和慈禧太后是日分别恩准了《总理衙门奏筹办京师大学堂并拟学堂章程折》及梁启超等起草的《京师大学堂章程》①。这个说法也是有一定理由的，因为相比之前光绪皇帝的《明定国是诏》和《著即议覆开办京师大学堂谕旨》等原则性表态，相较戊戌变法中太多的新政措施成为

① 参见北京大学、中国第一历史档案馆编：《京师大学堂档案选编》，北京大学出版社2001年版，第41页。

一纸空文或者有上文没下文，《京师大学堂章程》的“圣准”，确实是为开办京师大学堂奠定了实质性基础。所以，这个日子常常被认为是京师大学堂的开办日期也情有可原。但实际上，这一天只能算是拿到正式“批文”，可以开始筹办大学堂了，兴办京师大学堂这件事，算是获得了实质性的进展：非常重要的办学宗旨通过了（《京师大学堂章程》获批），办学经费有着落了（御批户部拨款及华俄银行的息银作为办学经费），管理大学堂事务的人选确定了（吏部尚书、协办大学士孙家鼐受命为京师大学堂管理学务大臣）！尽管如此，这至多也就是筹办京师大学堂的开始，因为，此时还没有校舍，学生也没有招考，开学也没有日期。

京师大学堂的筹建获批 17 天后，即 1898 年 7 月 20 日（戊戌年六月初二），负责大学堂基建工程的庆亲王奕劻、礼部尚书许应骙上奏《请将地安门内马神庙空闲府第修葺作为大学堂之所折》[①]，光绪皇帝即日恩准，并令总管内务大臣刻时落实，京师大学堂的基建工程这才正式启动！学务大臣孙家鼐唯恐此事半途而废，所以不遗余力，日夜催促。8 月 10 日孙家鼐的一封奏折还坚持“惟房屋一日不交，即学堂一日不能开办”[②]。显然，至少8月10日（农历六月二十二日）之前，大学堂尚未开办！但是，未及京师大学堂校舍修葺改建工程完工，维新变法就流产告败了！慈禧太后废除了光绪皇帝的绝大部分新政。此时此刻，确实是京师大学堂能否开办的重要关坎。不过，毕竟办教育也是慈禧太后及其近臣的共识，而且此事原是她准允过的。所以，维新虽然失败，光绪帝虽遭软禁，但开办京师大学堂这件事，慈禧太后终还认账。戊戌事变后的第 5 天，即 9 月 26 日（农历八月十一日），有旨降下：“大学堂为培植人才之地，除京师及各省会业已次第兴办外，其各府州县议设之小学堂，著该地方察酌情形听民便。”[③] 这也就意味着京师大学堂和新学堂可以继续办！ 1898 年 11 月 22 日（农历十月初九），内务府将改造修葺完毕的

① 参见 1898 年 7 月 4 日的《著派奕劻、许应骙等办理大学堂工程谕旨》，载北京大学、中国第一历史档案馆编：《京师大学堂档案选编》，北京大学出版社 2001 年版，第 42 页。

② 《孙家鼐奏覆筹办大学堂情形折》，载北京大学校史研究室编：《北京大学史料》第一卷，北京大学出版社 1993 年版，第 48 页。

③ 《著停止变法京师大学堂仍行开办谕旨》，载北京大学、中国第一历史档案馆编：《京师大学堂档案选编》，北京大学出版社 2001 年版，第 66 页。

京师大学堂校舍正式移交孙家鼐，孙家鼐立即着手组织报名和考试录取事宜，“本月初九日，内务府将大学堂房屋移交臣处接收，当即派办事人员移住堂内，一面出示晓谕，凡愿入堂肄业者，报名纳卷，甄别取去”[①]。在百日维新失败的阴霾中，这真属不易。《国闻报》刊发的《北京大学堂述闻》一文也悲壮地宣布：“北京尘天粪地之中，所留一线光明，独有大学堂一举而已。”[②]京师大学堂也发出了第一份告示，通知那些经过考试被录取的学生十八日到堂，十九日开学。这“十九日”，便是戊戌年十一月十九日，即公历1898年12月31日。这一天，京师大学堂本部正式开学[③]。1899年1月16日的《北华捷报》[④]也追发了这样一条消息：“新的京师大学堂已于上月31日正式开学。”是为佐证。

京师大学堂原计划第一批招生五百名，但1898年12月31日开学时陆陆续续才来了一百多名。网络上关于光绪皇帝在京师大学堂开学典礼上的讲话是一种谬传，且不说光绪皇帝这时已被软禁，就是所描写的开学典礼时礼堂中齐刷刷地坐着一千多个新生的场景也是无中生有。因为当时不仅没有一千多个新生，而且如果真是皇帝驾临“训话”，在场的学生怎么可能坐着聆听“圣训”？

作为戊戌变法的仅存硕果，京师大学堂终于在1898年的最后一天开学了。按照农历，戊戌年还剩一个多月，因此戊戌年开学的说法是可以成立的。但是，1898年最后一天开学的这个时间，则意味着京师大学堂的实际教学活动其实也只能从1899年开始，包括政治学系前身的出现。

2. 京师大学堂初办时的机构设置

第一部《京师大学堂章程》（1898）对后来的研究者容易产生一种误导。这部章程，是康、梁等人学习借鉴欧美和日本大学办学模式的理想之作。在

---

① 参见《孙家鼐奏大学堂开办情形折》（光绪二十四年十月二十日），北京大学校史研究室编：《北京大学史料》第一卷，北京大学出版社1993年版，第49页。

② 参见《国闻报》1898年12月6日。

③ 之所以用“本部”开学，是因为有一则资料认为设在琉璃厂一家医院中的医学课堂实际也是京师大学堂兼辖的一部分，它早于京师大学堂开学日期开课。但这条材料尚需证实。

④ 《北华捷报》（*North-China Herald*）是上海第一家英文报刊，1850年8月3日英国商人Henry Shearman在上海英租界创办。

这部章程中，原本没有所谓“仕学院”的设置。但纸上的理想设计在现实面前是脆弱的。虽然这是御批的章程，但在京师大学堂开办最初，根本不具备实现第一部《京师大学堂章程》设想和计划的条件。比如，这个第一部《京师大学堂章程》，按照西方大学通行的学科体系，设计了25门基础课和专业课的课程安排。在这个课程设计中，“政治学”就出现了两种：一是“初级政治学”，作为公选课（章程中称“溥通学”）排在课程的第七位；二是“高级政治学”，作为专业课（章程中称“专门学”）排在课程的第十八位。① 这个课程设置只能让研究政治学学科史的人空欢喜一场，因为完全没有实行。孙家鼐作为京师大学堂的实际操办人和主持人，深谙中国国情，明白京师大学堂的首要任务是为朝廷培养一些接受西式教育能懂新政搞新政的官员。此外，在刚刚兴办新式教育不久的中国，还没有能够攻读现代大学的现代中学生。所以孙家鼐在皇帝钦批《京师大学堂章程》的当天，就提出了重大的修改方案，而且说服了朝廷实施。这个修改方案在招生生源和匹配教学计划方面，实行了孙家鼐提出的“仕学院”的计划，即招收那些已经取得了进士、举人功名的官员（在京七品以上官员）。这些人的新身份为“仕学生”②，真可谓将“仕而优则学”灵活运用到极致。由于符合“仕学生”条件的生源也缺乏，一些没有达到相应功名和官级、年龄在20—25岁的青年，通过了招生考试也被准予入学，不过他们被称为京师大学堂的“中学生”；年龄在20岁以下的叫“小学生”③。所以，开办之初半年多的时间里，京师大学堂只有一个院，即仕学院。但有三类学生，即仕学生、“中学生”、“小学生”。这是京师大学堂初期缺乏新式学堂提供生源的临时举措，连皇帝也认为这“并非降格相就”④。

① 《总理衙门奏拟京师大学堂章程》，载北京大学校史研究室编：《北京大学史料》第一卷，北京大学出版社1993年版，第82页。

② 《孙家鼐奏覆筹办大学堂情形折》，载北京大学校史研究室编：《北京大学史料》第一卷，北京大学出版社1993年版，第47页。

③ 在最早的《京师大学堂章程》中，考虑到各省未有新式中学堂、小学堂，因而提出了“当于大学堂中寓小学中学之意”。但事实上并未在大学堂中设中学堂和小学堂。参见京师大学堂庶务提调喻长霖的回忆《京师大学堂沿革略》，载刘锦藻撰：《清朝续文献通考》第二册，浙江古籍出版社1988年版；萧一山（1921—1925年北京大学政治系在读）：《清代通史》，中华书局1986年版，第1434页。

④ 参见《光绪二十五年三月二十七日为整顿大学堂谕》，载北京大学校史研究室编：《北京大学史料》第一卷，北京大学出版社1993年版，第49页。

除了招生作了重大改变之外，主政京师大学堂的孙家鼐也没有按照《京师大学堂章程》分科、分专业的计划办学。他的办学思想是注重传统经学，兼学西学，这必然反映在教学专业设置和教学管理上。当时京师大学堂的做法是将一百多名学生，分为六堂“课士”（“课士”指上课和考试），这六堂分别为“诗”“书”“易”“礼”四堂和“春”“秋”二堂。这里的“堂”到底是什么？是专业还是课堂还是班级？似乎兼而有之。有回忆材料说：“大学堂开办初，分诗书易礼春秋六堂课士，每堂不过十余人，春秋堂的人数略多，也不过二十余人。”[①] 按照这一表述，“堂”首先是分班概念，这个分班的依据是课程内容兼有管理意义上的班级。结合当时社会上有人嘲笑京师大学堂“犹如国子监之旧制”的讥讽话语，这种以“诗书易礼春秋”命名的分堂，应是根据授课内容的一种命名。不管诗书易礼春秋哪个堂，内容都是传统经学。所以可以肯定的是，在这个时期，京师大学堂没有基于现代大学学科专业划分、组织设置和管理意义上的教学单位。一百多个学生，无论是“仕学生”还是“中学生”“小学生”，都一律是上午学习传统国学专业“经史”，下午才是学习包括格致、算术、化学、外语等在内的西学。

与政治学系前身出现关系最为密切的一个重要变动发生在1899年9月，即京师大学堂的第二个学期。那时又有不少学生陆续到校，人数达到218人[②]，而且有强烈学习西学之愿的人明显多了起来。于是，京师大学堂决定挑选学业优秀者，在仕学院中另设立史学、地理、政治三堂[③]。这就是吏部左侍郎许景澄在《吏部左侍郎许景澄奏覆大学堂功效折》中说的“专门讲堂三处”[④]，因为这三“堂”是“拔其尤者”另成立的，显然不仅仅是课程内容的概念也是基于学生分堂了，是根据主修内容和水平所设立的相对独立的教学专业“单位”。在另立这三个专门讲堂的同时，其他各堂更名为“立本”“求志”“敦行”“守约”四堂，这四堂，作为京师大学堂入门的经学讲堂，“学生录取入堂，先令研究

① 喻长霖：《京师大学堂沿革略》，载刘锦藻撰：《清朝续文献通考》第二册，浙江古籍出版社1988年版。萧一山：《清代通史》，中华书局1986年版，第1434页。

② 一说238人。参见《孙家鼐奏陈大学堂整顿情形折》，载北京大学、中国第一历史档案馆编：《京师大学堂档案选编》，北京大学出版社2001年版，第77页。

③ “乃拔其尤者，别立‘史学、地理、政治三堂’，中学小学合并，仕学院仍保留其名”，参见喻长霖：《京师大学堂沿革略》，萧一山：《清代通史》。

④ 参见北京大学、中国第一历史档案馆编：《京师大学堂档案选编》，第87页。

经史。经史讲解明晰者再拔入政治、舆地等堂”，从 1899 年 9 月“由经史常课学生内陆续拔入专门政治舆地等堂者计有四十二人”①。这说明，第一，在 1899 年这个新的学期，京师大学堂的仕学院加了新的内容，按照学生研习的水平（“拔其尤者”）和授业内容设立了新的班，即史学、地理、政治三堂。第二，虽然原来的经学课程内容没变，但是堂（班）的名称变为“立本”“求志”“敦行”“守约”，经学色彩在表面上和形式上有所弱化。新的“政治专门讲堂”，与“立本”“求志”“敦行”“守约”四堂性质已经有所不同，具有了按照新的研修内容、学生成绩而独立划分出的教学单位的意义。

通过对京师大学堂的开办时间和初办时机构设置的考察，可以初步认定 1899 年 9 月京师大学堂政治专门讲堂的设立是北京大学政治学系的前身或最早的学科渊源和组织渊源。它的意义在于，这种设置是在朝着大学分科分专业的方向迈进的。在传统经学中分离出具有一定应用价值的政治专门讲堂是带有“与时俱进”的现实意义的，这与戊戌维新后要求继续变革的呼声和即将到来的清末宪政运动有着重要的关系。

## 二 “新政”人才的需求对政治学学科和学系的形成起着催生作用

命运多舛的京师大学堂开办一年多，发生了义和团运动和八国联军侵华战争。京师大学堂大部分校舍在战乱中遭到毁坏，“俄兵德兵先后来学堂占住，看守人役力不能支，均已逃散。所有书、仪器、家具、案卷等项一概无存”②，办学经费也出了问题。1900 年 7 月 9 日（农历六月十三日）京师大学堂奏请大学堂暂时停办并得到迅速批准③。直到 1902 年 1 月 10 日，清廷任命张百熙为新的京师大学堂管学大臣，大学堂才开始恢复重建。2 月 13 日，张百熙提交了恢复重建大学堂的办法。此时清末新政事实上已经开始，京师大

① 参见北京大学、中国第一历史档案馆编：《京师大学堂档案选编》，第 87 页。
② 王学珍等主编：《北京大学纪事 1898—1997》，北京大学出版社 1998 年版，第 9 页。
③ 北京大学、中国第一历史档案馆编：《京师大学堂档案选编》，北京大学出版社 2001 年版，第 90 页。

学堂继续作为新政的政绩便得到了朝廷这样隆重而急切的批准："著即认真举办切实奉行，朝廷于此事垂意至殷。"[①] 8 月 15 日，张百熙奏呈了新的办学章程。在得到御批后成为《钦定京师大学堂章程》，即历史上第二个京师大学堂章程。这是一个明显仿照日本大学的办学方案。在这个章程中，明确制订了大学分科的计划。政治科，居未来分科大学即本科大学分科门目中的第一位！[②] 但遗憾的是，1902 年的京师大学堂也还不具备办本科的条件 —— 没有适合本科的生源，所以只能先办预备科和速成科。在这个章程"分科大学专业设置"一节的第一句即可看到"大学分科俟预备生卒业再议课程"[③] 这样无奈惋惜的话。可见"政治科第一，政治科下设二目，一曰政治学二曰法律学"的分科设置，只是 1902 年《钦定京师大学堂章程》对未来分科大学的专业分类的一种规则。这个章程中更多更详细的课程计划还是针对预备科的。在"预备科"的学习规划中并没有政治科，只有"政科"和"艺科"两大类，这属于打通学科界限的通识教育体制，类似今天北京大学的"元培计划"模式。"政科"共有包括经学、史学、外语、算术、物理、财政、地理、体育等十几门课程，所有政科的预科生都要学这些课程。政科预备生中打算卒业之后升入政治科（政治学本科）者，在第二年、第三年的课程中减掉物理课增加法学课一小时即可（如果想升入商科者在第二年或第三年减去史学增加商业史一小时即可，等等）。所以在 1902 年《钦定京师大学堂章程》的"政科"课程设置中，并没有政治学的课程。这个计划的思路是：有志学政治学的学生，在预科的"政科"结业后升入分科大学之政治科（政治本科）。在"速成科"的办学规划中，则设计了仕学馆（不是仕学院）和师范馆两馆，可以理解为就是"干部班"和"师范班"。考虑到仕学馆的学生，是"仕途之人入馆肄业，自当舍工艺而趋重政法"[④]，所以政治学反倒是仕学馆必修的十一门科目之一。查阅速成科的仕学馆课表，与政治学、行政学的相关课程有许多门。同为速成科的师范馆则没有任何政治学方面的课。速成科仕学馆设置了多门

① 北京大学、中国第一历史档案馆编：《京师大学堂档案选编》，第 112 页。

② 《钦定京师大学堂章程》（1902），第二章第二节，载北京大学校史研究室编：《北京大学史料》第一卷，北京大学出版社 1993 年版，第 88 页。

③ 同上书，第 88 页。

④ 同上书，第 91 页。

政治学课，是后人把速成科的仕学馆看作政治学系渊源的原因之一。这里需要说明的是，1902 年速成科的“仕学馆”与京师大学堂开办时的“仕学院”，不在一个层级上。速成科下的“仕学馆”与今天的成人教育和“干部专修班”比较接近，可以算作学历教育的一种模式，其中有关政治学类的课程只是众多必修课中的一部分，还不是政治学专业的设立。但京师大学堂为“成人”或“干部”开办的全日制以外的非学历教育的短期培训班，确是有着明确的政治内容和政治实用目的的。科举制废除后，1904 年才刚刚设的京师大学堂进士馆的地位十分尴尬，面临停办。1906 年清朝学部决定将速成科进士馆的甲辰科学员（1904 年入学的）全部公费送到日本法政大学学习。这样一来，京师大学堂进士馆的教室、宿舍、教员就空出来了。于是清朝学部有了这样的动议：“查进士馆甲辰内外班（内班即住宿班，外班即走读班）学员业经本部派遣赴日本游学，馆中讲堂尚有空闲之处，教习亦有闲暇之时，拟就该馆暂设政治理财讲习科”①，讲习班 1906 年 11 月开班，期限是六个月，学员来源为“由各部院选择有根底自愿讲习之员”。学员定额 80 人，学员概不住宿，但由进士馆为学员“预备午餐，以免往返之劳”。至于讲习班的学习内容，通知说，“法政理财为从政必修之学，国家预备立宪需用此项人才尤为殷切，非及时讲习不足以应急需”，“本讲习科专课政治理财以养成政界应用之人才”②。教员和课程均由京师大学堂教员担任。讲习班共开八门课，包括法学通论、宪法、行政法、国际公法、理财通论等，每星期授课 22 小时。该班由学部在各部院招生，“附设于进士馆”，没有入学考试。这应该是大学与机构（学部）合作“办班”的先河。从速成科仕学馆和“政治理财讲习科”都突出“从政必修之学”，“国家预备立宪人才”，“政界应用之人才”，可以看出，政治学有关课程的设置从一开始是被当作一门国家政治（新政）急需的具有实际用途的学科，授课对象主要为官员。但这对政治学学科和学系的形成起着催生作用，在北京大学政治学学科形成过程中，“成人教育”和“干部专修”作为大学教育的一种形式，先于本科教育出现，为政治学现代学科和学系的形成提供了学科积累和组织积累。

① 《咨行各部院选择人员咨送政治理财讲习科以便开学文》，清《学部官报》第六期。

② 同上。

## 三　清末新政期间北京大学完成政治学学科、学系的独立建制

从 1904 年政治学门的设置规划到 1910 年政治学门的招生，北京大学完成了政治学学科学系的独立建制。

北京大学政治学学科建制在第二个京师大学堂章程（1902 年《钦定京师大学堂章程》）里有一个比较详尽的规划。在这个规划中，分科大学（本科）的学科专业设置是以“科目”为单位的。“科”即是大的学科门类，也是一种相对有边界的教学管理单位，规模和管理权限类似今天的学院和不设学院的系。科下通常还划分为“目”，“目”则是宏观意义上的专业，比如，政治科下设二目，分别为政治学、法律学。文学科下设七目为：经学、史学、理学、诸子学、掌故学、词章学、外国语言文字学。

此规划出台时，“京师大学堂专门学生，现尚无人”[①]，也就是说，那时京师大学堂还没有符合大学本科条件的预科生毕业。所以，对于政治学本科教育来说，无论科也好，目也好，都只停留在计划和蓝图，能落实的只是预备科的课程计划。张百熙力荐湖广总督张之洞参与京师大学堂事务[②]后，二人于 1904 年 1 月 13 日合作完成了《奏定大学堂章程》，即京师大学堂的第三个章程。在这个章程中，“政治门”的表述首次明确出现！清末新政期间，引进和翻译西方的各种图书数量大增。张百熙就曾请当时清朝驻美公使代为搜集美国大学章程、课程总录、课程全例等。1902 年年底，清朝驻美公使将美国哥伦比亚大学、耶鲁大学、宾夕法尼亚大学等十三个学校的授课章程送交大学堂[③]，这些美国大学的章程和课程设置，在多大程度上影响了张百熙和张之洞的第三部大学堂章程，还需具体细致研究。但第三部京师大学堂章程与第二部相比有了变化。比如，第三部章程规定，大学堂设分科大学堂即本科教

---

① 《钦定京师大学堂章程》，载北京大学校史研究室编：《北京大学史料》第一卷，北京大学出版社 1993 年版，第 94 页。

② 《张百熙奏请添派张之洞会商学务折》《命张之洞会同张百熙荣庆厘定学章》，载北京大学校史研究室编：《北京大学史料》第一卷，北京大学出版社 1993 年版，第 57 页。

③ 王学珍等主编：《北京大学记事 1898—1997》，北京大学出版社 1998 年版，第 12 页。

育的共有8科，与第二个章程相比，7科变为了8科。政治科变成了政法科（政法科和法政科的名称在京师大学堂的学科设置中是混合交叉使用的，有人认为政法与法政之名的变化反映了日本大学教育理念和美国教育理念对中国的不同影响），其中，“政法科大学分二门：一、政治门，二、法律门”[①]。政治门、法律门应该是政治学门和法律学门的简称，因为在同一个章程的大学堂学科统系总图中，使用的是政治学门和法律学门。[②] 此时政治学门的设置，是在学科分类和教学行政单位上双重使用的，基本就是今天的“系”的概念，也正因为如此，才会有1919年的直接废门改系。

“政治学门”概念的出现，已经十分接近今天的政治学系了。当然，在“department”概念已经传入中国时，仍然使用“门”这个中国传统的对知识门类的分类作为中国大学的学科分类和学科建制，多少也表现了当时对现代高等教育和现代学术的完全接轨还有所保留。要注意的是，在1904年的第三个京师大学堂章程中，政治学门仍然还是一种规划设置，仍然没有成为现实。因为，这时仍然不具备分科大学（本科）的条件。在这之后，一直到1908年，京师大学堂实际上开办的都是预备科和速成科。速成科中的仕学馆1904年并入新成立的进士馆，随着科举制的取消而渐渐停止；速成科中的师范馆则慢慢独立成为师范科，最终独立成为师范学堂。

这段规划中的政治学学科建设史依然是重要的。可以说，1904年“政治学门”概念和规划设置的出现，是政治学学科和学系成为独立的学科系的重要前奏和蓝图，为以后实体政治学门（系）的建立奠定了基础和方向。

1908年，预备科和师范科的毕业生有了一定的积累，按照第二个和第三个京师大学堂章程的规划，他们应该进入分科大学继续本科学习甚至进入大学院（研究生院）学习。在清末新政中，各省大办新式中学堂，其毕业生也为分科大学的开办提供了生源。于是，1908年10月京师大学堂为开办分科大学致信学部奏请正式开办分科大学，获得正标榜新政的清廷批准。1909年（宣统元年），一些已经毕业多时的预科生终于迎来了入本科学习的消息。但

① 《钦定京师大学堂章程》，载北京大学校史研究室编：《北京大学史料》第一卷，北京大学出版社1993年版，第102页。

② 同上书，第128页。

因新校舍的筹建需费时日，京师大学堂分科大学于1910年3月31日（宣统二年二月二十一日）才举行开学典礼。这是京师大学堂，也是中国，以政治学为专业，以政法科—政治学门为单位首次正式接受本科生。1910年是中国政治学学科的一个重要时间节点。这一年，京师大学堂以政法科—政治学门之名首招本科生，这既有政治学学科独立的意义，又有政治学学系独立建制的意义。分科大学办了一年多后，辛亥革命发生，京师大学堂再次短暂停办。之后，清廷结束，民国初建。京师大学堂再恢复时，清朝的学部变为了中华民国的教育部。1912年5月3日，北京政府批准教育部呈请，改京师大学堂为北京大学。

学校名称变了，学科名称也改了。1913年夏，12位京师大学堂政法科—政治学门的学生以北京大学法科政治学门首届政治学专业本科毕业生的身份毕业，获得学士学位，他们是：钱天任、张辉曾、谢宗陶、张振海、刘秉鉴、陈恩普、裘敏麟、黄文濬、彭望邺、伦哲同、张承枢、王廷勦。[①] 北京大学政治学本科学生毕业并获得法科学士学位，是北京大学政治学学科和学系建立完成的重要标志。

当然，这并不是京师大学堂的学生第一次获得法政科“学位”。1905年科举制废除后，京师大学堂进士馆的学生地位十分尴尬。清朝学部决定送全体进士馆的学生去日本留学。在进士馆学习时的住宿班和走读班两类学生，被分别安排进入日本早稻田大学、帝国大学、法政大学等法科的本科班和速成班学习。在他们学成归国后，清朝政府为了安抚和奖励这些留学生，根据他们在国外留学得到的学位，经过考试，确认“折合换算”成中国的“学位”——相应的功名，这就有了“法政科进士”“法政科举人”这两个奇怪的“学位”[②]。不过在这个法政科学位里，并没有具体区分政治和法律两个学科。

① 《中华教育界》1913年第一卷第四期报道：“北京大学开办十余年，先设预科、师范科，毕业四次，造就良多。本年为分科第一次毕业，全校计230人。按照教育部公布的《大学令》，大学毕业授以学士学位。”

② 查《著将此次验看进士馆游学及外班毕业各学员分别授职谕旨》（光绪三十四年六月十六日），有赏给陈箓、廉隅、朱献文、黄德章、程树德、李盛衔6人为法政科进士；赏给马德润等60人为法政科举人的内容。参见北京大学、中国第一历史档案馆编：《京师大学堂档案选编》，北京大学出版社2001年版，第345—346页。

## 四 政治学系的现代命名与学科现代化的开始

1919年北京大学“废科改门为系”，与现代学科接轨的新名称——“北京大学政治学系”问世。

中华民国的建立，结束了中国的帝制。五四新文化运动促进了中国国家的近现代化转型。主掌北京大学的蔡元培先生领导北京大学进行了教育改革和学科改制，1919年7—8月开始，全校陆续废门改系。废门改系后全校共设本科系18个（开始时13个），分为5个学科组，政治学门改为政治学系，与史学系、经济学系、法律学系共属第5组。不久，学科组制又恢复学科制，政治学系归属法科。

“北京大学政治学系”这一与现代政治学学科接轨的新名和设置开始正式运行后，其所设的政治学专业课程也逐渐与世界发达国家现代政治学学科基本一致。经过五四新文化运动，中国知识界和政治界也从早期对现代政治既迎又拒的相对被动的“迎拒”态度逐渐转变为相对主动的态度。在对待西方现代政治学理论方面，除了表现为引进、模仿和借鉴外，也根据中国国情和特点做了中国化的努力。在法科—政治学系时代，北京大学政治学系形成了以政治学原理、中外政治制度、中外政治思想、行政学、外交学为主要课程框架的学科体系，形成了以国家理论、宪法理论、制度理论为核心内容的学术研究体系。北京大学政治学系培养出的学生活跃在中国的政治、学术和教育各个领域。

基于中国现代转型背景的中国政治学，在为国家提供思想资源、制度资源和人才资源的“经世致用”中，经历了学科独立化、学术专门化，逐渐成为一门现代学科。而为这个现代学科和学术奠定基础的便是大学的专业和学系的形成（关于政治学学术研究的内容和发展将另篇论述）。当然，中国现代政治学的建立与发展，不仅仅是北大的政治学学系与学科的建立与发展，因为只有在全国范围内，政治学学科建制形成一定的规模，中国的现代政治学才有可能真正全面形成。到20世纪30年代，全国有近30所大学设立了政治学系，现代政治学学系和学科成为中国大学比较普遍的学系和学科，与政治学研究院所和机构一起，完成了现代政治学在中国的学科体系构建。

# 政治学理论

# Theory of Politics

# 分权与国家治理：中国的分权改革及其学术意义*

王丽萍**

**摘　要：**作为一种重要的治理策略，分权在不同社会及制度背景中具有改善治理的不同潜力。20世纪70年代中后期以来，由改善治理这一笼统目标所引发的分权浪潮席卷世界，而分权改革某种程度上忽视体系整体价值的倾向抑制了其治理潜力。国家治理概念似可为分权改革提供较为全面的目标维度。分权改革规划需要充分观照国家的文化、历史与现实，使其动力建立在真实的内生需求基础上。中国分权改革代表着世界范围内诸多分权改革的一种，它与治理之间的复杂联系需要被置于有关分权的一般概念与理论框架以及有关国家治理的更为宏大的坐标体系中加以思考。中国分权改革实践对于充实和发展有关分权的一般认识具有远未得到充分认识的重要意义。

**关键词：**分权治理　国家治理　中国分权改革

**Abstract**: As an important governance strategy, decentralization has different potential for improving governance in various social and institutional contexts. Echoing the general call for bettering governance, the wave of decentralization has swept across the world since the mid-and-late 1970s. Meanwhile, the tendency inherent in decentralization to disregard the system-level values to some extent may curb its governance potentials. In this sense, the concept of state governance seems to set comprehensive goal dimensionalities for decentralization. Decentralization

---

* 本文初稿完成于2014年7月，同年11月2日在北京大学第六届政党论坛“大党执政与大国治理”上作者作了题为《分权与国家治理》的主旨发言，2017年4月再次修改。

** 王丽萍，北京大学政府管理学院教授。

reform planning need to take full account of the culture, history and reality of a country, and the dynamics of reform should also be based on true endangerous demands. Paralleling with other such reforms around the world, China's decentralization reform and its complicated relationship with governance should be discussed in the general conceptual and theoretical frameworks of decentralization and more broad reference system. Furthermore, the decentralization reform in China has important implications yet to be sufficiently recognized for enriching and developing a general understanding of decentralization.

**Key Words**: Decentralization governance; State governance; China's decentralization reform

20 世纪 70 年代中后期以来，世界范围内诸多国家，无论是发达国家还是发展中国家，先后发生了被称作“静悄悄的革命”（quiet revolution）① 的分权改革。在这一浪潮下，分权或类似的改革无处不在。在从 20 世纪 80 年代到 90 年代初短短十年间，世界上就有超过 80％的国家进行了分权改革。其后，这一改革趋势更是扩展到了世界上更多的国家和地区，甚至超过了引人注目的民主转型而与联邦制一起成为过去半个多世纪以来世界范围内最重要的治理趋势。② 世界范围内在制度与政治实践层面的这一分权热情，激发了有关分权现象的广泛的学术研究兴趣，而分权改革的热情则持续不衰。可以说，在基本上是由改善治理这一笼统目标所引发的分权浪潮中，不同国家的分权改革具有相同或不同的目标，不仅使分权与治理之间呈现出极为复杂的联系，也要求对分权与治理之间的关系进行更为具体和深入的分析。其中，“为什么分权”就成为一个需要回答的问题，实际上还是一个关乎识别和确立不同国家不同时期治理目标的问题。

分权也是最近 30 多年来中国社会经济政治领域最为明显的改革趋势和方向。这一方向虽与过去几十年中世界范围的整体改革趋势相一致，但仍因表

① Tim Campbell, *The Quiet Revolution: Decentralization and the Rise of Political Participation in Latin American Cities*, Pittsburgh, PA: Pittsburgh University Press, 2003.

② See J. Manor, *The Political Economy of Democratic Decentralization*, Washington, D. C. : The World Bank, 1999; J. A. Rodden, *Hamilton's Paradox: The Promise and Peril of Fiscal Federalism*, Cambridge: Cambridge University Press, 2006, pp. 1-2.

现出诸多方面的特色而备受关注，在经济学领域更被置于一个被笼统概括为“中国式分权”的概念下得到了较为广泛的讨论。在近年陆续公布的诸多改革措施中，分权倾向仍是改革的一个重要方向或趋势，“简政放权”则是有关分权改革诸多措施和做法的一个概括性表达。作为重要的治理策略，中国的分权改革实践具有还未被充分认识的丰富内涵，这一趋向的改革也需要在有关分权的一般概念与理论框架以及有关国家治理的更为宏大的坐标体系中加以思考。

## 一 经济学透镜下的中国分权改革

改革开放以来中国经济的巨大成功使中国成为经济学家学术研究中的重要分析案例，也是需要做出解释的重要经济与政治现象。虽然 1994 年正式实施的分税制改革常被作为理解和分析中央与地方关系特别是中央与地方财政关系的重要制度依据，但与其明确或隐含的再集中倾向相对应，分权以及体现了分权倾向的市场化改革仍被许多研究者视为解释经济增长的重要因素，相关讨论和观点还引发和推动了有关中国经济、社会与政治改革的更为广泛的讨论，而分权则常常成为各种讨论的焦点。相比于有关中国经济增长的诸多解释，如“文化大革命”的结束、初始发展水平等，将中国的经济成功归因于政府的分权结构和分散的公共财政体系的解释迅速得到了最为广泛的回响。

在这一领域，一些海外学者所作的中国问题研究，特别是有关中国式市场维护型联邦制（Market-Preserving Federalism，Chinese Style）的研究，以及经济学领域的其他相关研究，开启了有关分权与中国经济增长关系问题的密集研究，也构成了这一问题领域研究的重要文献。① 这些研究的主要观点

① Yingyi Qian and Barry R. Weingast, “China’s Transition to Markets: Market-Preserving Federalism, Chinese Style”, *Journal of Policy Reform*, No. 1, 1996. Gabriella Montinola, Yingyi Qian and Barry R. Weingast, “Federalism, Chinese Style: The Political Basis for Economic Success in China”, *World Politics*, Vol. 48, No. 2, 1995, pp. 50-81. Yingyi Qian and Gérard Roland, “Federalism and the Soft Budget Constraint”, *American Economic Review*, Vol. 88, No. 5, 1998, p. 1156; Ping Chen, “China’s Challenge to Economic Orthodoxy: Asian Reform as an Evolutionary, Self-Organizing

和结论基本上可以概括为，改革时期的中国政治体制是一种市场维护型联邦制，中国的财政分权（或称为财政联邦主义）和市场化改革是中国经济成功的重要政治基础。具体而言，财政分权刺激了不同地区之间在经济发展方面的竞争，促使地方政府按照效率优先原则配置资源，从而硬化了地方政府的财政预算约束，也使地方政府在获得更多自主权的同时增强了抵制包括中央政府在内的经济攫取，促进了中国的市场化进程。分权在促进中国经济发展方面之所以取得成功，很大程度上是由于经济分权与政治集权的结合，特别是在成功的地方政策试验推广方面，政治集权发挥了重要的作用。

有关财政分权促进中国经济发展的观点似乎已经成为这一领域的主流观点，尽管分权的消极影响（如不平等的加剧、政策外部性以及地方诸侯经济的产生等）在相关研究中也得到了讨论。此外，有研究认为在政治和经济分权与经济成功之间并没有建立起令人信服的联系，分权并不足以解释中国的经济奇迹，更有研究认为政府支出意义上较高水平的分权与较低的经济增长联系在一起。还有研究认为，分权对于经济增长在不同时期和不同地区所产生的影响是不一样的。具体而言，改革之前财政分权与经济增长之间存在显著的负效应，而 1994 年后财政分权对经济增长有显著正效应；在地区分布方面，财政分权对富裕地区与贫困地区经济增长的影响是不一样的，它推动了富裕地区的经济增长而抑制了后者。①

---

（接上页）Process", *China Economic Review*, Vol 4, No. 2, 1993. Chenggang Xu and Juzhong Zhuang, "Why China Grew: The Roleof Decentralization", in Peter Boone, Stanislaw Gomulka and Richard Layard, eds., *Emerging from Communism: Lessons from Russia, China, and Eastern Europe,* Cambridge: MIT Press, 1998. Olivier Blanchard and Andrei Shleifer, "Federalism with and without Political Centralization: China versus Russia", *IMF Staff Papers,* Vol. 48, 2001. Xu Chenggang, "The Fundamental Institutions of China's Reforms and Development" ,*The Journal of Economic Literature*, Vol. 49, No. 4, 2011, pp. 1076-1151. 一些中文发表的研究也支持了类似的观点。如林毅夫、刘志强的实证研究表明，中国的分权改革提高了省级人均 GDP 增长率，从而支持了分权可提高经济效率的假说。参见林毅夫、刘志强：《中国的财政分权与经济增长》，《北京大学学报》（哲学社会科学版）2000 年第 4 期。

① 参见 Hongbin Cai and Daniel Treisman, "Did Government Decentralization Cause China's Economic Miracle?" *World Politics*, Vol. 58, No. 4, 2006, pp. 505-535。Tao Zhang and Heng-fu Zou, "Fiscal Decentralization, Public Spending, and Economic Growth in China", *Journal of Public Economics*, Vol. 67, No. 2, 1998, pp. 221-240。乔宝云、范剑勇、冯兴元：《中国的财政分权与小学义务教育》，《中国社会科学》2005 年第 6 期；张晏、龚六堂：《分税制改革、财政分权与中国经济增长》，《经济学》（季刊）2005 年第 1 期。

尽管如此，有关“中国式财政分权”（fiscal decentralization，Chinese style）[①]影响经济绩效的过程与条件的研究仍然引发了有关更为广泛的中国分权实践的思考和讨论，其后的许多相关研究很大程度上都是在这一概念框架中展开的。“中国式财政分权”这一用以描述中国分散化的财政体制的概念，启发了其后中国国内学者有关中国分权现象的理解和思考，从而使“中国式分权”成为理解和分析中国分权现象及其影响的常见概念。在许多研究者看来，经济分权同垂直的政治管理体制的紧密结合被看作中国式分权的核心内涵，也有学者将这一现象概括为“政治集权（集中）”与“经济分权”的结合，还有一些研究者则是在这一概念界定基础上强调中国式分权所发生于其中的单一制的国家结构、中央与地方政府之间的授权关系，以及中央政府激励或约束地方政府的手段。[②]

在有关中国财政分权与经济增长的研究中，经济增长（效果）本身是分析和研究的焦点和对象。在这样的分析框架中，分权（主要是财政分权）常被作为重要解释变量，其正面效应似乎也很容易得到证明。然而，一旦将分权本身作为研究和分析的焦点，当研究的重心被置于分权在公共物品提供方面的影响时，其负面效应则又非常容易凸显出来。研究者在教育、社会保障以及其他相关领域的研究几乎都得出了相同或类似的基本结论，即中国式分权影响之下的地方政府并未如经典分权理论所提示的那样会改善公共物品的供给，反倒对公共物品的供给造成了损害，甚至成为导致中国基本公共服务发展滞后的原因。[③]事实上，地方公共物品面临的价格困扰，以及公共物品本身的外部性，都使得地方政府很难如相关理论所预期的那样高效率地提供公共物品。

---

① 参见 Yingyi Qian and Gérard Roland, “Federalism and the Soft Budget Constraint”, *American Economic Review*, Vol. 88, No. 5, 1998, pp. 1143-1162。

② 参见傅勇、张晏：《中国式分权与财政支出结构偏向：为增长而竞争的代价》，《管理世界》2007 年第 3 期，第 4—12 页；陈刚、李树、余劲松：《援助之手还是攫取之手？——关于中国式分权的一个假说及其验证》，《南方经济》2009 年第 7 期；姚继军：《中国式分权与教育均衡发展问题的治理》，《南京社会科学》2008 年第 8 期。

③ 乔宝云、范剑勇、冯兴元：《中国的财政分权与小学义务教育》，《中国社会科学》2005 年第 6 期；傅勇：《分权治理与地方政府合意性：新政治经济学能告诉我们什么？》，《经济社会体制比较》2010 年第 4 期；罗伟卿：《财政分权理论新思想：分权体制与地方公共服务》，《财政研究》2010 年第 3 期。

“中国式分权”的负面效应在公共服务领域得到较为集中的分析，常见的解释则主要集中于两个方面：一方面，相对于提升公共服务供给，晋升激励下的地方官员对于发展经济具有更大的动力，因而表现出明显的支出偏好；另一方面，受分税制影响，中央与地方之间收入与支出责任分配之间的不匹配（不平衡），是导致教育、卫生和其他重要公共政策绩效不彰的重要原因。[①] 其中，相对于前一方面的原因，后一方面的原因更为明显，或可称之为显性因素，而前一方面的原因则会产生更为直接和持久的影响。这是中国式分权的核心特征所在，也提示人们“分权本质上是一种政治现象”[②]。

有研究者将“中国式分权”的影响概括为“经济的高速增长和公共领域的低效率”[③]。实际上，分权对于经济增长和公共服务供给的影响具有远比这一简单表述更为复杂的机制、过程和结果。有关“分权导致中国经济增长”的质疑始终存在，而相关研究也表明，分权损害公共物品供给效率的现象是一种普遍现象。[④] 在这种意义上，对中国分权改革的关注和研究不仅不能仅限于对中国本身的关注和研究，也不可将实践层面的中国分权与理论层面的相关命题和启示进行简单对照和类比，或者直接将一般理论作为评价中国分权改革实践的参照体系。

就中国分权改革的现实而言，分权改革最早出现于经济生活领域（如农村地区的“家庭联产承包责任制”和主要针对国有企业的“放权让利”），经济分权（特别是财政分权）的程度最大，也因更接近人们的日常生活而更易为人们所感知；同时，作为一门学科的经济学的现实（社会）影响，以及研

---

① 周黎安：《晋升博弈中政府官员的激励与合作——兼论我国地方保护主义和重复建设问题长期存在的原因》，《经济研究》2004 年第 6 期；Hongbin Li and Li-An Zhou, “Political Turnover and Economic Performance: The Incentive Role of Personnel Control in China”, *Journal of Public Economics*, Vol. 89, 2005, pp. 1743-1762；卢洪友、卢盛峰、陈思霞：《“中国式财政分权”促进了基本公共服务发展吗？》，《财贸研究》2012 年第 6 期。

② Paul Smoke, Eduardo J. Gómez and George E. Peterson, eds., *Decentralization in Asia and Latin America: Towards a Comparative Interdisciplinary Perspective*, Cheltenham, UK; Northampton, MA: Edward Elgar, 2006, p.351.

③ 傅勇：《财政分权、政府治理与非经济性公共物品供给》，《经济研究》2010 年第 8 期。

④ 参见Michael Keen and Maurice Marchand, “Fiscal Competition and the Pattern of Public Spending”, *Journal of Public Economics*, Vol. 66 , No.1, 1997, pp. 33-53; S. Bucovetsky, “Public Input Competition”, *Journal of Public Economics*, Vol. 89, Issues 9-10, 2005, pp. 1763-1787。

究方法方面“用数据说话”的重要特征，也使经济学家的相关研究相对于其他领域的研究似乎更具吸引力和说服力。因此，在有关中国分权的讨论中，虽然参与者甚众，经济学家的研究所产生的影响更大，也更为明显。但是，分权及其影响是一个极为复杂的研究主题，经济学透镜下的分析显然难以为人们提供一个有关分权及其影响的全面而确定的图景。其中，不仅存在研究结论不一致甚至冲突的问题，研究方法（特别是有关分权度量方法和公共物品供给的测量指标）本身也存在诸多问题。[①] 尽管如此，经济学领域的相关研究启发了人们有关中国分权改革的思考，也对其他领域的相关研究产生了不同程度的影响。

1978 年以来的中国改革表现出引人注目的分权特征，在很大程度上契合了世界范围内的总体变革趋势，并在诸多方面表现出明显的独特性，以“中国式分权”概括中国的分权改革是一个方便的表达方式，但要充分理解中国的分权改革并促进其治理潜力的实现，仍需要进一步明确中国分权改革的复杂内涵，将其置于有关分权及其与治理关系的一般思考框架中，对中国的分权改革及其与国家治理的关系进行更为全面和深入的分析。产生于经济学领域研究的“中国式分权”概念，因其研究旨趣而在很大程度上更应被当作一个经济学概念。经济学透镜其实也是经济学滤镜，透过这一层视镜，一些重要维度上的问题及相关思考也被过滤掉了。

对于仍处在快速发展过程中的中国而言，持续 30 多年的经济成功当然是一个需要解释的现象，而在崭新的国家治理理念下如何在未来实现持续、均衡发展的问题也同样需要做出回答，后一问题或许还更为急迫和重要。对于中国国家治理而言，理解分权及其治理效应至少需要关注三个层面的问题：其一，在具有普遍意义的分权概念范畴中理解中国分权改革；其二，明确国家治理目标，并以此客观评价分权和中国分权改革的治理效应；其三，在国家历史、文化与宏观社会背景中理解和评价分权对于国家治理的意义和可能影响。

① 卢洪友、卢盛峰、陈思霞：《“中国式财政分权”促进了基本公共服务发展吗？》，《财贸研究》2012 年第 6 期；徐永胜、乔宝云：《财政分权度的衡量：理论及中国 1985—2007 年的经验分析》，《经济研究》2012 年第 10 期；丁菊红、邓可斌：《政府偏好、公共品供给与转型中的财政分权》，《经济研究》2008 年第 7 期。

## 二　认识中国分权改革：概念内涵、世界视野与历史维度

在中国30多年来的改革开放进程中，不同时期的改革措施都表现出明显的分权趋向。20世纪80年代，农村地区的“家庭联产承包责任制”和对国有企业“放权让利”是在不同部门和领域所进行的重要改革，也可理解为国家—社会、政府—市场维度上的分权改革，而经济特区和计划单列市的设立则是行政管理领域的重要分权措施。与此同时，以政府机构改革和干部人事制度改革为主题的行政改革在这一时期也开始启动并持续至今。分税制改革是20世纪90年代财政领域所发生的重要制度变革，它在很大程度上影响和重塑了中央—地方关系，不仅是中国分权改革实践中得以制度化的重要改革成果，更已成为其后更为丰富的改革实践的重要背景和基础，也是广泛的分权相关讨论的重要前提。进入21世纪以来，中国的分权改革呈现了更为丰富的实践内涵，除了不断深化和推进既已展开的改革之外，分权改革的努力已经渗透到了经济社会政治生活的诸多领域和不同层面，其中政策领域特别是社会政策领域则成为重要的改革领域，而政策则成为重要的改革载体。近年较为密集的诸多行政改革措施，尤其体现了在国家—社会、政府—市场维度上的分权改革努力。可以说，分权是30多年中国改革的重要趋向和内容，在这种意义上甚至可以将30多年的改革笼统地概括为“分权改革”。总体上可以看出，中国在不同时期的分权改革有着不同的特定主题，分权改革的节奏也与普遍意义上的渐进改革进程基本吻合。

30多年来不同领域的改革成就表明，分权取向的改革已经释放出巨大的治理潜力。尽管如此，由此推导出更大程度的分权会导向更好的治理绩效，则是武断的和缺乏根据的。30多年来分权取向的改革与显著的治理绩效之间的关系，与其理解或表述为分权带来了良好的治理绩效，还不如理解为对分权改革之前不当的权力集中的调整和修正带来了这样的结果。权力的集中和分散本来就是相对的，这种理解事实上还有助于人们扩展有关权力集中与分散的理解，将改善治理的思考置于权力集中—分散的广阔视野中，摒弃围绕分权可能产生的教条思维和极端化思考，避免使分权改革遁入“为分权而分

权”的改革困境。就中国分权改革所提供的经验看，似乎某种程度的分权有助于改善治理，却难以得出更大的分权将导向更好的治理的一般推论。

伴随30多年的改革过程，中国国内学术界与分权相关的研究一直持续不衰，并已成为经济学、政治学、法学、社会学、行政学等不同学科的重要研究领域，甚至在历史学研究中也成为一个回应现实问题的重要研究主题。不同学科对分权问题的思考激发了人们对于分权改革的广泛联想，也在一定程度上将有关分权的思考引向了片面强调分权及其正面效应的思考方向，从而使分权成为一个确定的目标甚至是某种伦理价值，进而成为评价事实层面不同领域制度调整和不同政策及其实践的标准与依据。事实上，分权作为与权力集中相对应的一个概念，在概念意义上是相对的，在实践中也常常是可逆的和互为转化的，而国家治理的现实需要影响和决定着不同领域权力与责任的集中或分散。总体上，中国的分权改革实践远远走在了相关学术研究的前面，其实践内涵也远比学术研究所涉及的内容更为丰富。因此，厘清纷乱的分权概念并在历史维度和世界视野中审视分权实践，对于理解中国的分权改革极为重要，不仅可为未来中国国家治理的持续改进提供有意义的思考方向，也有助于概括和提炼中国分权改革经验以丰富和扩展人们在这一问题上的一般思考。

分权是大多数国家所实践的实现治理和公共管理各项目标的常见的同时也常常是不同的实践，它不是理论，也缺乏明确而统一的界定。虽然在分权改革实践中，甚至在有关分权的学术讨论中，分权大多被当作一个有着明确界定的概念，但实际上非但不存在有关分权概念的共同界定，对不同的人而言，分权的意义也大相径庭。

分权不仅包括权力的分配，还包括责任的分配。但从“分权”一词的中文表达来看，分权则很容易使人忽略这一概念所蕴含的全部内涵，即可能只看到了权力的分配却忽略了责任的分配。事实上，分权实践有时可能只是一种责任和职能的分配，而不涉及或只涉及有限的权力和资源分配。因此，地方政府有时在面对新的责任时表现得迟疑不决也丝毫不足为奇。

不仅如此，对分权的理解和界定常常涉及分权的不同类型和分权的不同实现方式。政治分权、行政分权、财政分权和市场分权是常见的分权类型，而权力下放（devolution）、授权（delegation）、分散（deconcentration）以及撤资 / 私有化（divestment / privatization）等既可以看作分权的实现方式，也在一定程度上代表着不同的分权类型。不同分权类型有着不同的特征和不同的政策意义，其相关政策 / 制度设计的前提和获得成功的条件也存在不同程度的差异。

笼统而言，分权至少具有两个方面的含义。其一，是体系内由上而下的权力分配，地区 / 地方（州 / 省、市）被赋予在政治、经济和行政等特定职能领域和地理区域独立行使职能的权限；其二，分权还指权力或职能由体系内传统的政治、行政与经济主体向非传统主体（如 NGO、企业、工会等）的扩散，并将非传统主体纳入政治过程和政策过程。因此，分权既是权威和履行公共职能的责任从中央政府向次级政府、地方政府的转移，也是权威与履行公共职能的责任向准政府机构和私人部门的转移。前者可称为地域分权（territorial decentralization），后者则是一种职能（功能）分权（functional decentralization）。[①] 或者，前者可称为不同层级政府间分权（intergovernmental decentralization），后者则可概括为国家—社会分权（state-society decentralization）。[②] 事实上，职能分权（如提供公共服务）也常常构成政府间分权的核心或主要内容。职能分权的实现，或者说被分化了的职能要实现其预期目标，需要获得必要的资源依据和基础。然而，较为常见的情况是，支持这种职能分权的资源意义上的分权（即促进职能有效实现的各种资源如决策权、财政权等资源的获得）却可能不相匹配或严重不足。无论是不同层级政府间分权还是国家—社会分权，都既包括权力的分配，也包括责任的分配。

“中国式分权”是用以概括在诸多方面表现出鲜明特征的中国分权实践的

---

① J. M. Cohen and S. B. Peterson, *Administrative Decentralization: Strategies for Developing Countries*, Kumarian Press（published for and on behalf of the United Nations）, Draft Proof for Publication, June, 1999, pp. 16-20. 转引自 “Decentralization: A Sampling of Definitions”, Working paper prepared in connection with the Joint UNDP-Government of Germany evaluation of the UNDP role in decentralization and local governance。

② Zheng Yongnian, “Central-Local Relations: The Power to Dominate”, in Joseph Fewsmith, ed., *China Today, China Tomorrow: Domestic Politics, Economy, and Society*, Rowman & Littlefield Publishers, 2010, pp. 193-222.

一系列现象的一个笼统表达。它不是一个明确的概念，也不是一个容易界定的概念，而只是有关中国分权实践特征的一个非常方便的表述。中国作为一个在人口、幅员和其他多个维度上的大国，通过分权实现有效治理是非常自然和正常的选择，但实践中的分权在不同领域、不同部门以及不同地区之间表现出很大的差异性。这是中国分权实践的一个重要表现和特征。当代中国在分权实践中对政策的高度依赖，使政策以及与政策相关的各种实践成为中国分权实践和分权改革的重要依据和载体。在这种意义上，非制度分权（政策性分权）是中国分权实践的另一个重要特征。

有关中国分权的研究主要集中于经济学、政治学、法学、社会学、行政学及公共政策等学科领域，并往往是在经济学的透镜下进行研究。其中，中央—地方关系、行政体制改革等是政治学和行政学领域分权研究的重要维度和问题领域，而财政分权和基于财政分权的相关问题则主导着经济学领域的分权研究，社会学和公共政策领域的分权研究大多以分权的政策效应如分权对公共服务（公共物品）供给的影响作为研究的主要内容。在研究中，不同领域的学科界限往往非常模糊，财政分权常常被当作几乎所有相关研究的大前提。其中，政治学领域的分权研究更是受到了经济学和公共政策研究的强烈影响。跨学科视角本来是一种理想的学术研究取向，而政治学研究在分权研究中的“入超”状态却使学科研究在某种程度上失落了学科既有的一些重要的也是敏感的视角。由于分权本质上的政治性，政治学对于分权现象和实践的观察与研究具有其他学科所不具备的独特视角。通过政治学的视角分析分权现象的过程，在实践中则是识别和确立分权目标及国家治理目标的过程，也是促进分权实现其治理潜力的过程。在相关研究中，对分权现象本身的关注也转向了对“为什么分权”这一问题的思考。

历史上，分权在不同时期承载了不同的使命。在 20 世纪 20 年代，分权在英国、法国、美国等早期发达国家被用于解决中央机关事务壅塞的问题；第二次世界大战后，分权成为解决效率问题的重要安排；及至 20 世纪 60 年代和 70 年代早期，分权被用于在僵化的官僚机构和原子化的大众社会中创造参与式共同体；在 20 世纪 80 年代，分权是英、美等国放松规制的整体改革措施的重要组成部分或是其重要实现路径；在最近 20 多年的全球化浪潮中，分权则与私有化、贸易自由化和其他“好事情”一起成为经济改革的内容。世界银行在世纪之交更将分权改革纳入主要的改革议程之中。[①] 经历了近百年的发展，本身并不明确的分权概念获得了更为多元和富于变化的含义、目标与形式。

与此同时，随着治理理念日益成为主导各国公共政策及相关事务的重要观念，分权在不同国家之间似乎也获得了更多的共同点。从“治理”概念的传统用法以及这一概念的词源看，“治理”（governance）就是“政府”（government）的同义语，而在日益增加的有关治理的研究中，治理已经日益远离政府概念的含义而更强调其中的过程含义以及管理社会的一种全新的方法。在这一过程中，分权——无论是在政府内部的分权还是向政府之外的其他组织所进行的权威、责任和资源的转移——都成为一种必要的选择。随着治理概念成为一个日益具有包容性的概念，分权也获得了新的意义与新的形式。[②]

改善治理是不同类型国家实行分权改革的共同目标或共同动力，而治理所具有的丰富内涵则将不同国家极具差异性的具体改革目标及其影响遮蔽了。

从不同类型国家看，对于发达国家而言，分权在很大程度上旨在通过竞争机制使治理得以改善，是福利国家应对所面临的诸多问题并强化地方治理的一种积极回应。总体上，分权无关国家基本制度，尽管可能导向重要的制度调整。譬如，英国的权力下放（devolution）努力意在通过“公民与政府间权力的再平衡（re-balance）”而使英国成为“一个更为民主、分权和多元的国家”。从撒切尔夫人所进行的大规模私有化改革到布莱尔强调苏格兰和威尔士地方自治的改革等，都是英国在分权方向上所进行的重要改革，并产生了具有世界意义的影响。在整个发达国家世界，分权不仅是“第三条道路”理论的重要内容，也是发达国家现实改革的重要内容和目标方向。

发展中国家引入分权改革的动力则较为多元。其中，以分权促进民主化

---

① Daniel Treisman, *The Architecture of Government: Rethinking Political Decentralization*, Cambridge/New York: Cambridge University Press, 2007, p.290; World Bank, *Entering the Twenty-first Century*, Oxford/New York: Oxford University Press, 2000.

② G. Shabbir Cheema and Dennis A. Rondinnelli, “Decentralization and Governance” , in G. Shabbir Cheema and Dennis A. Rondinnelli, eds., *Decentralizing Governance: Emerging Concepts and Practices*, Washington, D. C. : Brookings Institution Press, 2007.

（改革）是一个常见的路径选择。[①] 2004 年埃及穆巴拉克政府将分权作为推进民主的重要方式，近年埃及政治动荡以来，来自社会的分权要求和压力更是有增无减；在秘鲁，政府将分权作为促进公民参与和应对社会不平等的主要手段；在柬埔寨、乌干达和墨西哥，分权的实施是为了增加民众在公共决策中的参与，加强和扩大民主。此外，较为具体的治理难题也是发展中国家分权改革的重要原因。哥伦比亚的分权改革是对猖獗的暴力的一个直接反应；南非的分权既是民主转型的重要一步，也是为了应对结束种族隔离后的一些特定问题，特别是不同政治群体的权力问题而采取的重要措施；在埃塞俄比亚，分权改革是为了满足高度分化的社会中异质性的种族群体的不同需求和渴望；印度和坦桑尼亚选择分权主要是为了提升公共物品供给的水平和质量。

就不同地区而言，导致分权改革的原因其实已部分揭示了其具有差异性的分权目的和意义。[②] 在拉美国家，政治或经济危机常常成为分权的直接动因。阿根廷和巴西在 20 世纪 80 年代的分权是军人在管理经济方面的无能、地方的分权要求以及民主化的普遍压力的一个结果。在玻利维亚、哥伦比亚和秘鲁等国家，分权最初被用以提升政权合法性。在亚洲，分权主要是由国家政治精英驱动的，政治竞争并非分权的潜在影响因素，危机有时成为分权的重要动力（如印度尼西亚）。

1978 年以来中国的改革在很大程度上契合了世界范围内的这一分权趋势，是世界范围内分权改革的重要组成部分，无疑应被置于有关分权及其理论的一般思考中加以理解，而中国分权治理规划则需要在一般理论与他国实践基础上充分考虑本国的历史与现实，在人们所期待的分权改革中实现人们同样期待的善治。

---

① 参见 Jean-Paul Faguet,"Decentralization and Governance", *World Development*, Vol. 53, 2014, pp. 2-13。

② Paul Smoke, Eduardo J. Gómez and George E. Peterson, eds., *Decentralization in Asia and Latin America: Towards a Comparative Interdisciplinary Perspective*, Cheltenham, UK/Northampton, MA: Edward Elgar, 2006, pp. 351-354.

## 三　趋向由目标所引导的国家治理和分权改革

从分权研究的常见主题和内容可以发现，有关分权的一般思考仍然主要集中于分权的工具价值（即分权有助于提升组织绩效和政策绩效）和个体层面的价值（如分权提供了个体参与公共生活的机会，是促进个体获得公民精神的一种重要方式），而分权在集体层面和国家层面的影响则没有引起足够的关注和研究。分权的过程是权威、责任与资源由中心向外转移和扩散的过程，其个体维度的价值和意义更为明显，因而在很大程度上使其集体维度（层面）特别是国家层面的意义和影响被忽视了。

分权已经成为实现治理的重要策略，而日益流行的善治理念似乎也在现实层面要求持续的甚至是更大程度的分权。由于普遍预期分权会带来善治及与此相关的一系列好的结果，而现实层面上分权又常常被作为重要的治理策略，一个新的概念即分权治理（decentralized governance）便成为分权研究和治理研究中的流行概念。新公共管理的重要理念“掌舵而不划桨”（steer rather than row）就是这一分权治理趋向的一个非常形象的表达，也主导了最近几十年来世界范围内广泛的分权改革。在今天的西方学术话语中，“治理”一词主要意味着政府分权和社会自治。[①] 实践中，分权常常由实现治理和善治的途径而变为改革的目标本身，一些似是而非的价值主导了相关现实问题的思考甚至改革实践。

20 世纪 70 年代中后期以来分权浪潮的出现与治理理念开始流行的时间点基本吻合，也有着共同的核心关切。其中，“going local”（localization，地方化 / 本地化）就是分权与治理的共同目标趋向。在“地方化” / “本地化”倾向和理念的影响下，无论是分权还是治理都更为强调个体和地方层面的意义与价值，而国家和体系整体层面的价值则被降低到了不太重要的地位甚至被忽略了。不仅如此，“地方化” / “本地化”还在很大程度上压缩了有关分权以及分权与治理间关系的思考，在现实层面则削弱和抑制了分权的治理潜

① 王浦劬：《国家治理、政府治理和社会治理的含义及其相互关系》，《国家行政学院学报》2014 年第 3 期。

力。因此，在有关分权和治理的实践及其研究中，对地方及个体层面目标的关注远远超出了对国家／体系层面影响的关注，国家／体系整体维度和层面的思考常常在支持地方、支持个体的思维倾向以及削弱国家和政府的改革大趋势中被忽略和遗漏了，治理则在很大程度上沦为“实现最小国家政策的意识形态工具”（an ideological tool for a minimum-state policy）[①]。虽然治理的概念早已成为讨论全球问题的一个重要概念，但这一概念在很大程度上仍然侧重强调在个体层面的意义和价值，从而使治理概念和国家治理概念之间本应清晰的关系变得复杂起来。

从概念本身的种属关系看，治理已经也应该包含国家治理的内涵，而且从治理的传统实践看，治理本来就是国家治理。但是，由于传统政治实践中国家的突出地位甚至是排他性的地位，在有关治理的学术研究中以及在治理改革实践中，治理目标的确定在很大程度上更强调治理在地方和基层的运用和实践，以及非国家行为体在治理实践中的作用，从而使国家层面上的治理目标连同国家本身在治理实践中的作用在有关治理的讨论中被系统地屏蔽了，而“没有政府的治理”（governance without government）观念的流行，更使国家（政府）成为治理话语体系中一个往往被极力避免的概念。于是，治理与国家治理似乎也成为两个独立的概念，治理与国家治理两个概念的种属关系甚至被颠倒了：国家治理似乎获得了比治理更为丰富的内涵。可以说，流行的善治概念并不涵盖良好的国家治理的全部内涵，而良好的国家治理则必然要求善治或以善治为基础。

相对于在国际关系理论中已在某种程度上获得重要接受基础的“没有政府的治理”，在国家层面上，治理既是建立在公共行动者与私人行动者间互动网络基础上的“有政府参与的治理”（governance with government），也包括由非国家行为体制定规则或由公民社会自我规范的治理即没有政府的治理（governance without government），更表现为政府发挥重要的掌舵作用的“由政府实行的治理”（governance by government）。[②] 与此相关，没有国家或政

① 参见玛丽-克劳德·斯莫茨《治理在国际关系中的正确运用》，载俞可平主编：《治理与善治》，社会科学文献出版社 2000 年版，第 268—269 页。

② 参见 Thomas Risse, ed., *Governance without a State: Policies and Politics in Areas of Limited Statehood*, New York: Columbia University Press, 2011, pp. 9-10。

府的治理在实践中则经常受到质疑。于是，强调国家治理概念的意义，不仅在于强调国家在治理中的作用和角色，更在于在个体和地方层面的价值之外发现和明确治理在国家层面和体系层面的重要目标，以确定适当和有效的分权策略。

有关治理在多元维度目标上的关注和思考，可在现代意义上赋予抽象的“国家理性”/国家理由（the reason of state）概念以充实而具体的内涵。国家理性/国家理由在今天已经很少被人提及和使用，但在由福柯（Michel Foucault）提出的“治理性”（governmentality）①概念所构建的分析框架中，国家理性/国家理由与自由主义、警察、安全、社会经济、保险、团结、福利、风险管理等一起被视为政府（国家）的现代属性。②就治理和国家治理的目标而言，国家理性不仅涉及识别和明确国家目标与国家利益等核心问题，强调个体层面与整体层面价值的平衡，还可能创造具体而明确的治理目标，或其本身就是国家目标的基础和依据。

公共管理领域治理理念的引入，在很大程度上有助于改进公共服务的质量，也在个体层面和其他非体系层面上满足了民众的参与要求，但治理过于强调技术手段的特点又很容易在实践中使其沦为一种技术工具，并常常使其

① 有关 governmentality 的中文译法是一个令人困扰的问题。虽然“治理术”是一个常见的和较为流行的译法，但由于中文语境中“术”常被赋予贬义色彩，这里使用“治理性”的概念，其中既包括内含于这一概念的技术层面的含义，也包括制度层面的内涵，甚至还包括治理绩效层面的意义。

② 参见 Peter Miller, Colin Gordon and Graham Burchell, eds., *The Foucault Effect: Studies in Governmentality: With Two Lectures by and an Interview with Michel Foucault*, Chicago: University of Chicago Press, 1991。国家理性/国家理由概念问世 400 多年来，对于理解民族国家的成长过程极为重要。在国家经济政策领域，马克斯·韦伯在 1895 年一篇题为《民族国家与经济政策》的演讲中提出，“经济决策的终极价值标准就是‘国家理由’”。这对于理解国家的经济政策非常重要（参见〔德〕马克斯·韦伯《民族国家与经济政策》，甘阳、李强等译，生活·读书·新知三联书店、牛津大学出版社 1997 年版，第 93 页）。今天国家理性/国家理由的概念之所以被人们遗忘或人们避免使用这一概念，在很大程度上是由于这一概念可能被用作运用不合理、不合法手段的借口，以及它可能超越第一序列的其他规则而被当作优先使用的规则。若在狭义层面上使用国家理性/国家理由的概念，其含义即为共同利益（common good），与今天人们广为接受也无处不在的公共理性（public reason）概念有着复杂的关系。参见 Miguel Vatter, “The Idea of Public Reason and the Reason of State: Schmitt and Rawls on the Political”, *Political Theory*, Vol. 36, No. 2, 2008, pp. 239-271; Wojciech Sadurski, “Reason of State and Public Reason”, *Ratio Juris*, Vol. 27, No. 1, 2014, pp. 21-46。许章润：《国家建构的精神索引——今天中国为何需要省思“国家理性”》，《历史法学》2011 年辑刊；高全喜：《国家理性的正当性何在？》，载王焱编《宪政主义与现代国家》，生活·读书·新知三联书店 2003 年版。

与国家整体/体系之间的关系及其在国家整体/体系层面的影响被漠视和忽略。这是治理（包括作为治理重要策略的分权）相关思考与实践所面临的重要问题，也是强调国家治理（而不仅仅是治理）概念及其意义的重要原因。

在学术讨论和人们的一般观念中，治理概念主要被当作一个在公共管理领域加以讨论和运用的概念，国家治理则因强调国家层面的重要价值和目标而似应被理解为一个政治概念或是有关治理的一个充分概念，从而在很大程度上提示人们整合政治学的传统维度与治理的崭新维度，在更为广泛也更具包容性的意义上理解治理概念并以此引导治理改革与实践。具体而言，治理强调过程，而国家治理更与体系本身直接相关。如果说治理是一个过程概念的话，那么国家治理则不仅是一个过程概念，还是一个结构性概念和制度化概念，一个与体系高度相关的概念。

相对于常见的治理概念及其评价指标，国家治理具有更为丰富和复杂的目标。不同国家的生存和发展可能会面对各种危机；换个角度看，这些危机正是识别问题和确立国家治理目标的重要思考方向。认同危机、正当性危机、贯彻危机、整合危机、参与危机和分配危机，在战后早期政治发展研究中被看作有关民族国家构建可能遭遇的诸种危机。[①] 这些被认为出现于国家构建过程的问题，与国家的生存和发展如影随形，在国家发展过程中似乎已成为一个频繁和反复出现的问题。国家构建或国家建设已经日益常态化而成为总是处于过程中的任务和目标，而非一劳永逸地可得到解决的问题。因此，国家治理应将这些问题的应对作为常规目标。对于任何一个国家而言，相对于过程层面的问题，这些与体系直接相关的目标才是更为核心和关键的目标。亨廷顿（Samuel P. Huntington）为人所熟知的有关国家基本政治秩序维持远比政府形式更为重要的观点，以及近年弗朗西斯·福山（Francis Fukuyama）有关国家构建特别是国家能力建设的观点，都是在这一意义上有关治理特别是国家治理的思考。[②] 从治理的概念和评价指标看，治理似乎可较好地应对其

---

① Leonard Binder, ed., *Crises and Sequences in Political Development*, Princeton, N. J. : Princeton University Press, 1971.

② 塞缪尔·P. 亨廷顿：《变革社会中的政治秩序》，李盛平等译，华夏出版社 1988 年版；弗朗西斯·福山：《国家构建：21 世纪的国家治理与世界秩序》，黄胜强、许铭原译，中国社会科学出版社 2007 年版。

中的参与危机，并对于应对正当性危机和贯彻危机具有积极意义，而有效应对整合危机和分配危机则要求更为强调国家和体系层面价值的国家治理。

不同国家的分权实践在很大程度上体现了对于分权影响的不同理解，在具体的政策层面则表现出不同的政策倾向。以社会政策为例，相对于其他政策领域，社会政策与人们的日常生活有着更为密切的关系，而直接掌管社会政策事务的政府也更可能建立与民众的直接联系。作为与民生关系最为密切的政策领域，社会政策在很大程度上还被视为国家统一的重要象征和指标。在这种意义上，社会政策代表着构建和巩固国家认同的有力工具，因而也是民族国家构建的有力工具，而围绕特定社会政策的讨论也常常被视为有关核心价值观、原则和认同的争论。在一些联邦制国家，社会政策常常引发敏感和激烈的政策争论并对国家认同产生重要影响；在多民族的联邦制背景中，社会政策更是极易成为政治和管辖权竞争的重要领域。在实践中，不同国家的次级政府对于社会政策领域的分权改革趋向表现出不同的态度，同一国家的不同次级政府之间也表现出明显的差异。加拿大魁北克省在社会政策领域更大程度的分权要求常常与被称为次国家民族主义（sub-state nationalism）的意识形态或普遍情绪联系在一起；而比利时国家主义性质或俾斯麦式的社会保障安排则抑制了分化的社会政策。[①] 总体上，福利国家取向的社会政策被认为有助于国家一体化。[②]

在中国的分权实践中，在财政支出责任分配以及相关决策权归属、管理分散化等不同维度上，社会政策领域都是分权程度最高的政策领域。相对于经济政策领域，社会政策领域更多意味着责任而非权力。更大的分权也就意味着更多的责任下放。尽管已有调查和相关研究还未显示出由此所产生的在体系（国家）认同和体系支持方面的明显后果，但社会上存在的对于教育、医疗、社会保障等问题的不满情绪则是一个不应忽视的警讯。尤其值得重视的是，在教育领域中高度分化的教育政策所导致的对国家通用语言教育要求

---

① Daniel Béland and André Lecours, “Federalism, Nationalism, and Social Policy Decentralisation in Canada and Belgium”, *Regional and Federal Studies*, Vol. 17, No. 4, 2007, pp. 405-419.

② Herbert Obinger, Stepahan Leibfried and Francis G. Castles, eds., *Federalism and the Welfare State: New World and European Experiences*, New York/London: Cambridge University Press, 2005.

的松懈，在一定程度上可解释部分地区国民意识中的体系疏离感。

由于社会政策相对于其他领域的政策与国家 / 体系层面价值具有更加紧密的关联，国家体系价值、体系认同（国家认同）的塑造主要是通过社会政策领域实现的，过于分散（分化）的社会政策可能导向碎片化的体系认同和难以统一的（如果不是冲突的）体系价值。实际上，即使是在最早引发有关中国分权讨论的经济领域，分权的负面效应也日渐为人们所关注，并已得到人们越来越多的关注和研究。其中，地区差异（不平衡）扩大、公共物品供给方面的公平缺失等现象是比较突出的问题，也在很大程度上关系到有关国家 / 体系层面的评价与思考。

在有关中国分权改革的讨论中，特别是有关分权负面影响的讨论中，许多研究者将分权改革中的经济分权与政治集权的结合看作造成诸多负面影响的根源，因而将更大程度的政治分权以及改革地方领导评估机制作为重要的解决方案。事实上，其他国家的相关案例及经验已经提供了这种解释的有力反证。譬如，在社会福利政策领域，美国各州之间竞相降低福利水平的破坏性的“探底竞赛”(race to the bottom) 已被视为联邦主义的代价，也为各州所要求的更大程度的分权增加了不确定性。①

将分权设计不当作为所存在的问题的原因，则代表着一种不同的观点。②对于仍处于改革过程中且未来改革方略仍表现出明显的分权取向的中国而言，设计合意和符合中国现实并与中国历史和制度基础兼容的分权安排，实际上早已超出了有关分权或是集权以及分权程度的思考，而应被置于有关分权及其影响的一般讨论中。其中，中国的历史与制度背景以及更为复杂的国情则是实现分权治理潜力的重要约束条件。

学术界有关治理的理论探索反映了社会科学界对于政治统治模式转变的

---

① 保罗·彼德森：《联邦主义的代价》，段晓雁译，北京大学出版社 2011 年版；Anne L. Alstott, “Federalism and U. S. Social Welfare Policy: Fundamental Change and New Uncertainties”, *Columbia Journal of European Law*, Vol. 2, 1996。

② 参见王永钦、张晏、章元、陈钊、陆铭《中国的大国发展道路——论分权式改革的得失》，《经济学研究》2007 年第 1 期；丁维莉、陆铭《教育的公平与效率是鱼和熊掌吗——基础教育财政的一般均衡分析》，《中国社会科学》2005 年第 6 期；Ming Li, Ran Tao and Dali Yang, “Decentralization, Inequality and Poverty Relief in China”, Paper prepared for presentation at the Conference on the Developmentand Reforms in China, The University of Chicago, 28 August 2013。

学术兴趣和研究努力，也的确在很大程度上向人们展示了人类公共生活的可能前景。尽管如此，治理所关切的是创造一种有序统治和集体行动的条件，其结果与传统的政府并无二致。在这种意义上，治理与传统的政府的差异仅在于过程，分权在这一过程中或许可以促进和改善治理，但也存在使治理绩效下降的可能。分权效应在很大程度上是通过治理绩效而得以评估和认识的。合法性、法治、透明性、责任性、回应、有效、参与、稳定、廉洁和公正等，就是在综合有关善治基本要素的诸种观点的基础上所提出的有关善治的10个基本要素。[①] 应该说，这些通过流行学术话语和专业术语加以表达的善治要素，实际上也是有关治理目标的集中表达。在传统政治学研究中，政治秩序始终是政治体系的重要价值和目标，而将合法性、组织性、有效性和稳定性作为国家治理绩效的评价标准[②]，则反映了国家治理目标设定方面的一种崭新思考。

就如治理常常沦为一种技术手段一样，不考虑目标或结果的分权也只是一种技术手段。虽然分权在中国被看作重要的发展策略和治理策略，但中国的分权改革在很大程度上仍主要体现为一种技术手段和措施，与分权安排相适应或有助于分权实现其治理潜力的责任性、回应性等长期处于缺失状态，支持分权设计的制度安排也远不成熟。可以说，虽然中国的分权被当作重要的治理策略，但中国的分权改革却可能只是一种治理缺失的分权，而分权在实际上不能实现有效治理的预期或在不同目标之间顾此失彼就成为常见的和难以避免的结果。

一般意义上，不同国家在集中或是分散（分权）、传统统治或是治理之间的选择，很大程度上映射着价值层面上国家主义观念与（新）自由主义理念之间的张力或冲突，而国家治理通过强调国家在治理中的作用以及治理或分权在国家／体系层面的目标追求，或可使处于竞争状态的不同理念和体现了不同理念的改革实践选择之间达成和解与妥协。

过去几十年中，世界范围内普遍的分权改革，很容易使人们产生有关分权的诸多联想或推论，特别是模糊了不同国家分权改革与其各自特定目标之

① 俞可平：《论国家治理现代化》，社会科学文献出版社2014年版。
② 徐湘林：《转型危机与国家治理：中国的经验》，《经济社会体制比较》2010年第5期。

间的联系，从而也使得有关分权及其潜在影响的理解被简单化了。事实上，不同国家通过分权期望实现的具体目标存在很大差异，其不同现实影响则反映了分权在不同社会及制度背景中改善治理的不同潜力。

## 四 历史与现实观照下的中国分权治理

在各国的政治实践中，分权常常表现为一种由理念所引导的实践，而一旦将分权置于效果评价的坐标体系中，支持分权的证据就显得复杂而模糊。事实上，支持分权的理论基础也是薄弱和不连贯的。分权模式的假设基础非常薄弱，尤其是对发展中国家而言。① 的确，早期政治学著作甚少关注国家内部不同层级之间的关系，对相关问题的关注可回溯至启蒙运动和 19 世纪政治理论家的观点，并主要集中于中央权威与地方共同体的相互作用。19 世纪晚期经济学边际主义革命促使人们思考有关不同宪法安排的效率问题。这是有关分权思考的一个重要的早期来源。最近几十年来有关分权的思考，则在很大程度上受到了 20 世纪后半期流行的政治与公共财政的形式分析（formal analyses）的影响。引发分权问题广泛思考的这些诱因，在引发人们关注和思考分权这一重要现象的同时，似乎将分权研究引向了经济领域，特别是公共财政领域，从而在很大程度上影响和制约了有关分权问题的思考。迄今为止有关分权研究的文献积累大多来自经济学领域的研究，由其专业视角和专业兴趣所主导的相关研究也对其他领域的研究产生了明显的影响。

如果说“分权可以带来好处”还是一个亟须经验证据的命题，那么中国的分权改革是否能够带来预期的好处，即实现其治理潜力，就是一个需要讨论的问题。

联合国开发计划署（UNDP）提出了理解分权的四个维度，即集体 / 外部维度（the collective/exterior）、集体 / 内部维度（the collective/interior）、个体 / 外部维度（the individual/exterior）和个体 / 内部维度（the individual/

① Rémy Prudhomme, “The Dangers of Decentralization”, *The World Bank Research Observer*, Vol. 10, No. 2, 1995, pp. 201-220.

interior)。[①] 其中，集体 / 外部维度关乎制度、法律形式与程序，集体 / 内部维度与社会文化、价值观有关，个体 / 外部维度关乎各种社会机构中个体的可观察行为，而个体 / 内部维度与社会机构中的人的思维模式、世界观、情绪与直觉等有关。分权的内涵是多维度的，对特定分权实践的评价以及有效的分权治理规划也应在这四个维度上加以思考。

联合国开发计划署提出的理解分权的四个维度，不仅有助于构建有关分权的一个完整概念，也提示人们对于席卷世界的分权改革和实践，需要结合分权实践发生于其中的政治体系的社会、历史与文化等诸多方面加以思考，而抽象的分权讨论不仅是无意义的，甚至可能是误导人的。无论在实践层面还是学术研究中，分权和治理在个体维度上的意义得到了充分的关注，在很大程度上正是分权在个体维度上的影响和意义推动着现实中分权改革在不同国家和地区的持续推进。相对于治理概念，国家治理概念的运用似乎可以在一定程度上矫正分权实践中常见的忽视集体维度上的关切及其影响（特别是集体 / 内部维度的分权及影响）的一般倾向。中国的分权改革也同样需要被置于由这四个维度所提示的分析框架中加以理解，既强调分权改革在个体与地方层面的影响，也应重视其在国家和体系层面的意义。

在人们的一般认知中，中国社会常常被看作是一个高度集中的社会。然而，越来越多的观察者日益认识到，中国社会内部的多样性远远超出了人们的想象，甚至有研究者认为中国很长时间以来都处于高度集中与无序之间、统一与多样性之间的持续张力之中，并认为中国长期以来只是一个地方的集合而非国家（an aggregation of localities than a country），因而是一个不充分的国家（an inadequate state）。[②] 还有研究者认为，某种意义上，中国真正的政治是地方政治（real politics in China is local politics）。于是，维系中国的统一

① UNDP, *Factors to Consider in Designing Decentralized Governance Policies and Programmes to Achieve Sustainable People-Centred Development*, Management Development and Governance Division, February 1998, p. 1. 转引自 "Decentralization: A Sampling of Definitions", Working paper prepared in connection with the Joint UNDP-Government of Germany evaluation of the UNDP role in decentralization and local governance, October 1999, p. 13。

② Jean-Luc Domenach, *China's Uncertain Future*, translated by George Holoch, New York: Columbia University Press, pp. 113-114.

依然是中国当前所面临的一个急迫任务。[①]

这些不同于有关中国国家和社会的一般印象的观点并非无懈可击，但的确丰富了人们对于中国的认识，也促使人们对中国以及正在中国持续推进的分权改革实践进行客观的和符合实际的观察与思考。在由集体 / 外部维度、集体 / 内部维度、个体 / 外部维度和个体 / 内部维度所确立的分权概念体系中，可对中国及中国的分权改革进行全面检视。

就中国的分权改革而言，明确改革目标和方向应先于改革设计。对中国现实准确而充分的理解和把握，是识别问题和确定改革目标（以解决现实问题）的重要前提，而对国家社会、历史与文化的观照可为包括分权改革在内的各项改革提供坚实可靠的基础，不仅有助于使改革的具体措施（分权改革只是其中一个选项）得当和可行，还有利于改革实现预期目标。因此，中国的分权设计需要同时观照历史与现实，还需要动态地观察分权改革的目标设计和实际效果。在前一方面，应在准确识别问题（也就是需要解决的问题）的基础上提出改革目标，努力摒除外部因素的干扰；在后一方面，则需要关切分权在不同维度和层面的影响和后果，并在具有优先顺序的目标序列间努力协调和平衡。

在一个国家历史与现实的特定背景中讨论有关分权与治理间关系的问题，有助于将空泛的有时甚至是情绪化的讨论转化为充实而富有成效的理性思考。具体而言，在理性而务实的思考和讨论氛围中，这一话题可能不再是诸如“分权是否有利于治理”、是否分权以及实行多大程度的分权等笼统的讨论，而成为在既定约束条件下（如特定国家的文化、历史与现实，以及需要解决的问题等）的具体和有针对性的思考，如为什么分权（即分权是否有助于问题的解决）、应在哪些领域以怎样的方式推进分权，或者分权在某些领域可能并不是一个选项，等等。

不同国家处在不同发展阶段，需要解决的问题不同，对权力集中或分散的要求也存在差异。发展中国家的分权改革就已充分展示了这种差异性。在

① Tony Saich, *Governance and Politics of China*, 3rd ed., New York: Palgrave Macmillan, 2011, p. 4; Barry J. Naughton and Dali L. Yang, eds., *Holding China Together: Diversity and National Integration in Post-Deng Era*, Cambridge, UK: Cambridge University Press, 2010.

较早进行了分权改革的国家，如拉美国家的分权至今仍然被看作“早熟的分权”（precocious decentralization），其治理效应常常不及人们的预期。这些国家的分权实践在很大程度上受到地方领导素质和政治的强烈影响，其结果也是不确定的。譬如，分权虽然扩大了公民参与，但公民参与主要表现在从政府获取资源方面而不是使地方官员和机构对其行为更为负责，这与治理的要求格格不入。

不仅如此，分权还在一定程度上损害了既有制度基础并使持续的改革难以为继。亚洲国家中如印度尼西亚和菲律宾的分权改革则呈现了分权改革的另一种类型，一种被称为大爆炸式分权（“big bang” decentralization）的分权改革类型。由于印度尼西亚在分权改革的速度和规模方面的特殊性而成为这种分权的典型国家。① 经历了2001年和2005年两次大爆炸式的分权改革，印度尼西亚将除国防、对外关系、司法、货币、宗教和发展计划之外的所有权限都下放至地方一级（而非省级政府），使国家在很短的时间内就从一个权力最为集中的国家转变为一个权力最为分散的国家。尽管印度尼西亚经济在改革之后恢复了增长，但其分权改革仍需要符合国家现实国情才可能避免未来可能出现的诸多方面的负面影响，并对世界范围的分权改革贡献有益的经验。事实上，印度尼西亚国内明显的经济发展不平衡，以及其他方面的差异性，使得印度尼西亚的分权改革充满挑战。②

中国分权实践也表现出非常明显的特点。其中，分权改革的非制度特性和对政策工具的高度依赖尤其值得关注。一般而言，制度和制度化是分权及相关改革的重要依据和支持性条件。尽管分权并非必然关乎国家基本制度，但分权实践既需要相关制度的支持，也需要相关制度的变革或促使制度发生

① Paul Smoke, Eduardo J. Gómez and George E. Peterson, eds., *Decentralization in Asia and Latin America: Towards a Comparative Interdisciplinary Perspective*, Cheltenham, UK; Northampton, MA: Edward Elgar, 2006, p. 343; Merilee S. Grindle, *Going Local: Decentralization and the Promise of Good Governance*, Princeton, NJ: Princeton University Press, 2007.

② Bert Hofman and Kai Kaiser, “The Making of the Big Bang and Its Aftermath: A Political Economy Perspective”, Paper Presented at the Conference: Can Decentralization Help Rebuild Indonesia? A Conference Sponsored by the International Studies Program, Andrew Young School of Policy Studies, Georgia State University, May 1-3, 2002; Wolfgang Fengler and Bert Hofman,“Managing Indonesia’ s Rapid Decentralization: Achievements and Challenges”, in Shinichi Ichimura and Roy Bahl, eds., *Decentralization Policies in Asian Development*, World Scientific Publishing Co. Pte. Ltd., 2009.

变革。中国在制度化方面的现实是，不同领域的制度化水平都有待提升，制度化尚处于发展过程中，不断趋于制度化在未来很长时间都将是中国诸多方面改革的重要趋向，而制度化不足是一个重要的和不容忽视的现实。政策在中国现实政治与社会生活中的作用使其承担了重要的制度功能。在很大程度上，政策在中国分权改革的不同时期发挥了重要的作用。虽然以政策作为重要依托和载体的分权改革在很大程度上可解释中国目前所面临的一些治理困境（如“一管就死，一放就乱”），但因其所具有的弹性、灵活性、适应性、与既有制度的兼容性以及可逆性，政策似乎与中国“摸着石头过河”的“试错”策略更为相容。与此相关，以政策作为重要基础和载体的中国分权改革在实际上赋予中央政府重要的改革主导权，使改革在预设轨道运行，使结果尽可能处于掌控之中，从而使分权改革尽可能实现预期目标。关注和重视中国分权的这一重要特征，对于理解中国的分权改革及其效应至为重要。

在有关中国分权及分权改革的讨论中，分权改革、政策及较低的制度化水平之间的关系可以表述为，较低的制度化水平是中国目前的重要现实，而政策作为分权改革的重要依据和载体既因其在弹性、灵活性、适应性、与既有制度的兼容性以及可逆性等方面的特点而有助于使分权改革实现其积极的治理潜力，同时也具有不可避免的负面影响。重要的是，需要谨慎区分这些负面效应是产生于分权还是产生于所谓“中国式分权”。这才是客观理解分权和中国分权的关键，也是改进中国分权治理并进行审慎的分权改革策略规划的关键。

需要特别注意的是，在中国，政策在很大程度上被赋予重要的制度替代和补偿功能。虽然制度建设在很长时间内都是中国治理实践中的重要特征，而政策也因其诸多方面的优点获得了重要的制度替代和补偿功能。当西方国家困于稳固的制度现状与疲弱的政策矫正机制时，中国则在一定程度上因制度化不足而依赖于政策调节（调整）并从由此产生的不确定性中受益。这在一定程度上可看作中国转型治理（transformation governance）或保护性治理（protective governance）的一种方式或者就是其组成部分。[①] 可以说，政策（包

① 参见 Sebastian Heilmann and Elizabeth J. Perry, eds., *Mao's Invisible Hand: The Political Foundations of Adaptive Governance in China*, Cambridge, MA: Harvard University Asia Center, Distributed by Harvard University Press, 2011, pp. 22-24。

括灵活有效的政策矫正机制）是保证分权改革在短期内实现其治理潜力的重要支持和依据。但是，政策执行过程中的多样性（如同一政策在不同地区和不同人群中会以不同方式得以执行并产生不同影响），已成为人们日渐关注的困扰中国治理实践且不利于分权改革实现其治理潜力的重要问题。在很大程度上，将分权建立在稳定的制度基础上有助于应对中国分权实践面临的诸多问题，也是中国政治发展过程中国家治理走向成熟的重要选择。

## 五　结语

在学术研究中，分权因其概念化及其在制度实践中的运用，以及常常不可避免地涉及与国家相关的一系列重大问题，而成为重要的研究主题；此外，随着治理理念的流行，分权更是获得了重要的讨论空间。但是，就如学术研究中许多其他领域的讨论一样，分权研究仍是一个充满各种相互冲突观点的领域。其中，有关分权优点和缺点的讨论往往相互抵消，使得这一领域的研究事实上难以形成明确的命题和观点，取而代之的是一系列相互冲突的“无效假设”(null hypothesis)。支持分权或反对分权的诸多观点都存在其相反的观点。譬如，行政效率是支持分权观点的一个重要视角。分权支持者认为多层政府可能更为准确和在成本意义上更有效地满足公民在公共物品和服务方面的需要。但是，批评者则认为，事实上，只有行政的——而非政治的——分权是必要的。一个有能力的中央通过其下属机构执行计划，可以获得同样的效率，而多层政府也不过是使这样的效率成为可能。与此同时，经验研究也几乎找不到有关分权结果的可靠的一般性结论。在很大程度上可以说，分权是政治学研究中的这样一个领域，人们对概念本身仍充满歧见，理论基础又极其薄弱，但人们坚定执着地将其中一些似是而非的观点当作确定的理论和实践教条用以引导社会变革。

在无处不在的分权改革中，分权偏好在其中发挥了支持性作用。其中，人们习惯上将许多罪恶与集权联系在一起的思维定式，以及对于小共同体的怀旧情绪和浪漫想象，是导致对分权的优越性深信不疑的重要心理基础；同时，在经济学大行其道的今天，将政治与市场进行常常可能是不尽恰当的类比，也使分权对人们产生了直觉上的吸引力。此外，外部因素的推动作用与政治家的雄辩言辞和实践抱负，都使得分权改革成为无可避免的选择。在一定程度上，全球范围的分权改革还是政党选举逻辑式微的一个结果。可以说，分权是政治领域中意识形态信仰和自利超越了逻辑或证据，进而创造了在特定观点上的情感依恋的重要例证。[①] 此外，分权还在一定程度上呼应了世界范围内普遍的民粹主义情绪，人们将攸关自我命运的决定权掌握在自己手中的本能要求和与此相关的成就感，使分权成为一个无须加以思考的最优选择。在流行观念所塑造的思考氛围中，对分权效果的评估在现实政治中如果不是不可能，也可能因不合时宜而很少发生。

事实上，要实现有效的分权治理，以怎样的方式设计和规划分权改革，并没有统一的最佳方式。“最佳做法”的心态经常产生功能失调。[②] 在这种意义上，在地方知识基础上或运用地方知识解决地方问题的能力是一种重要的国家能力。最近的几十年并不是历史上分权第一次被当作提升政治与经济绩效的改革建议，这种改革也并非没有反对者。与历史上不同时期的分权实践不同，世界范围内近期的分权改革更强调其在提升效率、有效性和责任方面的积极效应，实践中也得到了更为广泛的支持和采纳，而改革动力则更多地来源于国际金融机构以及新自由主义观念，同时政治家矢志改革的职业抱负也发挥了重要作用。不同国家的分权改革实践表明，由历史所决定的政治动力是分权的关键推动力，以历史为基础的制度和条件对于分权如何发展具有重要影响，也使不同地区和国家从分权改革中表现出不同的获益潜力。[③] 因此，在设计有利于实现有效治理的分权改革时，就需要充分观照国家特有的历史、文化与现实，使分权改革的动力建立在真实的内生需求基础上，使分权改革既可为似已沉淀为历史范畴的国家理性概念注入充实而具体的现代内

① 参见 Daniel Treisman, *The Architecture of Government: Rethinking Political Decentralization*, Cambridge/New York: Cambridge University Press, 2007, pp. 283-291。

② 弗朗西斯·福山：《国家构建：21 世纪的国家治理与世界秩序》，黄胜强、许铭原译，中国社会科学出版社 2007 年版，第 80 页。

③ 参见 Paul Smoke, Eduardo J. Gómez and George E. Peterson, eds., *Decentralization in Asia and Latin America: Towards a Comparative Interdisciplinary Perspective*, Cheltenham, UK/Northampton, MA: Edward, p. 358。

涵，也成为一个国家理性得以展示和实现的过程。

无论对于中国或是其他国家，要充分实现分权改革的治理潜力，应走出理论混沌和心理幻象，在由国家（及地方）的历史、文化与现实所设定的思考框架中理解分权和进行分权设计。在这种前提下，有关分权思考将会超越“分权带来好处”的简单认识，而将会在为什么分权（在明确问题所在及分权改革目标的基础上以确定是否进行分权）、进行怎样的分权以及如何进行分权等不同层面展开。换句话说，合意而有效的分权改革产生于表现为个体 / 集体、内部 / 外部等不同维度的历史、社会和政治背景中，也需要被置于个体 / 集体、内部 / 外部等不同维度上加以评价。在特定的历史与现实背景，以及不同文化与心理基础的观照下，分权可能仍是重要的改革选项，也可能会成为一个需要规避的选择。

分权不是手段或工具，而是与特定的国家治理目标或某些重要的价值联系在一起的。强调实现分权的治理潜力远比分权本身更为重要，也有助于避免“为分权而分权”的改革可能产生的不确定性。在这种意义上，合意和有效的分权首先是一种审慎的分权，在实践中则表现为由问题引导而非观念所引导的分权。因此，有关分权的讨论远非支持或否定分权本身那么简单，有关为什么分权以及如何分权等问题的讨论才是更为务实和更有意义的思考。

无论对于不同层级的政府还是个体，分权改革意味着不断变化的政治机会结构。因此，分权改革的影响不仅可能涉及制度变革，还可能导向集体和个体层面政治行为模式的重要变化。同时，随着分权改革的不断推进，人们日益强烈的自我责任感和自我代表意识可能会使作为现代民主制度重要形式的代议制 / 代表制度也面临挑战。此外，政党的形态也将在持续不断的分权改革中发生趋向地方性（包括种族性）发展的重要变化。这些方面的可能变化预示着一个不断变化的现实政治生态，也将成为未来分权研究领域的重要主题。

不同国家有着不尽相同的分权实践，同一国家在不同时期的分权策略也极为不同。改革开放以来，中国在治理实践中所采取的分权策略，如果与其他国家的类似实践有所不同的话，也只是代表着世界范围内不同国家诸多分权实践中的一种，是世界丰富而多元的分权实践的一个独特案例或类型，而不是与一般分权实践相对应的另一种类型。用“中国式分权”来概括中国的分权实践，在某种程度上过分强调了中国分权实践的特殊性，从而难以在中国分权实践与一般意义上的分权实践之间进行有意义的比较，也在一定程度上否定和排斥了不同分权实践之间各种有效成分和要素相互学习并实现转移的可能性。只有将中国分权置于一般分权概念范畴中加以理解和讨论，才可能发现和获得实现其治理潜力的更多可行路径。

“中国特色”是有关中国的诸多表述中经常使用的一个概念，基于中国经验所形成的案例在政治学和比较政治研究中则常常被当作一个特殊案例或反常案例（deviant case）。事实上，每个国家都有其各自的特性，对特性 / 特色的关注和强调有助于在实践层面制定符合实际情况的制度和政策，但学术研究中对特性 / 特色的过度强调则可能无助于获得对研究对象本身的充分理解，也使得学科相关知识和理论的积累凌乱和碎片化。就中国的分权改革实践而言，相关研究应既充分考虑中国分权改革的具体特性，也尝试通过中国的分权改革实践丰富和提升世界范围内有关分权实践的一般认识。这就需要政治学学科中有关中国政治的研究逻辑和研究模式作出重要的调整，也将促使学科发生这样的变化。作为旨在寻求解释或揭示某种或然性的学科，政治学和比较政治学应具有这样的整合能力。

# 政治学研究方法

# Methodology of Political Research

# "反事实"框架与政治学因果推论[*]

蒋建忠[**]

**摘　要**：政治学研究的主要任务是从纷繁复杂的政治现象中发现事物之间普遍性的因果关联。"反事实"和因果机制是揭示因果关系的两条主要路径。"反事实"框架因其逻辑简约清晰更受学界的推崇。本文呈现了"反事实"因果推论的原理，剖析了该方法在政治学研究中存在的局限。在此基础上，从"反事实"框架出发，分别阐述了个案、小N案例和大N案例研究中如何通过匹配从而"控制"干扰变量来帮助研究者探索因果性结论的具体技术。这些技术主要包括对照案例、质性比较分析和倾向值匹配。最后指出了"反事实"因果推论的未来发展方向。"反事实"框架不仅是因果推论的方法论工具，更是进行因果探索必须坚持的理念。

**关键词**：反事实　因果推论　政治学研究

**Abstract**: The main task of political science is to discover the causal relationship among complicated political phenomena. At present, counterfactual and causal mechanism are two main paths to reveal causal relationship. In the academic community, counter-factual framework is more respected because of its simple logic. This paper analyzes the principle of counter-factual causal inference and its defects in political science. On this basis, this paper elaborates these specific techniques to help researchers to propose causal conclusions by matching and controlling interference variables from the counter-factual framework's perspective. These techniques include control cases, qualitative comparative analysis and propensity score matching. Finally,

*　本文是国家社科基金后期资助项目"国际关系实证研究方法"（编号：16FGJ001）的阶段性成果。

**　蒋建忠，上海交通大学国际与公共事务学院博士后，南京政治学院讲师。

this paper discusses the prospect of counter-factual causal inference. Counter-factual framework is not only a methodological tool of causal inference, but also a sturdy idea in causal exploration.

**Key Words**：Counter-factual; Causal inference; Political science

因果分析是政治学研究的中心任务。譬如，戴维·辛格（David J. Singer）认为科学知识具有不同的层次：第一个层次是存在的，涉及对数据和事实的搜集与整理；第二个层次是相关性的，关注不同数据与事实之间的关联性；第三个层次是解释，用来给出关联性发生的原因。[①] 加里·金（Gary King）、罗伯特·基欧汉（Robert O. Keohane）、悉尼·维巴（Sidney Verba）在著名的 KKV 方法中也指出：科学的研究是建立在关于真实世界的实证信息之上，以获得描述性或因果性推论。[②] 然而，从纷繁复杂的政治现象中抽离、确立一项或者多项因果关系往往带来方法论上的挑战。大部分政治学研究者主要是通过思辨的逻辑论证或总结个体化的有限经验来进行因果分析，处在研究方法的非自觉阶段。事实上，因果推论具有一套严密的理论基础。过去的十几年中，科技哲学领域内被反复使用的一个因果推论框架是“反事实”原理。[③] 本文旨在对“反事实”原理进行学术的探讨，并阐述政治学研究中符合“反事实”要求的具体因果推论技术。具体而言，本文的分析框架如下：首先对因果推理的基本原理 —— “反事实”框架进行讨论，指出符合“反事实”要求的理想模式是随机实验。其次，根据案例数量，将政治学研究模式分为个案研究、小 N 案例研究和大 N 案例研究，重点阐述各类研究模式中如何通过“事实”与“反事实”的匹配构建符合“反事实”原理的因果推论技术。最后，讨论了“反事实”框架在因果推论中的优势及未来发展方向。

---

① David J. Singer, “Conflict Research Political Action and Epistemology”, in Ted Gurr, ed., *Handbook of Political Conflict*, New York Free Press, 1980, pp. 490-499.

② 加里·金、罗伯特·基欧汉、悉尼·维巴：《社会科学中的研究设计》，陈硕译，格致出版社、上海人民出版社 2014 年版，第 6 页。

③ Morgan, Stephen L. & Chrstopher Winship, *Counterfactuals and Causal Inference: Methods and Principles for Social Research*, New York: Cambridge University Press, 2007. Rubin, Donald B. , “Estimating Causal Effects from Large Data Sets Using Propensity Scores”, *Annals of Internal Medicine*, 127（8）, pp. 757-763.

## 一 政治学研究中因果推论原理——“反事实”框架

“反事实”框架是科学哲学家大卫·刘易斯（David Lewis）等人提出的推断因果关系的标准。[①] 事实是指在某个特定变量（A）的影响下可观测到的某种状态或结果（B）。“反事实”是指在该特定变量（A）取负向值时可观测到的状态或结果（B’）。条件变量对于结果变量的因果性就是 A 成立时 B 的状态与 A 取负向值时“反事实”状态（B’）之间的差异。如果这种差异存在且在统计上是显著的，说明条件变量对结果变量有显性效应，存在因果关系。举例来说，为了考察转型时议会制还是总统制有利于国家的稳定，一个理想的研究设计是建立一个议会制国家并在接下来的时间内定期衡量政体的稳定性。与此同时，在同一个国家的同一个时期再选择总统制，也用同样的方法衡量政体的稳定性。通过总统制和议会制下稳定性的差异来判断两者之间的因果关系。显然，该类研究设计在现实中是无法实现的，其蕴含的逻辑即为“反事实”原理。

随机实验是帮助研究者建立“反事实”框架的有效模式。设定两个组，把实验对象随机分入两个组中，一组施加激励，另一组不施加激励。其中施加的激励可以看成考察的条件变量。然后把两个组进行比较，它们之间的结果差异都可以归功于这种激励。[②] 这样，在实验组和控制组之间就形成了事实与“反事实”，它们之间的差异就是因果效应。例如，为了测试新药 A 是否对疾病 B 具有疗效，其中新药 A 可理解为条件变量，疾病 B 为结果变量，“具有疗效”可理解为它们之间的因果关系。检验上述因果关系的典型方法是将一群患有疾病 B 的病员随机地分为两组，一组接受新药 A 的治疗，另一组

① 在当前因果推论的哲学讨论中，“反事实”框架和因果机制是两条最重要的研究进路，双方产生了激烈的争论，都认为自己的推论模式优于对方。“反事实”框架的代表人物是刘易斯，因果机制理论的代表是萨尔蒙。具体可参见 W. Salmon, “Causality without Counterfactuals”, *Philosophy of Science Association*, 1994（61）; W. Salmon, “Causality and Explanation: A Replay to Two Critiques”, *Philosophy of Science*, 1997（64）。

② Arend Lijphart,“Comparative Politics and the Comparative Method”, *The American Political Science Review*, Vol. 65, No. 3, 1971.

不接受任何药物或仅使用安慰剂。实验中服用新药的实验组称为“事实”，服用安慰剂的对照组称为“反事实”。如果服用新药的病员身体康复了，而服用安慰剂的没有康复，我们可以断定在条件变量（服用新药 A）和结果变量（疾病 B）之间存在因果关系。为什么随机实验能够满足“反事实”框架的要求呢？本质在于实验中的被试对象是随机地被分到实验组和控制组，其他可能的干扰变量在随机化的过程中都被“均等”地分到了两组，保证了我们关心的个案（事实）和那些与之相对应的“反事实”个案之间在关注的条件变量之外的干扰变量上取值是相同或近似的，从而构建起了“事实”和“反事实”。此时实验组和控制组结果上的差异只能用条件变量和随机误差来解释。当样本大到可以保证统计检定力时，随机误差的可能性大大降低了。[①] 因此，实验性研究通过随机化的过程对个案有着比较明确的控制力，它能有效地建立起“事实”与“反事实”进而进行两者的匹配与对照，按照“反事实”框架进行因果推论。

随机实验是最接近科学要求的因果推论方法。但不幸的是，有别于心理学、社会学等其他社会科学，由于实际操作困难和伦理障碍的存在，政治学研究难以获得实验性数据。[②] 因此，“反事实”框架几乎不太可能应用于政治科学。政治学研究主要是通过调查、搜集资料等观测性研究进行因果推论。与实验性研究相反，研究者在观测性研究中往往不能够分配和控制被研究个案对于条件变量特定水平的接受或者拒绝，突出表现为“反事实的不可观测性”。例如，识字率影响民主程度是政治学研究中常见的理论假设。对研究者来说，只能观察到以下两种情况：A 国识字率提升了，民主化程度也得到了提高；B 国识字率下降，民主化程度也较低。从上述两个案例是否能推导出识字率影响民主程度这一理论命题呢？显然是不充分的。严谨的因果推论过程应当是这样的：A 国提升识字率，民主化程度也提高，这是研究者能够观察到的“事实”。此时的“反事实”应当是同样的，A 国“如果”当时没有

---

① 胡安宁：《社会科学因果推断的理论基础》，社会科学文献出版社 2015 年版，第 11 页。

② 一般来讲，社会科学有两种不同的研究类型：实验性研究和观测性研究，分别对应着两种数据形式：实验性数据和观测性数据。实验性研究是指研究者对研究对象有着比较明确的控制力，可以进行随机化的处理。观测性研究主要是从历史中获得数据和资料，无法对研究对象进行有效的控制。数据不同，因果推论的方法也不同。参见 Paul R. Rosenbaum, *Observational Studies*, New York: Springer, 2002, p. 73。

提升识字率他们的民主化程度是怎么样的。按照严格的“反事实”因果推论逻辑，无论是事实还是反事实，都需要发生在同样的研究对象身上。① 只有对同一对象在同一时间施加不同的“刺激”，从而观察结果的差异，研究者才能进行因果推论。显然，这在政治学研究具体实践中是无法完成的。从这个角度看，我们面临着一个非常严重的问题，由于历史的不可回溯性，研究者不可能观测到“反事实”状态，从而无法获得确定的因果效应。这种“反事实”的“不可观测性”被称为“因果推论中的根本问题”。②

现代政治学科从1880年诞生开始就主张由经验的、实证的方法取代传统的思辨、演绎方法，致力于发掘政治现象之间的因果关联。③ 显然，政治学科的需求与因果推论方法上的“元缺陷”存在着矛盾与张力。那么，对于政治学研究者来说一个次优的选择是：基于政治学观测性研究的特性，尽可能地保证找到的“反事实”案例与关心的案例之间呈现极强的相似度，其目的就是控制干扰变量对结果变量的潜在效果，从而近似地完成“反事实”因果推论。④ 一般来讲，依据所选案例或观察的多少这一数量特征，可以将政治学研究简单区分为大样本研究（Large-N）、小样本研究（Small-N）及个案研究三种类型。⑤ 在学术界，大样本、小样本和个案研究之间产生过孰优孰劣的长期争论，形成了定量研究帝国主义和定性研究分裂主义。长期以来，研究者认为两种方法之间无法展开对话和交流，也无从相互学习与借鉴。⑥ 事

① 胡安宁：《社会科学因果推断的理论基础》，第7页。

② Paul Lolland, “Statistics and Causal Inference”, *Journal of the American Statistical Association*, 1986 (81), pp. 945-960.

③ Gabriel A. Almond, G. Bingham Powell, Kaare Strom, Russell J. Dalton, *Comparative Politics Today: A World View*, Longman Inc., 2002.

④ 胡安宁：《社会科学因果推断的理论基础》，第10页。

⑤ 小N案例与大N案例研究之间的案例数并不存在着绝对的界限。从形式上看，大N案例分析往往需要较多的案例，特别是在统计回归分析中，为了满足模型估计统计检验的条件，样本最小容量要在30个以上。但是在具体的研究实践中，大N案例研究也经常处理小样本数据，特别是在非参数检验时。同样，小N案例研究也能处理大样本数据。近年来兴起的多值集（mvQCA）和模糊集质性比较分析（fsQCA）方法，处理的样本数量能达到30—50个，超越了许多大N案例分析所处理的案例数。

⑥ Thomas Gschwend and Frank Schmmelfenning,“Introduction: Designing Research in Political Science—A Dialogue between Theory and Data”, in Thomas Gschwend and Frank Schimmelfenning, eds., *Research Design in Political Science: How to Practice What They Preach*, New York: Polgrave Macmillan, 2007, pp. 1-18.

实上，三种研究模式是统一的，要实现因果推论的目标，都必须遵守“反事实”原理。正如科学哲学家内格尔（Ernest Nagel）指出的“旨在发现实证问题的可靠的一般法则的每一个研究分支，都必须使用同一种实际上具有实验的基本逻辑功能的程序，即使该程序不是严格的受控制的实验”。[①] 因此，本文在余下部分将重点阐述遵守“反事实”原理的个案、小 N 案例和大 N 案例研究因果推论技术。

## 二 个案研究视野下的“反事实”推论

传统个案研究是通过对某一个案“麻雀式的解剖”来了解政治事件的过程和特征，进而构建出政治学中层理论。但是，传统个案研究往往依赖于研究者的经验、知识结构，难以超越就事论事的分析。查尔斯·拉金（Charles Ragin）早在 1987 年出版的《比较方法》一书中便指出，个案研究倾向于导出以行为主体为中心的理论，对人类行动体和社会进程敏感。[②] 个案研究得出的结论往往局限于案例本身，无法得到具有普遍意义的“结构性解释”。[③] 造成这一问题的根本原因在于传统个案研究是“归纳性”的而不是“控制性”的，下文将阐述个案研究中符合“反事实”原理的因果推论技术。

### （一）个案研究“反事实”推论基本原理

个案研究要实现严密的因果推论需要建构与被观测到个案相对应的“反事实”。显然，在现实与历史中几乎不存在现成的研究个案的“反事实”案例，因此需要人为构造“反事实”案例（或称对照个案）。构造对照个案的基

① Ernest Nagel, *The Structure of Science*, NewYork: Harcourt, Brace and World, 1961, p. 452.

② Charles Ragin, *The Comparative Method: Moving beyond Qualitative and Quantitative Strategies*, Berkley: University of California Press, 1987, p. 70.

③ 对于个案研究是否能够得到普遍性的理论，学者之间存在着争论。拉金第一个提出定量研究才能得到普遍性的规律，鲁施迈耶、斯蒂芬斯等人也认为只有定量研究可能得到结构性的结论。但在最近的论述中，拉金在一定程度上修正了这种说法，个案或少量案例研究也可以得到具有普遍意义的结构性理论。例如，巴林顿·摩尔在《民主与专制的社会起源》一书中通过少量的案例就建构了民主形成的解释框架。具体参见 Dietrich Rueschemeyer，Evelyne Huber Stephens and John Stephens, *Capitalist Development and Democracy*, Chicago: University of Chicago Press, 1992；吉宓：《政治学研究中理论与方法的相互界定》，《国际政治研究》2007 年第 1 期。

本原理是通过某种加权方式将诸多没有受到条件变量影响的个案进行综合，确保在条件变量对研究个案作用之前，对照个案与研究个案具有相同的历时性趋势。[①] 由上述方式构造出来的对照个案可以看成是研究个案的“反事实”案例，原因在于影响研究个案和对照个案发展趋势的变量有许多，当两者的历时性趋势一致时，意味着影响两者发展趋势的变量在“平均值”上是一致的。当条件变量作用于研究个案后，考察研究个案与对照个案之间的后续发展差异。如果两者差异显著，它只可能是条件变量作用产生的，从而推断了条件变量与结果变量之间的因果关系。

下面以民主化对贸易开放度的影响为例进行说明。首先选择 A 国作为“事实”，假设该国在 $T_t$ 时刻实行了民主化改革，罗列出包含 $T_t$ 时刻的［$T_0$，$T_T$］时段内该国的贸易开放度，从而形成了贸易开放度变化示意图。其次，选择 $N$ 个国家组成“个案池”，这些国家的特点是没有经历过民主化改革。显然，按照“反事实”要求，个案池中的国家都不能成为“反事实”。再次，选择适应的权重，对个案池中的所有案例进行加权处理构造出对照个案，使得对照个案与 A 国的历时性趋势是一致的。这要求在［$T_0$，$T_t$］时间段中，A 国贸易开放度曲线与对照个案的贸易开放度曲线尽可能地一致。那么，该对照个案可以作为 A 国的“反事实”，其原因就在于选择的权重使得影响 A 国和对照个案的干扰变量都均等化了。最后，比较 $T_t$ 时刻之后经受民主化改革的 A 国和未经受民主化改革对照个案的贸易开放度，如果两者之间有显著的差异，可以推断民主化改革对贸易开放度具有影响。上述分析思路可以用图 1 来表示。

在图 1 中，通过对个案池中 $N$ 个个案的加权处理形成对照个案，使得在 $T_t$ 时刻前对照个案与研究个案的发展趋势基本相同。在 $T_t$ 时刻，研究个案实行了民主化改革，对照个案没有施行民主化改革，观察 $T_t$ 后研究个案与对照个案的发展趋势，如果两者有显著的差别，则可以断定民主化改革与贸易开放度之间存在因果关系。

---

① Abadie, Alberto, Alexis Diamond & Jens Hainmueller, Synthetic,“Control Methods for Comparative Case Studies: Estimating the Effect of California’ s Tobacco Control Program”, *Journal of the American Statistical Association*, 105 (490), pp. 493- 505.

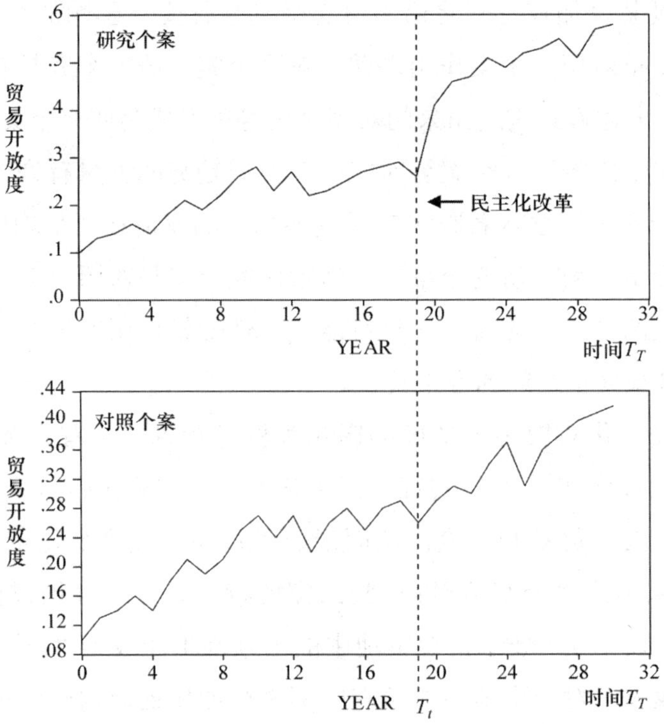


**图 1　个案“反事实”推论原理**

## （二）对照个案的构建思路

利用个案进行因果推理的关键在于如何通过加权方式将 $N$ 个没有受到条件变量影响的个案综合起来形成对照个案，使之成为“反事实”。权重构造的基本设想是：在［$T_0$，$T_t$］时间段中随机地选择 $n$ 个时间点：［$T_0$，$T_1$，…，$T_i$，…，$T_t$］。设个案池中第 $j$ 个个案在各个时间点上的权重为［$\beta^j{}_0$，$\beta^j{}_1$，…，$\beta^j{}_i$，…，$\beta^j{}_t$］，则 $N$ 个个案的权重形成了如下的矩阵：

$$\beta = \begin{bmatrix} \beta_0^1, \ \beta_1^1, \ \cdots, \ \beta_i^1, \ \cdots, \ \beta_t^1 \\ \beta_0^2, \ \beta_1^2, \ \cdots, \ \beta_i^2, \ \cdots, \ \beta_t^2 \\ \cdots \\ \beta_0^j, \ \beta_1^j, \ \cdots, \ \beta_i^j, \ \cdots, \ \beta_t^j \\ \cdots \\ \beta_0^N, \ \beta_1^N, \ \cdots, \ \beta_i^N, \ \cdots, \ \beta_t^N \end{bmatrix}$$

假设研究个案在每个时间点对应的贸易开放度是 $F^0=[F_0, F_1, \cdots, F_i, \cdots, F_t]$，个案池中每个个案在每个时间点上对应的贸易开放度数值可表示为如下的矩阵形式：

$$F=\begin{bmatrix} F_0^1, & F_1^1, & \cdots, & F_i^1, & \cdots, & F_t^1 \\ F_0^2, & F_1^2, & \cdots, & F_i^2, & \cdots, & F_t^2 \\ \cdots \\ F_0^j, & F_1^j, & \cdots, & F_i^j, & \cdots, & F_t^j \\ \cdots \\ F_0^N, & F_1^N, & \cdots, & F_i^N, & \cdots, & F_t^N \end{bmatrix}$$

其中，$[F^j{}_0, F^j{}_1, \cdots F^j{}_i, \cdots, F^j t]$ 代表个案池中第 $j$ 个个案在各时间点上的贸易开放度数值。

所求解的权重 $\beta$ 是使研究个案的贸易开放度与对照个案的贸易开放度的差最小，可表示如下的矩阵形式：$\min(\beta^T F—F^0)^2$。①

上式的最优解就是符合要求的权重 $\beta$。

### （三）个案研究“反事实”推论的优势与不足

通过构造对照个案进行因果推论最大的优势在于较好地控制了干扰变量，从而尽可能地显示条件变量对结果变量的影响，揭示两者之间的因果效应。同时，利用对照个案进行“反事实”推论也存在着以下的不足：

一是构造对照个案对数据质量有较高的要求。从对照个案的构造过程可以看出，需要一定数量的未经过条件变量影响的案例。因此，虽然该方法被冠名为“个案研究”，在实践过程中却需要相当数量且具有较多信息的案例。同时，为了构建对照案例，研究者还需要了解每个案例的时间序列信息。为了更好地排除随机误差的影响，$[T^0, T^t]$ 这一时间段要尽可能长，防止造成数据缺失。

---

① $\beta^T$ 表示矩阵 $\beta$ 的转置，采用平方和形式主要是防止正负抵消。

二是构造对照个案是比较烦琐的工作。权重的计算涉及复杂的多元统计知识，工作量比较大，当前缺乏相应的软件，从而限制了该方法的推广与应用。同时，在求解 min（$\beta^T F—F^0$）$^2$ 时，要求矩阵 $\beta^T F$ 具有良好的性质。因此，该方法并不一定能够确保得到权重 $\beta$，这意味着对照个案并不一定能够成功构建。

## 三 质性比较分析：小 N 案例研究的“反事实”推论

小 N 案例定性研究是政治学的常用研究模式。在缺乏人为控制与大量样本缺失的情况下，利用少量案例进行“反事实”因果推论就显得更为困难。根据博伦（Kenneth A. Bollen）、恩特威斯（Barbara Entwisle）和奥尔德森（Arthur S. Alderson）的调查，在整个社会科学著作和期刊文章中，有 1/4 的研究者根本不用任何“反事实”推论。① 但是，困难并不能让我们放弃“反事实”推论原理。在政治学的小 N 案例研究中，主要是采用控制干扰变量的方式近似地进行“反事实”因果推论，从而形成了多种形式的质性比较分析方法。

### （一）单因取向与比较案例分析

根据“反事实”原理，研究者需要在同一时刻观察到同一对象在条件变量取不同数值作用下的反应结果，显然“历史的不可回溯性”决定了无法实现上述研究设想。一个可行的替代方案是寻找两个（或多个）对象，这两个（或多个）对象除了在关键的条件变量上取值存在差异外，其他方面都尽量相似，从而近似地形成了“事实”与“反事实”的匹配，达到因果推论的目的。最经典的“反事实”推论技术是密尔（John Stuart Mill）提出的四种建立变量间普遍性关系的“法则”：求同法、求异法、求同求异法和共变法。② 求同

① Kenneth A. Bollen, Barbara Entwisle and Arthur S. Alderson,“Macro-comparative Research Methods”, in Judith Blake, ed., *Macro-comparative Research Methods*, Palo Alto, Calif. Annual Reviews, Inc., 1993.

② 需要说明的是，密尔最初提出了五种方法，即求同、求异、求同求异、共变、剩余法。剩余法只考虑一个案例，所以无法进行案例比较，不在此列。由于密尔法在一般的方法论教材书中都可以找到，本文不再展开说明。N. Smelser, *Comparative Methods in the Social History*, Englewood Cliffs, NJ: Prentice Hall, 1976. S. Lieberson,“Comparative Politics and Comparative Method”, *The American Political Science Review*, Vol. 65, 1971, pp. 682-693. G. Sartori,“Concept Misinformation in Comparative Politics”, *The American Political Science Review*, Vol. 65, 1970, pp. 1033-1053.

求异法是求同法和求异法的混合，在原理上三者具有相似性。共变法更像一种定量的归纳推理方法，在小样本分析中往往很难操作。[①] 因此，密尔法主要是求同法和求异法。求同法力图找到两个（或多个）几乎完全不同的案例：这些案例在关注的条件变量 X 与结果变量 Y 上表现出一致，在其他可能的干扰变量上完全不同。[②] 求异法是建立在总体相似性的基础上观察关键差异性，力图找到这样一些案例：这些案例在其他干扰变量上都保持一致（如表 1 中 A、B、C 都一致），仅仅在条件变量 X 和结果变量 Y 上出现差异。[③] 同时，求同、求异法都要求影响结果的条件变量是独立的，即条件变量之间不能相互发生作用从而产生影响结果的过程性变量。

**表 1　求异法“反事实”推论**

| | 案例 1 | 案例 2 | |
|---|---|---|---|
| 可能原因 1 | *A* | *A* | 同 |
| 可能原因 2 | *B* | *B* | 同 |
| 可能原因 3 | *C* | *C* | 同 |
| 可能原因 4 | *X* | No *X* | 异 |
| 结论 | *Y* | No *Y* | |

根据表 1，案例 1 和案例 2 近似地组成了相匹配的“事实”和“反事实”，依据“反事实”原理，条件变量 X 与结果变量 Y 之间存在因果关联。

在实际应用中，密尔法对匹配案例的要求比较苛刻，它要求除关键条件变量外其他干扰性的条件变量取值都是相同的。事实上，上述完全的匹配工作首先要求研究者预测并识别出所有可能的条件变量，然后选择那些

① Gene DeFelice, “Causal Inference and Comparative Methods”, *Comparative Political Studies*, Vol. 19, No. 3, 1986, pp. 426-429.

② 学界普遍认为求异法更符合“反事实”推论原则。求异法是证明的逻辑，而求同法是证伪的逻辑，特别是安德鲁·费尔认为如果使用求同法去证明观点，需要很多案例，分析特征更接近于统计分析。他们之间的争论可参见 Andrew Faure, “Some Methodological Problems in Comparative Politics”, *Journal of Theoretical Politics*, Vol. 6, No. 3, p. 315. Gene DeFelice,“Causal Inference and Comparative Methods”, *Comparative Political Studies*, Vol. 19, No. 3, 1986, pp. 420-421。

③ Theda Skocpol and Margaret Somers,“The Uses of Comparative History in Macro-social Inquiry”, *Comparative Studies in Society and History*, Vol. 22, No. 2, 1980, p. 184.

在除关键条件变量外的其他变量上取值不变的案例来控制它们的影响，要达到研究对象的同质性是非常困难的。[①] 1970 年，亚当·普沃斯基（Adam Przeworski）和亨利·图纳（Henry Teune）在求同和求异法的基础上提出了“最具相似性系统”和“最具差异性系统”的比较案例分析设计，通过放宽条件大大增加了其在政治学中的应用性。[②] 最具相似性系统设计来自于求同法，力图在相似的案例中发现它们的重要差异点，并用这些差异来解释所观察到的政治结果。例如，比利时和荷兰就是很相似的国家，它们都是经济开放的欧洲小民主国家，两者都没有受到邻国的威胁。因此，将这两个国家放在一起比较是可行的。[③] 最具差异性系统演化自求异法，它对“事实”和“反事实”的要求没有求异法那样严格，只需要匹配的案例具有较大的差异性即可。举例来说，要验证欧洲民主小国的形成受到殖民地宗主国的影响这一假设，可以将比利时、荷兰、葡萄牙（具有殖民统治史）与其他那些不具有殖民统治历史的国家（如奥地利、瑞典等）进行比较。[④]

密尔法、最具相似（差异性）系统通过两个（或多个）单独案例构成“事实”与“反事实”的匹配来实现政治现象的单因解释。它在运用时包含了如下的假设：存在唯一的单因，不存在相互影响的效果。[⑤] 因此，它是一种决定论式的解释，把复杂政治现象的发生归结为某一个最重要的关键性因素，具有一种逻辑上的简洁之美，能让读者感受到逻辑的清晰。

### （二）多因转向与质性比较分析

单因解释的确定性与逻辑之美赋予了政治学研究更多的科学性，同时也导致了因果关系简约化的问题。针对这一问题，拉金提出了多重并发原因的概念，并指出：社会现象之所以复杂并难以解释，不仅是因为有太多影响社

---

① 加里·金、罗伯特·基欧汉、悉尼·维巴：《社会科学中的研究设计》，第 200 页。

② Adam Przeworski and Henry Teune, *The Logic of Comparative Social Inquiry*, New York: John Wiley, 1970, pp. 31-35.

③ Peter J. Katzenstein, *Small States in World Markets: Industrial Policy in Europe*, Ithaca: Cornell University Press, 1985.

④ 加里·金、罗伯特·基欧汉、悉尼·维巴：《社会科学中的研究设计》，第 195 页。

⑤ Stanley Lieberson,“Small N’s and Big Conclusion: An Examination of the Reasoning in Comparative Studies Based on a Small Nuber of Cases”, *Social Forces*, Vol. 70, No. 2, 1991, pp. 307-320.

会现象发生的变量，而且是因为不同的与原因相关的条件共同结合并以某一方式产生一个特定的结果。① 为实现因果的多因解释，政治学研究者引入了布尔代数中的逻辑真值表，形成了质性比较分析方法。② 在质性比较分析中，“事实”与“反事实”分别是包含多个案例的“案例组”，条件变量不再是单独的关键变量，而是通过布尔代数中“且”“或”“非”等连接符形成的“条件变量组合”，从而有效地实现了政治现象的多变量分析和联合分析。③

下面通过一个抽象的例子来说明质性比较分析是如何进行“反事实”推论的。假设5个条件变量影响结果的发生，通过调查得到6个案例，具体数据参见表2。

**表2　质性比较分析“反事实”因果推论**

| 比较用的个案 | 原因1 | 原因2 | 原因3 | 原因4 | 原因5 | 其他原因 | 结果 |
| --- | --- | --- | --- | --- | --- | --- | --- |
| 案例1 | 1 | 0 | 1 | 1 | 1 | 0 | 1 |
| 案例2 | 1 | 0 | 1 | 1 | 1 | 1 | 1 |
| 案例3 | 0 | 0 | 0 | 0 | 1 | 1 | 1 |
| 案例4 | 1 | 0 | 1 | 1 | 1 | 0 | 1 |
| 案例5 | 0 | 1 | 0 | 1 | 0 | 1 | 0 |
| 案例6 | 0 | 1 | 0 | 0 | 0 | 0 | 0 |

从表2可知，不存在单独的条件变量对结果产生决定性影响，因此需要

① Charles C. Ragin, *The Comparative Method: Moving beyond Qualitative and Quantitative Strategies*, Berkeley and Los Angeles: University of California Press, p. 26.

② 布尔代数本质上是逻辑关系，它基于三个基本陈述符号或连接词。且用符号“·”或“∧”来表示，本质含义是只有当两者同时发生时，结果才发生。举例来说：A不是革命爆发的条件，B也不是革命爆发的条件，但是一旦这两者同时存在时，革命就爆发了。“或”用符号“+”或“∨”来表示。它的本质含义是当两个或多个条件中只要有一个发生时，结果就发生了。例如，某一政党在选举中失败，那么只需要该政党“贪腐严重”或“竞选策略失当”两个条件中的任何一个条件得到满足，结果就会发生。“非”用“～”表示，它的含义是条件的反面。例如，用A代表革命爆发，那么“～A”表示“革命没有爆发”。通过“且”“或”“非”三个连接符，可以形成多种条件组合。参见S. 利普舒尔茨、M. 利普森《离散数学》，周兴和、孙志人、张兴斌译，科学出版社2002年版，第374页。

③ K. Bollen, B. Entwisle and A. Alderson, “Macrocomparative Research Methods”, *Annual Review of Sociology*, Vol. 19. D. Collier, “The Comparative Method: Two Decades of Change”, in D. Rustow & K. Erickson eds., *Comparative Political Dynamics: Global Research Perspectives*, New York: Harper Collins, 1991.

对可能的条件变量进行组合分析。根据表 2，当原因 1 与“～原因 2”共同发生时，结果就会发生。此中，案例 1、2 和 4 联合组成了“事实”，案例 5 和 6 共同组成了“反事实”，这样通过布尔代数中的“且”和“非”两个连接符把结果发生的原因找出来了。同样，当原因 3、4、5 共同发生时，结果也发生了。案例 1、2、4 组成了“事实”，案例 6 组成了反事实。根据上述分析，结果发生的真实原因应当是“原因 1 · ～原因 2”或“原因 3 · 原因 4 · 原因 5”。由此可见，质性比较分析的优势在于可容纳解释变量的构建与组合，可以进行多变量的“反事实”分析，广泛应用于探索结果发生的多个变量组合。①

质性比较分析是在对传统因果律批判基础上发展起来的。在牛顿力学中，只要给出世界在某一时刻的完整描述，那么在因果规律的帮助下，过去和将来的任何事件、状态都可以准确地描述出来。受自然科学的影响，社会科学也以寻找确定的因果规律为己任。1929 年德国物理学家海森堡（Wemer Karl Heisenberg）提出测不准原理后，传统的决定论观念被击得粉碎，取而代之的是世界的随机性特征。在社会科学中，表现为对传统因果律的反思。卡尔纳普（Rudofl Carnap）批判了人们习惯的单因解释逻辑，明确指出：不能挑选任何一个单个原因作为唯一原因，根本没有唯一原因这个东西。②哈瑞（Rom Harre）更是借助植物生长的例子批评了比较案例分析存在的问题。③显然，多因转向的质性比较分析与认识论的革命密切相关。

质性比较分析的最佳运用对象是那些可以明显进行两分的概念，如计划与市场、民主与威权等。但是，政治学中的许多概念是模糊的，这种“模糊”不是指不清楚、混乱的意思，而是指变量具有不同的隶属数值。④例如，对军事干涉进行度量时，要么“采取军事干涉”，要么“不采取军事干涉”，显然这种简单的两分法划分是不合理的。大多数案例中的条件变量和结果变量

① 丹尼尔 · 卡拉曼尼：《基于布尔代数的比较法导论》，蒋勤译，格致出版社、上海人民出版社 2012 年版，第 97 页。

② 鲁道夫 · 卡尔纳普：《科学哲学导论》，张华夏、李平译，中国人民大学出版社 2007 年版，第 186 页。

③ 罗姆 · 哈瑞：《科学哲学导论》，邱仁宗译，辽宁教育出版社 1998 年版，第 40—42 页。

④ 刘丰：《定性比较分析与国际关系研究》，《世界经济与政治》2015 年第 1 期。

取值可能介于这两者中间。[①]2007 年，根据模糊数学理论拉金开发了基于模糊值的质性比较分析方法（fsQCA）。

fsQCA 清晰地评估了现象发生的必要原因和充分原因。必要条件是通过吻合系数和吻合度表现出来的。[②] 吻合系数是针对每个案例中的条件变量和结果变量关系而言的。用集合语言表示的吻合系数计算公式是：consistency ＝ min（$x$，$y$）／ $y$。[③] 如果吻合系数大于 0. 75 这一阈值，则可认为在此案例中条件变量是结果变量的必要条件。[④] 吻合度从所有案例的角度来判断自变量是否是因变量的必要条件。[⑤] 必要条件吻合度可以进行 0. 1 的调整，阈值通常设置为 0. 9。[⑥] 例如，考察 20 个案例，分别计算每个案例中的吻合系数。如果 20 个案例中有 18 个案例的吻合系数大于 0. 75，即在 18 个案例中条件变量是结果变量的必要条件。那么从案例的总体来看，条件变量和结果变量的吻合度为 18 ／ 20 ＝ 0. 9，达到设定标准，该条件变量是结果变量的必要条件。

---

① 例如，对军事干涉进行测量时，使用海陆空军进行军事干涉可以设定为 10 分，军事援助、军事制裁等可以赋值为 8 分，口头表示使用武力赋值为 4 分，进行经济制裁可以赋值为 2 分，数值的高低反映了军事干涉意愿的强弱。赋值完毕后，再利用 0—1 区间的数字来进一步标准化原有变量的值。出动海陆空军，这是最强烈度的军事干涉，可以标准化为 1。如果仅出动海军，这是略次烈度的军事干涉，可以校准为 0. 96。军事制裁是再略次烈度的军事干涉，可以校准为 0. 8。如果仅仅是经济制裁，可以校准为 0. 2，数值的大小反映了军事干涉烈度的高低。标准化后介于［0，1］之间的值称为变量的隶属数值。

② James Mahoney,“Qualitative Methodology and Comparative Politics”, *Comparative Political Studies*, Vol. 40, No. 2, 2007, p. 131. Charles Ragin and Paul Pennings, “Fuzzy Sets and Social Research”, *Sociological Methods & Research*, Vol. 33, No. 4, 2005, p. 425.

③ x、y 分别代表条件变量和结果变量的隶属数值。何俊志：《比较政治分析中的模糊集方法》，《社会科学》2013 年第 5 期。举例来说，为了证明干涉目标国同美国的经济相互依赖程度越低，美国越倾向于军事干涉其领土争端这一理论假设，某个案例中条件变量经济相互依存度的隶属数值是 0. 5，结果变量军事干涉度是 0. 4，则吻合系数为 0. 4 ／ 0. 5 ＝ 0. 8。根据规则，在该案例中自变量是因变量的必要条件。

④ 对于吻合系数这一概念有不同的翻译方式。有些文献中把它译为一致性。参见 Charles C. Ragin,“Set Relations and Social Research: Evaluating Their Consistency and Coverage”, *Political Analysis*, Vol. 14, No. 3, Summer 2006。

⑤ 需要注意的是，吻合系数和吻合度是两个不同的概念。吻合系数是指在单个个案中条件变量与结果变量之间的关系，如果在具体个案中吻合系数大于 0. 75，可以认定在此案例中条件变量是结果变量的必要条件。而吻合度是从总体上判断条件变量与结果变量是否存在必要关系。如果绝大部分案例（比例超过 0. 9）中的吻合系数都在 0. 75 以上，可以最终认为条件变量与结果变量之间存在必要关系。

⑥ Charles C. Ragin, *Fuzzy-set Social Science*, University of Chicago Press, 2000, p. 226.

充分条件通过模糊真值表和覆盖率展现出来。对于达不到必要条件的条件变量进行充分条件吻合系数的计算，从而形成模糊真值表。计算模糊真值的核心在于判断在每个案例中某个条件变量对结果变量充分条件的吻合系数。① 充分条件吻合系数的计算公式为：consistency = min（$x$、$y$）/ $x$。一般将该阈值设置为0.75，将小于0.75的条件变量编码为0，其余的则为1。② 对所有案例的模糊真值计算完毕后，就形成了模糊真值表。利用真值表来计算条件组合的覆盖率，从而判断条件变量的组合在多大程度上解释了结果变量。

与传统的质性比较分析只能分析二元变量相比，基于模糊集的质性比较分析可以分析连续型的变量。近年来，德国学者德克·博格-施洛瑟（Dirk Berg-Schlosser）和拉瑟·克隆奎斯特（Lasse Cronqvist）开发了多值集质性比较分析方法（mvQCA）。③ 在多值集质性比较分析中，条件变量是多元的离散变量，结果变量仍然是二元划分，其分析的原理与思路仍是“反事实”框架。

### (三) 小N案例“反事实”因果推论的局限

政治学科从建立伊始就深受行为主义的影响，提倡实证的、实验的研究方法，力求使政治学研究更加“清晰化”和“科学化”。④ 脱胎于自然科学的“反事实”框架契合了这种趋势。比较案例分析和质性比较分析是“反事实”框架在政治学中的具体应用，它有助于总结一般性规律，探究政治现象之间的因果关系。不过，利用小N案例进行“反事实”推论也存在一定的局限性：第一，“事实”与“反事实”之间无法实现完美的匹配，根本原因在于研

---

① 此处的吻合系数与上文必要条件吻合系数的内涵是不同的。上文的吻合系数是指条件变量对结果变量必要条件的吻合系数，此处是指条件变量对结果变量充分条件的吻合系数。

② 举一个抽象的例子进行说明，在某一个例子中，“60%程度”的条件变量导致了“50%程度”的结果变量，按照上述公式，则充分条件的吻合系数为50% / 60% = 0.83，超过阈值，在此案例中可以把该条件变量编码为1。

③ Lasse Cronqvist and Dirk Berg-Schlosser, “Multi-Value QCA（mvQCA）”, in Benoit Rihoux and Charles C. Ragin, eds., *Configurational Comparative Methods: Qualitative Comparative Analysis（QCA）and Related Techniques*, Thousand Oaks: Sage, 2009.

④ 张桂琳：《多重因果路径分析评析》，《政治学研究》2008年第5期。

究者无法预测并识别出影响结果发生的所有可能变量，然后选择那些在关键条件变量之外变量上取值相同的案例来控制它们的影响。因此借助质性比较分析发现的结论只具有相对意义的科学性，这也是政治学研究科学性落后于自然科学的主要原因。第二，分析结果仍带有一定的主观色彩。质性比较分析中的“事实”与“反事实”案例均由研究人员主观选择，而不是随机挑选，分析结果不可避免地要受到研究者知识结构、判断力等的影响。

## 四　倾向值匹配与大 N 案例因果推论

质性比较分析要求控制除关注条件变量之外的其他干扰因素、通过考察条件变量的不同取值对结果的影响。事实上，由于存在未知干扰变量混淆条件变量和结果变量之间的关系，质性比较分析无法控制所有的干扰变量，往往会导致遗漏变量和选择性误差问题。[①] 通过倾向值匹配的方式来控制和消除遗漏变量和选择性误差将是政治学大样本研究可使用的一种新兴统计工具。

倾向值作为因果推论的概念最早出现在 1983 年罗森鲍姆（Paul R. Rosenbaum）和鲁宾（Donald Rubin）合写的一篇名为《倾向值对于观测性研究中因果效果的中心作用》的论文中。[②] 倾向值是指被研究的个体受到所有的干扰变量影响情况下的发生概率。倾向值匹配方法主要是通过具有相同或相似倾向值案例之间的匹配，分别考察受到条件变量作用及没有受到

① 加里・金、罗伯特・基欧汉、悉尼・维巴：《社会科学中的研究设计》，第 163—176 页。遗漏变量是指由于忽略某个干扰变量的影响导致因果推论出现偏差，选择性误差是指由于受到某些不明的干扰变量的影响，导致无法准确判断条件变量和结果变量之间的“净因果效应”。例如，在分析变量 A 对变量 B 的因果关系时，由于其他变量 C、D 等的存在，使得研究的结论被 C、D 所混淆。遗漏变量和选择性误差是政治学因果推论中经常出现的问题。许多质性研究者指出可以通过增加样本数量、详细说明因果效应的作用机制等办法来解决遗漏变量问题。例如，海伦・米尔纳在《抵制保护主义》中就通过阐述因果机制的方法来消除遗漏变量问题。但是，通过定性的方法，研究者无法完全排除遗漏变量导致的偏差。因此，倾向值匹配方法显得更为重要。（Milner Helen V., *Resisting Protectionism*: *Global Industries and the Politics of International Trade*, Princeton: Princeton University Press, 1988）

② Paul R. Rosenbaum & Donald Rubin, “The Central Role of Propensity Score in Observational Studies of Causal Effects”, *Biometrika*, 70 (1), pp. 41-55.

条件变量作用情况下匹配案例的结果，如果结果的差异是显著的，那么这种差异只能归因于条件变量，而不是其他的干扰变量，从而在条件变量与结果变量之间建立了因果关系。由此可见，倾向值匹配十分巧妙地完成了对干扰变量的控制。

举例来说，考察宗教信仰对选举投票的影响。通过统计数据发现基督教徒倾向民主党，不信仰基督教的人员倾向于投共和党的票，那么是否可以断定信仰与投票倾向之间有因果关系呢？显然做出上述判断的逻辑推理是不严密的，原因在于其他潜在的干扰变量都会影响投票倾向。倾向值匹配方法可以排除干扰变量的影响，该技术主要包括以下三个步骤：

1. 计算抽样个体信仰基督教的概率。信仰基督教是一个二分变量（1 = 信仰基督教，0 = 不信仰基督教），受到性别、年龄、工作性质等变量的影响，研究者可以建立一个逻辑斯蒂回归或 Probit 回归模型来计算每个个体信仰基督教的概率：

log（信仰基督教的概率 / 1—信仰基督教的概率）$= \beta X + e$

或 Probit（信仰基督教的概率）$= \beta X + e$。①

2. 依据倾向值（概率）对个体进行匹配，从而形成匹配组。首先在信仰基督教的群体中抽取个体（假设倾向值为 $a$），然后从不信仰基督教的群体中找到倾向值与 $a$ 最为接近的那个个体与之匹配。通过上述方法依次对所有个体进行匹配，得到依据倾向值为标准划分的匹配组。② 例如，在上例中假定第 1 个样本信仰基督教，由逻辑斯蒂或 Probit 模型计算该样本信仰基督教的概率（设为 0. 6）。假定第 2 个样本不信仰基督教，同时也可根据性别等条件变量计算出该样本信仰基督教的概率（设定为 0. 6），则第 1 个样

① 上述两个模型中，$\beta$ 是回归系数矩阵，$X$ 是由性别、年龄、工作性质等条件变量形成的矩阵，$e$ 是随机误差分布。参见李子奈、潘文卿《计量经济学》，高等教育出版社 2010 年版。

② 在具体操作时，可以利用嵌入在统计软件中的倾向值匹配模块进行。David J. Harding, "Counterfactual Models of Neighborhood Effects: The Effect of Neighborhood Poverty on Dropping out and Teenage Pregnancy", *American Journal of Sociology*, 109 (3), pp. 676-719. Leuven Edwin & Barbara Sianesi,"PSmatch2: State Module to Perform Full Mahalanobis and Propensity Score Matching, Common Support Graphing, and Covariate Imbalance Testing", *Statistical Software Components*, S432001, Boston College Department of Economics.

本和第 2 个样本就形成了一个匹配。[①] 根据倾向值历遍所有的样本后就形成了多个匹配组。

3. 根据具有相同或相似倾向值的匹配组来分析信仰基督教和不信仰基督教的个体在投票选择上的差异，如果这种差异是显著的，则可以说明宗教的信仰对选举投票有影响。

为什么倾向值匹配方法能够进行有效的因果推论呢？原因在于它符合“反事实”逻辑推理框架。在上例中，如果第 1 个样本信仰基督教，第 2 个样本不信仰基督教，他们具有相同或相似的匹配值，这意味着性别、年龄、工作性质等干扰变量对个体的“平均”影响都是相同的。因此，样本 1（信仰基督教）和样本 2（不信仰基督教）就形成了“事实”和“反事实”。根据“反事实”因果推论框架，导致投票倾向差异的原因只可能是宗教信仰，从而在宗教信仰与投票倾向之间建立了因果关系。由此可见，倾向值就像一道“阀门”，在倾向值匹配之前（时间点记为 $T_0$），可能有多个影响研究对象的干扰变量。在 $T_0$ 之后，除研究者关注的条件变量外，其他可能的干扰变量对同一匹配组内个体的作用是相同或相似的。因此，匹配组中个体间结果的差异只可能是由关注的条件变量所导致，从而完成了变量间的因果推论。

利用倾向值匹配技术，研究者可以在以观测性数据为主的政治学研究中建立一种类似于随机实验环境的匹配样本，进而利用“反事实”原理进行因果推论，整个过程严谨且符合科学规范。因此，倾向值匹配在包括政治学在内的整个社会科学中都得到了广泛的应用。当然，倾向值匹配方法还需要进一步地拓展，主要体现在以下两个方面：第一，传统的倾向值匹配方法关注二分变量，但是政治学研究绝不仅仅只关注只有两个水平的处理变量。[②] 在上述的宗教信仰与投票倾向例子中，个体的分类只有“信仰和不信仰基督教”两个层级。但在现实中，研究者需要更细致地分析个体信仰基督教、伊

① 此处的概率是主观概率或贝叶斯概率，它与我们常见的频率概率是不一样的。比较难理解的是为什么信仰基督教的人还有信仰基督教的概率。可以借助于生活中的例子进行说明。例如，天气预报今天下雨的概率为 80%。实际上，今天要么是下雨要么不下雨。天气预报的下雨概率反映了风向、云层等因素对降水的影响度。

② 胡安宁：《社会科学因果推断的理论基础》，第 91 页。

斯兰教、儒教、犹太教等多个类别，由此凸显不同宗教类别对投票倾向的影响。显然，进行多类别、多层次的分析更加符合现实需求。这就需要超越二分变量而关注多类别乃至连续型的处理变量，这是倾向值匹配方法发展的趋势。第二，优化倾向值匹配算法。在匹配时，不同个体的倾向值往往不会恰好相等，这就涉及不同倾向值匹配方法。根据不同匹配原理，主要包括邻近匹配、半径匹配、核心匹配和分层匹配四种方式。① 不同的匹配方法会产生不同的研究结论。目前主要采用多种匹配方法进行交互验证，当不同的匹配方法得出的结果大致接近时，才能够确定研究的结论站得住脚。近年来，一些新的匹配技术也在不断地发展，如海森（Ben B. Hansen）、格林（Green Samuel）发展的完全匹配方法，保证每个抽样个体都能在匹配过程中被使用到。② 塞克汗（Sekhon Jasjeet Singh）和米巴恩（Walter R. Mebane）发展的遗传匹配技术，借助人工智能的方法，在匹配的过程中甚至不需要计算具体的倾向值得分。③

## 五　结论与进一步的研究方向

“反事实”框架的核心要义是匹配，通过控制干扰变量，观察条件变量变动对结果变量的影响，从而发掘变量之间的“净效应”。“反事实”框架不仅是因果推论的技术，更是进行因果探索必须坚持的理念，它为政治学研究打开了新的方法论天地。未来“反事实”研究在以下三个方面还亟待突破。

### （一）干预路径扭曲问题

按照“反事实”观点，条件变量（*X*）是结果变量（*Y*）的原因，当且仅

① P. R. Rosenbaum, R. N. Ross, J. H. Silber, “Minimum Distance Matched Sampling with Fine Balance in an Observational of Treatment for Ovarian Cancer”, *Journal of the American Statistical Association*, 2007 (102). 郭申阳、弗雷泽：《倾向值分析：统计方法与应用》，重庆大学出版社 2012 年版。

② Hansen, Ben B., “Full Matching in an Observational Study of Coaching for the SAT ”, *Journal of the American Statistical Association* (99), pp. 609-618.

③ Sekhon Jasjeet Singh & Walter R. Mebane Jr, “Genetic Optimization Using Derivatives: Theory and Application to Nonlinear Models”, *Political Analysis*, 7, pp. 189-203.

当 $X$ 发生时，$Y$ 也发生，或者 $X$ 不发生，$Y$ 也不发生。那么，条件变量的状态由"发生"转向"不发生"时，一定是受到了外在因素（$E$）的干预。这种外在干预是有严格要求的，即干预的路线只能是 $E$—$X$—$Y$，而不能是 $E$—$Z$—$Y$。因此，对条件变量进行干预时应当非常小心，不能影响到系统的其他部分，以免这部分也刚好对结果变量产生因果作用。[①] 事实上，在实际操作时，为改变条件变量取值而进行干预时，往往会引起因果关系的扭曲。举例来说，假定在竞选时基督教徒倾向于民主党。但信仰基督教也会导致收入的增长，收入增长会导致投票倾向于共和党。因此，一方面信仰基督教会增加投票民主党的概率，另一方面由于信仰基督教增加了收入，从而间接地降低了投票民主党的概率，两者相抵消，最后的结果是信仰基督教并没有增加投票民主党的概率。在这个例子中，改变研究个体的信仰时（由其他信仰转为基督教）并不会导致投票倾向的改变。按照"反事实"原理，信仰与投票倾向之间不存在因果关系，但事实上两者之间存在因果关系。因此，需要寻找合适的方案来控制干预路径、防止因果关系的扭曲。

### （二）内生性问题

内生性涉及判断何为因何为果这一问题。在进行"反事实"推论时需要将关注的变量取值进行操控变动，主要是通过改变条件变量的取值进而观察结果变量的变化情况。但在实践中可能会出现这样一种情况，就是操控的对象不是条件变量而是结果变量。特别是在定性研究阶段、无法进行随机实验的情况下，就成了一种普遍现象。[②]

### （三）穷尽性问题

"反事实"框架主要是通过案例间的匹配来实现因果推理。但是，完全的匹配是无法完成的任务。匹配工作首先要求研究者预测并识别出可能的干扰变量，然后选择那些在干扰变量上取值不变的样本来控制它们的影响。[③] 事

① 李珍：《反事实与因果机制》，《自然辩证法研究》2009 年第 9 期。
② 李珍：《反事实与因果机制》，《自然辩证法研究》2009 年第 9 期。
③ 加里·金、罗伯特·基欧汉、悉尼·维巴：《社会科学中的研究设计》，第 200 页。

实上，我们永远都无法确定是否穷尽了所有可能导致推论偏差的因素，这就需要开展因果推论的稳健性评估。目前，统计学家已开始使用伽马系数作为稳健性的评估指标。[①] 总体来看，效果并不是十分理想。因此，找到更加合适的评估指标是“反事实”推论解决遗漏变量问题的努力方向。

① Paul R. Rosenbaum & Donald Rubin, “The Central Role of Propensity Score in Observational Studies for Causal Effects”, *Biometrika*, 70 (1), 1983, pp. 41-55.

# 治理理论

# Theory of Governance

# 产品性质与治理机制：当奥斯特罗姆遇到西蒙

孙晓冬　宋　磊*

**摘　要**：尽管没有受到充分重视，但是奥斯特罗姆夫妇的研究不仅构成了治理理论的早期来源之一，而且为这一理论的持续发展提供了方向。一方面，他们论及了治理理论的关键内容；另一方面，他们指出了公共池塘类资源和一般意义上的公共产品的性质是决定治理机制的理想形态的基础变量。尽管关于产品性质和治理机制的关系的思路具有重大的理论价值和现实意义，但是奥斯特罗姆夫妇没有提出关于产品性质的具体分析框架，其研究并未完结。将发端于赫伯特·西蒙的经典论述、重视产品的内在结构、强调从生产过程来刻画产品特征的产品建构理论和奥斯特罗姆夫妇的部分研究相连接，有助于完善后者的洞见，推动治理理论在公共行政领域的应用。

**关键词**：公共产品的性质　治理机制的设计　产品建构　工序的可分性　协作生产

**Abstract**: Vincent Ostrom and Elinor Ostrom's works not only provide the origin of governance theory but also show the development direction of discourse of governance. On the one hand, they discussed nearly all the points of governance theory, on the other hand, they pointed out that the nature of natural resources and public goods is one of the fundamental factors which affect the design of governance mechanism. Although their insight about the relationship between the nature of public goods and design of governance mechanism is quite path-breaking,

---

*　孙晓冬，中国政法大学政治与公共管理学院副教授；宋磊，北京大学政府管理学院教授（通讯作者）。本文的写作得到教育部人文社会科学重点研究基地重大项目《国家治理现代化发展战略研究》的支持。

this insight is not elf-contained. In this paper, we aim to develop the Ostroms' insight into an applicable analytical framework by connecting their contribution and the literature about product architecture which is based on Herbert Simon's classic statements.

**Key Words**: Nature of public goods; Design of governance mechanism; Product architecture; Decomposability of process; Collaboration production

## 一　问题的提出

治理理论是20世纪90年代以来政治学和行政学领域最为重要的进展之一。但是，在经过迅速的发展之后，这一理论正在面临挑战。在诸多挑战之中，如何持续地引领公共行政领域的实践是最为突出的一个。众所周知，妥善处理政府、市场和社会组织的关系是治理实践之中的关键问题。所以，上述挑战实际上直接指向如何具体地界定三者的关系这一问题。①

需要注意的是，上述挑战既来自实际层面，也涉及理论问题：如果不能在理论上解决政府、市场、社会组织在治理机制之中的关系问题，发展出具体的分析框架，那么治理理论可能难以持续地引领实践。

既然治理理论面临的突出挑战是一个具有理论背景的实践问题，那么对于这种挑战的回应就应该兼具理论性和实践性。换言之，原则性讨论或案例分析都难以全面地回应这种挑战。

依据上述思路，在逻辑上存在两种回应挑战的途径。一种途径是以沟通治理理论之中不同学者所进行的理论论述和经验研究的方式回应挑战；另一种途径是在治理理论之中寻找同一学者（或持有相似观点的一群学者）提出的兼具理论性和实践性的研究，以其为基础回应挑战。尽管第一种途径在逻

① 致力于推动治理理论发展的中国研究者所面临的挑战主要有两个：一个是出现于西方学术界的治理理论是否适用于中国，参见郁建兴、王诗宗：《治理理论的中国适用性》，《哲学研究》2010年第11期；另一个是如何理解治理的政治背景，参见 Wang Qinghua and Guo Gang, "Yu Keping and Chinese Intellectual Discourse on Good Governance", *China Quarterly*, Vol. 224, 2015。对于这样两个挑战，只能通过实践进行回应。在这个意义上来说，国内外治理理论研究者面临的挑战具有相似性。近年来，中国学者对于中国的治理实践开始进行理论化讨论，参见何增科：《中国政府创新的趋势分析：基于五届“中国地方政府创新奖”获奖项目的量化研究》，《北京行政学院学报》2011年第1期。这些尝试可以理解为对于这种挑战的回应。

辑上成立，但是在现实之中未必可行。作出这一判断的原因在于，致力于治理理论的学者往往或者重视理论论述或者强调经验研究，我们很难在不同学者的高度抽象的理论论述和实践指向的经验研究之间建立联系。

如果说第一种途径不具有可行性，那么第二种途径则值得重视。在笔者的阅读范围之内，鲍勃·杰索普和奥斯特罗姆夫妇关于治理问题的工作是少数兼具理论抽象度和实践可行性的研究。① 但是，在理论的完善程度以及理论框架的实践意义等方面，奥斯特罗姆夫妇的研究更有优势，可以成为具体地回应治理理论面临的挑战，即发展出关于政府、市场、社会组织在治理机制之中的地位问题的具体分析框架的基础。②

一般来说，政策科学领域的新理论不但需要提出抽象理念，而且必须形成基于这种理念的具体分析工具。③ 在政策科学的发展过程之中，一些理论在形成初期即同时具备了抽象理念和具体分析工具；另外一些理论在形成初期只具备抽象理念，具体分析工具在随后的发展过程之中逐步形成。对于第二种理论，如果说抽象理念的出现意味着该理论处于发展的第一阶段的话，那么具体分析工具的形成则意味着该理论进入了发展的第二阶段。从上述角度来看，当下的治理理论属于第二种理论，处于从第一阶段向第二阶段转型的时期。如果不能完成这种转型，那么治理理论将只是拉卡托

① 国内学术界往往重视埃莉诺·奥斯特罗姆的研究，忽视文森特·奥斯特罗姆的工作。但是，奥斯特罗姆夫人的早期研究是在奥斯特罗姆先生的指导下完成的。他们的研究在内在逻辑上具有一致性，将他们的研究简化为奥斯特罗姆夫人的研究是不恰当的。关于这一问题，请参考本文第二节。

② 杰索普的早期研究围绕国家理论展开，20 世纪 90 年代以来开始论及社会福利等政策领域的治理机制问题，参见 Bob Jessop, “The Rise of Governance and the Risks of Failure: Case of Economic Development”, *International Social Science Journal*, Vol. 155, 1998; Bob Jessop, “The Changing Governance of Welfare: Recent Trends in Its Primary Functions, Scale and Modes of Coordination” , *Social Policy and Administration*, Vol. 33, No. 4, 1999。由于具有坚实的政治学基础，在沟通他的理论研究和政策分析的基础上发展治理理论是一个潜在的选择。不过，尽管涉及了具体政策领域的治理问题，但是杰索普的相关研究主要是理论导向的。从他的两种研究出发难以抽象出可以指导治理实践的具体分析框架。尽管都是关注治理问题的著名政治学者，但是杰索普和奥斯特罗姆夫妇的研究取向有所不同：前者的研究具有更为明显的政治学特色，后者的研究则在政治学和行政学之间保持了平衡。在上述意义上来说，杰索普和奥斯特罗姆夫妇的研究代表了发展治理理论的两个方向。

③ Peter Hall, “Policy Paradigms, Social Learning, and the State: The Case of Economic Policymaking in Britain”, *Comparative Politics*, Vol. 25, No. 3, 1993.

斯所说的一种研究纲领，难以完全实现库恩意义上的研究范式变迁。本文的理论意图是从奥斯特罗姆夫妇和西蒙的经典研究出发，为完成这种转型提供具体的思考方向。

本文的第二节将奥斯特罗姆夫妇的相关研究的要点归纳为公共产品的性质与治理机制的设计之间的关系，讨论这一研究思路的贡献和局限；第三节简要介绍在研究方法上和奥斯特罗姆夫妇的公共产品性质论具有互补关系的产品建构理论的主要内容和基本逻辑；第四节借鉴产品建构理论的分析视角和研究方法，试图将奥斯特罗姆夫妇的相关研究转化为关于公共产品的性质和治理机制的设计之间的关系的一个初步的分析框架。①

## 二　产品性质与治理机制：奥斯特罗姆夫妇的贡献与局限

### （一）奥斯特罗姆夫妇的研究与治理理论：从来源到方向

在关于治理的文献之中，存在一个令人费解的现象：尽管奥斯特罗姆夫妇的研究涉及了治理理论的主要论题，在事实上构成了治理理论的早期来源之一，但是主流的治理理论家似乎没有充分地重视他们的研究。讨论奥斯特罗姆夫妇的研究和治理理论的关系不仅具有研究史意义上的价值；实际上，他们的研究不但是治理理论的早期源头之一，而且潜在地包含了治理理论的发展方向。

尽管作为公共行政理论的治理理论仍不成熟，学者们在研究取向甚至基本范畴的含义等问题上都存在争议，但是全球治理委员会被频繁引用的以下

① 本文是从产品的性质出发，沟通企业治理机制、政企关系的治理机制和公共产品或公共服务的治理机制的研究计划的一个组成部分。在以前的研究之中，依据产品建构理论，笔者比较具体地论证了产品的性质是决定企业治理机制以及政企关系的治理机制的基础变量（参见宋磊：「政府能力と企業能力：高度成長期の產業政策を例に」，山田锐夫等编著：『現代資本主義への新視角』，东京：昭和堂，2007；宋磊：《道尔—岩井论争与利益相关者论的系谱及其演变》，《政治经济学评论》2011年第2期；宋磊：《追赶型工业战略的比较政治经济学》，北京大学出版社2016年版），初步讨论了产品性质对于劳动者—社会关系的影响（参见孙晓冬、宋磊、张衔：《模块化的发生机制与外来劳动者—社会关系的两种形态》，《教学与研究》2013年第3期）。这一研究计划完成之后，上述相关研究将可以整合到一个关于产品的性质对于企业、公共组织、政企关系、社会关系的影响的理论体系之下。

论述大体上是这一领域的共识。

> 治理是各种公共的或私人的个人和机构管理其共同事务的诸多方式的总和。它是使相互冲突的或不同的利益得以调和并且采取联合行动的持续的过程。它既包括有权迫使人们服从的正式制度和规则，也包括各种人们同意或认为符合其利益的非正式的制度安排。它有四个特征：治理不是一整套规则，也不是一种活动，而是一个过程；治理过程的基础不是控制，而是协调；治理既涉及公共部门，也包括私人部门；治理不是一种正式的制度，而是持续的互动。①

阅读过奥斯特罗姆夫妇作品的读者大概都会同意，以上论述高度接近他们的研究内容。比如，在关于公共池塘的经典研究之中，埃莉诺·奥斯特罗姆在否定了简单的国有化和私有化方案之后，基于事例研究，详细地介绍了利益相关者在不改变产权结构的情况下通过合作来解决问题的方法，并在理论上论证了这种解决方法的可行性。② 类似的，在讨论城市政府如何提供公共产品和公共服务的时候，奥斯特罗姆夫妇等人也积极倡导社区组织和公民的参与。③ 在这样的解决方案之中，政府、市场机制和社会组织、个人在解决公共事务的过程中一起发挥了作用；原本对立的利益得到协调；作为解决问题依据的制度安排是依托政府主导的制度安排的民间主导的制度安排；解决方案或制度安排不是固定不变的，而是在利益相关者的持续协调之中发展完善的。很明显，奥斯特罗姆夫妇倡导的解决方案包含了治理理论的几乎所有关键词，与治理理论特别是作为治理理论的善治理论高度接近。因此，将

---

① 转引自俞可平：《治理和善治：一种新的政治分析框架》，《南京社会科学》2001 年第 9 期。

② 关于奥斯特罗姆在这一著作中的研究对象 common pool resources，汉语文献一般译为公共池塘资源。但是，她在使用这一术语的时候所指远远超过了公共池塘，包括了渔场、地下水等。因此，将这一术语译为公共池塘类资源或许可以更好地体现其本来含义。参见埃莉诺·奥斯特罗姆：《公共事物的治理之道——集体行动制度的演进》，余逊达、陈旭东译，上海三联书店 2000 年版。

③ 所谓公共服务无非无形的公共产品。下文不再对公共产品和公共服务进行区分，统称为公共产品，参见文森特·奥斯特罗姆、罗伯特·比什、埃莉诺·奥斯特罗姆：《美国地方政府》，井敏、陈幽泓译，北京大学出版社 2004 年版，第 221 页。

奥斯特罗姆夫妇的研究列为治理理论在事实上的早期来源之一是恰当的。[①]

奥斯特罗姆夫妇的研究对于治理理论的意义不仅在于他们的研究在事实上构成了治理理论的早期来源之一。更为重要的是，他们的研究为治理理论的持续发展潜在地提示了一种方向。

作为公共行政理论的治理理论具有强烈的应用导向，其主要意义之一在于发展出“管理公共事务的全新技术”[②]。很明显，这里所说的全新技术只能是可以指导公共管理实践的分析框架和具体方法。[③] 需要注意的是，将奥斯

① 一般来说，治理理论被认为出现于20世纪90年代之后。但是，奥斯特罗姆夫妇的很多重要研究在90年代初期之前已经完成。参见 Elinor Ostrom, *Public Entrepreneurship: A Case Study in Ground Water Management*, Ph. D. dissertation, University of California at Los Angeles, 1965；埃莉诺·奥斯特罗姆、罗格·帕克斯、戈登·惠特克：《公共服务的制度建构：都市警察服务的制度结构》，毛寿龙译，上海三联书店2000年版；文森特·奥斯特罗姆、罗伯特·比什、埃莉诺·奥斯特罗姆：《美国地方政府》，井敏、陈幽泓译，北京大学出版社2004年版；Elinor Ostrom, *Crafting Institutions for Self-Governing Irrigation Systems*, San Francisco: Institute for Contemporary Studies, 1992; Elinor Ostrom, Larry Schroeder, Susan Wynne, *Institutional Incentives and Sustainable Development: Infrastructure Polices in Perspectives*, Boulder: Westview Press, 1993。实际上，在发表于80年代后期的研究之中，奥斯特罗姆夫妇不但直接使用了城市治理、社会治理等术语，而且他们对于这些治理问题的论述和当下的治理理论相比并不逊色（参见文森特·奥斯特罗姆、罗伯特·比什、埃莉诺·奥斯特罗姆：《美国地方政府》，井敏、陈幽泓译，北京大学出版社2004年版，第212—214页）。另外，埃莉诺·奥斯特罗姆在90年代初期确立的多中心理论显然应该是一般意义上的治理理论的重要组成部分（参见文森特·奥斯特罗姆、罗伯特·比什、埃莉诺·奥斯特罗姆：《美国地方政府》，井敏、陈幽泓译，北京大学出版社2004年版）。因此，认为他们的研究是治理理论的早期来源是有文献依据的。为什么奥斯特罗姆夫妇的研究没有受到治理理论主流研究者的充分重视是一个重要且有趣的问题。笔者认为，出现这一现象的主要原因有三。第一，尽管奥斯特罗姆夫妇和治理理论研究者都在破除政府—市场两分法的基础上讨论类似的问题，但是切入点有所不同：奥斯特罗姆夫妇倾向于从关于具体问题的实证研究之中抽象出一般理论，而治理理论研究者更倾向于规范研究，主要关注诸如如何提高公共产品的效率等宏大的抽象问题，较少进行细致的实证分析。换言之，两者的研究取向是不同的，而不同的研究取向导致双方缺乏联系。第二，尽管具有政治学者和行政学者的身份，但是，奥斯特罗姆夫妇的研究往往被归类为公共经济学研究。第三，尽管奥斯特罗姆夫妇关于公共池塘类资源的研究和治理理论之间的关系是明确的，但是他们关于其他公共产品的研究和治理理论之间的关系似乎没有受到治理理论主流学者的重视。关于这一问题，请参考本节第二部分的讨论。

② 俞可平：《治理和善治：一种新的政治分析框架》，《南京社会科学》2001年第9期。

③ 一般来说，治理理论的出现和西方国家为提高公共产品的提供效率所进行的努力有关。因此，治理理论和“新公共管理”有关，参见 Gerry Stoker, “Governance as Theory: Five Propositions, International Social Science Journal”, Vol. 50, 1998; Donald F. Kettl, *The Transformation of Governance: Public Administration for Twenty-First Century America*, Baltimore：John Hopkins University Press, 2002。类似的，关于善治的最早文献出现的背景也是国际机构为提高发展中国家公共管理质量所进行的尝试，参见 World Bank, *From Crisis to Sustainable Growth: A Long Term Perspective Study*, Washington, D. C. : World Bank, 1989。

特罗姆夫妇的研究和治理理论的发展联系在一起，绝不仅仅意味着重视他们关于公共池塘类资源的研究。实际上，在理解奥斯特罗姆夫妇包括但是不局限于关于公共池塘类资源研究的主要结构和逻辑之后，我们将会发现真正有效地将他们的研究和治理理论相连接、推动治理理论持续发展的具体方式。

### （二）产品性质与治理机制：奥斯特罗姆夫妇的贡献与局限

将奥斯特罗姆夫妇的研究和治理理论有效结合的前提是把握他们研究的结构和逻辑。由于他们关于公共池塘类资源的研究具有广泛的影响，所以学术界存在着将他们关于这一问题的研究等同于他们的所有研究的倾向。如果不破除这种呆板的认识，那么奥斯特罗姆夫妇的研究对于治理理论的意义将难以被有效、全面地揭示。本节的余下部分首先讨论他们的研究的结构，然后试图抽象出他们的研究的内在逻辑。

奥斯特罗姆夫妇的研究经历了长期的发展过程。尽管治理一直是他们的研究主题，但是他们的研究议题在不同时期有所不同。埃莉诺·奥斯特罗姆的博士论文是关于加州地区地下水资源的研究。[①] 在这一研究之中，她讨论了不同利益主体之间的协调问题，在一定程度上为后来关于公共池塘类资源的研究提供了基础。从博士论文的主题和研究方法可以看出，她在学术生涯的初期已经具有了 90 年代之后出现的治理理论研究者所倡导的问题意识。其后，她的研究转向一般意义上的公共产品，开始讨论警察系统的结构、高速公路等基础设施的建设和维护等问题。[②] 在 20 世纪 80 年代后期，她完成了具有重要影响的关于公共池塘类资源的治理机制的研究。

值得强调的是，奥斯特罗姆夫妇等人在 1988 年共同出版了《美国地方政府》一书[③]。尽管该书的主要目的是向其他国家的读者介绍美国地方政府的工

---

① Elinor Ostrom, *Public Entrepreneurship: A Case Study in Ground Water Management*, Ph. D. Dissertation, University of California at Los Angeles, 1965.

② 埃莉诺·奥斯特罗姆（2000）：《中文版序言：公共经济的比较研究》，载埃诺莉·奥斯特罗姆等：《公共服务的制度建构：都市警察服务的制度结构》。Elinor Ostrom, Larry Schroeder, Susan Wynne, *Institutional Incentives and Sustainable Development: Infrastructure Polices in Perspectives*, Boulder: Westview Press, 1993.

③ 文森特·奥斯特罗姆、罗伯特·比什、埃莉诺·奥斯特罗姆：《美国地方政府》，井敏、陈幽泓译，北京大学出版社 2004 年版。

作机制，但是，这一著作对于理解奥斯特罗姆夫妇研究的内在逻辑、把握他们的研究和治理理论的关系具有重要意义。首先，他们在这本著作之中比较详细地总结了警察、固体垃圾回收、消防、教育等领域的公共产品的提供机制，在事实上提出了关于公共产品的提供机制的研究思路。其次，在本书之中，他们实际上回应了政治结构和公共产品的提供机制之间的关系问题，而这一问题在后来出现的关于治理理论是否可以应用于发展中国家的实践的讨论之中是一个富有争议的关键议题。在笔者看来，关于这一问题的论述是他们对于治理理论的重要贡献之一，尽管这一贡献和他们对于治理理论的其他贡献一样没有受到治理理论的主流研究者的重视。①

对于奥斯特罗姆夫妇的主要研究进行简要总结之后，我们发现，他们的研究对象涉及公共池塘类资源和一般意义上的公共产品，他们的研究的实质是分析公共池塘类资源和一般意义上的公共产品的治理机制。② 尽管奥斯特罗姆夫妇关于公共池塘类资源和公共产品的治理机制的具体结论有所不同，但是这些结论都指向同一个理论命题：公共池塘类资源和公共产品的性质是决定这些资源和产品的理想治理机制的基础变量之一。笔者认为，在治理理论从第一个发展阶段进入第二个发展阶段的过程之中，上述理论命题具有指引意义。

从埃莉诺·奥斯特罗姆关于公共池塘类资源的治理机制的讨论之中抽象出公共资源的性质在相当程度上决定了理想治理机制这一命题的难度不大，但是从奥斯特罗姆夫妇关于公共产品的研究之中提炼出同一命题则需要比较细致的论证。

在埃莉诺·奥斯特罗姆关于公共池塘类资源的分析之中，关于这类资源

---

① 奥斯特罗姆夫妇关于这一问题的贡献在于论证了治理理论的支持者所拥护的治理机制和以联邦制和公民参与为核心的美国政治制度不但并不冲突，而且这样的治理机制以后者为制度前提，参见文森特·奥斯特罗姆、罗伯特·比什、埃莉诺·奥斯特罗姆：《美国地方政府》，井敏、陈幽泓译，北京大学出版社 2004 年版，第 215—216 页。

② 埃莉诺·奥斯特罗姆所分析的公共池塘类资源主要分布在偏远地区，而奥斯特罗姆夫妇讨论的公共产品更多地分布在非偏远地区或城市地带。因此，在他们的分析框架之中，地理位置是区分研究对象的主要变量之一。在这样的理解之中，奥斯特罗姆夫妇的研究的整体性得以从一个特殊的侧面展现出来。

的性质的讨论处于所有相关分析的出发点。[①] 在她看来，“公共池塘类资源指自然的或人造的资源系统，这个系统的规模使得排斥因使用资源而获取收益的潜在收益者的成本很高”。同时，在这类资源系统之中，人们互相了解，可以不断地进行沟通。如果将“资源单位”定义为个人在资源系统中占用或使用的数量，那么，作为资源系统的公共池塘类资源通常是共同使用的，但是“资源单位”则无法共同使用。[②] 在分析为什么政府或市场机制难以解决这类资源的分配与使用问题之后，她详细地讨论了利益相关者通过自我组织来分配和使用这类资源的大量案例。尽管这些案例并非都是成功的，但是从成功的案例之中可以总结出一组规律。[③] 很明显，在她的分析之中，如果这些资源不具有区别于其他资源的性质，那么通常由政府或市场机制主导的解决方案足以解决分配和使用这些资源的问题。反过来，正是这类资源的性质，决定了自我组织是一种潜在的理想解决方案。如果将这里所说的解决方案称为治理机制，那么，埃莉诺·奥斯特罗姆的相关分析的实际意义就是指出这类资源的性质是决定理想治理机制的基础变量之一。[④]

奥斯特罗姆夫妇关于一般意义上的公共产品的分析涉及警察、固体垃圾回收等。这类公共产品和公共池塘类资源的主要区别在于政府在这类公共产

① 埃莉诺·奥斯特罗姆：《公共事物的治理之道——集体行动制度的演进》，余逊达、陈旭东译，上海三联书店 2000 年版，第 9 页。

② 奥斯特罗姆所讨论的公共池塘类资源实际上处于这样一种规模：它必须大到难以排斥违规使用者，同时，它必须小到可以让利益相关者相互了解。参见埃莉诺·奥斯特罗姆：《公共事物的治理之道——集体行动制度的演进》，余逊达、陈旭东译，上海三联书店 2000 年版，第 52—55、275 页。

③ 比如，清晰界定的（资源）边界、有效的监督和冲突解决方案等是保证以自我组织的形式来解决问题的机制长期持续的关键（参见埃莉诺·奥斯特罗姆：《公共事物的治理之道——集体行动制度的演进》，余逊达、陈旭东译，上海三联书店 2000 年版，第 141—160 页）。对于治理理论的发展来说，利益相关者在什么情况下才能实现持续的协调具有重要意义。因此，奥斯特罗姆的上述总结具有理论价值。由于本文的主要目的在于讨论公共产品的性质和治理机制的设计之间的关系，所以不对这一问题进行详细的讨论。

④ 埃莉诺·奥斯特罗姆确实不认为在管理公共池塘类资源的时候存在唯一解决方案。比如，她认为政治制度对于解决方案的选择具有重要影响。（参见埃莉诺·奥斯特罗姆：《公共事物的治理之道——集体行动制度的演进》，余逊达、陈旭东译，上海三联书店 2000 年版，第 30 页）但是，在政治制度处于给定状态的条件下，对于公共池塘类资源来说，自我组织显然是一个理想的解决方案。正是在上述意义上，我们认为，公共池塘类资源的性质是影响理想的治理机制的基础变量之一。

品的提供过程中占据发起者、主导者或决策者的地位。[①]

奥斯特罗姆夫妇关于上述公共产品所进行的研究的主要目的是挑战一个在美国地方政府的管理实践之中具有重要影响的认识，即地方政府或地方政府下辖的机构之间的合并可以提高政府效率。为了达成这一目的，他们对于两种政府结构——更为集权的和更为分散的——之下的公共产品的提供效率进行了详细的总结。对于本文来说，重要的是，他们在挑战流行观念的过程中间接地论及了产品性质和治理机制之间的关系。

在上述研究之中，奥斯特罗姆夫妇通过总结包括他们自己的研究在内的大量实证研究，确立了多元性、自治度和优势度等体现治理主体多样性、各治理主体之间的关系、特定服务提供者的份额的可以度量的理论范畴[②]，论证了在美国那样巨大且复杂的国度之中简单的集权化不能满足多样化的需求、无法提高公共产品的供给效率。[③]很明显，上述研究的结论以及在推导出上述结论的过程之中提炼出来的若干关键理论范畴具有重要的现实意义和理论价值。同时，他们的研究也涉及了公共产品的性质问题。推敲这些研究特别是他们关于警察系统和垃圾回收服务的研究，可以发现，他们实际上暗示了关于公共产品和治理机制之间的关系的理论命题。

他们指出，"关键问题不是规模更小更好还是更大更好，而在于怎样将不同规模的组织结合起来，哪种组织间安排类型对于哪种特定的服务来说绩

① 埃莉诺·奥斯特罗姆曾经将公共桥梁列为公共池塘类资源。（参见埃莉诺·奥斯特罗姆：《公共事物的治理之道——集体行动制度的演进》，余逊达、陈旭东译，上海三联书店2000年版，第53页）因此，与桥梁同属基础设施的高速公路是否也属于公共池塘类资源就成为一个问题。考虑到公共池塘类资源的规模问题，笔者认为，是否将高速公路特别是农村地区的高速公路归类为公共池塘类资源取决于高速公路的长度。使用奥斯特罗姆夫妇等人提出的术语，公共池塘类资源和公共产品的区别之一在于，在公共产品的提供过程之中，政府控制的生产方式处于主导地位（参见文森特·奥斯特罗姆、罗伯特·比什、埃莉诺·奥斯特罗姆：《美国地方政府》，井敏、陈幽泓译，北京大学出版社2004年版，第132页），在与公共池塘类资源相关的管理活动之中不存在这种现象。

② 文森特·奥斯特罗姆、罗伯特·比什、埃莉诺·奥斯特罗姆：《美国地方政府》，井敏、陈幽泓译，北京大学出版社2004年版，第150页。

③ 值得指出的是，尽管利益相关者的协调是现阶段治理理论的一个重要思路，但是主流治理理论家似乎更为重视政府、市场和社会组织之间的协调，对于不同政府机构之间的协调重视不够。奥斯特罗姆夫妇提出的多元性这一范畴不但反映了政府、市场和社会组织之间的协调，而且包含了不同政府机构之间的协调。

效最好，就采用哪种安排”[①]。对于本文来说，重要的是，他们不但直接指出了公共产品的提供机制受到产品性质的影响，而且间接地暗示了不同公共产品的提供机制的差别和产品性质的差别之间的关系。

首先，他们直接指出了警察服务和垃圾回收两种公共产品的提供机制和产品性质之间的关系。比如，在论述为什么多中心的警察服务提供方式在大多数城市地区效率更高的时候，他们强调了警察和市民之间的协作对于提高效率的意义。[②] 在讨论垃圾回收服务时，他们明确指出，对于不同类型的垃圾，存在不同的理想的服务提供方式。[③]

其次，他们间接地暗示了不同公共产品的提供机制的差别和产品性质的差别之间的关系。他们发现，在类似规模的城市地区，提供警察和固体垃圾回收服务的过程中存在不同的理想机制。关于警察服务，在多数规模较大的城市，复数服务提供主体共存时的效率或混合服务的效率高于只有较少服务主体时的效率；在这些地区，服务提供主体的多元性和效率之间存在相关关系。[④] 但是，关于固体垃圾回收，规模较大的城市更适合于由市政机构来提供服务，而较小的城市则更适合私营机构或者特许、私营机构和市政机构以混合的方式提供服务[⑤]。由于政治制度、城市规模等变量已经被控制，所以两种公共产品的理想治理机制的不同在相当程度上可以归因为两种公共产品性质的不同。

正是在上述两层意义上，我们认为，奥斯特罗姆等人实际上提出了公共

① 文森特·奥斯特罗姆、罗伯特·比什、埃莉诺·奥斯特罗姆：《美国地方政府》，井敏、陈幽泓译，北京大学出版社 2004 年版，第 186 页。

② 埃莉诺·奥斯特罗姆、罗格·帕克斯、戈登·惠特克：《公共服务的制度建构：都市警察服务的制度结构》，毛寿龙译，上海三联书店 2000 年版。

③ 文森特·奥斯特罗姆、罗伯特·比什、埃莉诺·奥斯特罗姆：《美国地方政府》，井敏、陈幽泓译，北京大学出版社 2004 年版，第 115—116 页。

④ 当然，得出这种结论是有前提的。比如，他们承认，“如果复数的警察机构不能通过组织间安排共同提供一些警察服务，那么大的完全一体化的部门可能具有内在的优势”。因此，只有在存在部门间或机构间合作的情况下，他们的结论才成立。参见文森特·奥斯特罗姆、罗伯特·比什、埃莉诺·奥斯特罗姆：《美国地方政府》，井敏、陈幽泓译，北京大学出版社 2004 年版，第 128 页。

⑤ 文森特·奥斯特罗姆、罗伯特·比什、埃莉诺·奥斯特罗姆：《美国地方政府》，井敏、陈幽泓译，北京大学出版社 2004 年版，第 118 页。

产品的性质和治理机制的设计之间存在联系这一命题。[①]

至此，我们发现，产品性质和治理机制之间的关系是奥斯特罗姆夫妇关于公共池塘类资源和公共产品的研究的共同主题。在这一问题上，尽管奥斯特罗姆夫妇关于公共池塘类资源的研究更具影响，但是，对于治理理论的发展来说，他们关于公共产品的研究更有意义。一方面，公共产品的数量和重要性在整体上超过公共池塘类资源；另一方面，相对而言，公共池塘类资源的治理机制的形成更多地具有自发演进的特征，而政府在公共产品的治理机制的形成过程之中具有更多的影响。因此，对于关注更有普遍意义的公共产品的提供、从政府的作用出发来研究治理问题的研究者来说，他们关于公共产品的研究更具有参考价值。[②]

在公共产品的治理机制问题上，奥斯特罗姆夫妇不但指出了产品性质的关键地位，而且提出了一些具有应用前景的分析视角。比如，他们分析了规模经济对于公共产品的提供的影响；区分了劳动密集型公共产品和资本密集型公共产品；更为重要的是，他们讨论了提供公共产品过程之中的直接服务和间接服务。另外，他们表达了同一类公共产品之中不同属性的细分产品对于治理机制具有不同的要求，强调了若干公共产品的提供效率在相当程度上取决于生产者和消费者的合作等思想。[③]但是，需要指出的是，他们关于产品性质的分析并不是系统化的，具有改进的空间。具体而言，关于产品性质的讨论，可以从产品的内部结构特征以及产品和社会的外部关系两个角度进行。尽管奥斯特罗姆夫妇的相关论述同时涉及了以上两个侧面，但是他们关于产品性质的讨论缺乏具有整合性的框架。

另外，在间接地论述产品性质和治理机制的关系这一命题的时候，正如上文所引述的那样，奥斯特罗姆夫妇也讨论了治理机制的内涵。在这个问题

① 强调不同性质的公共产品和治理机制之间具有内在联系的观点具有权变论的色彩。对于本文来说，问题的要点在于指出埃莉诺·奥斯特罗姆的研究在一定程度上具有权变论的特征，尽管这一特征表现得并不直白。参见埃莉诺·奥斯特罗姆：《公共事物的治理之道——集体行动制度的演进》，余逊达、陈旭东译，上海三联书店2000年版，第19、29、43、46页。

② 如前文所述，埃莉诺·奥斯特罗姆在公共池塘类资源的治理机制问题上并不强调最优解。但是，奥斯特罗姆夫妇关于公共产品的治理机制问题的分析没有完全排除最优解的存在。在治理理论需要发展出具体的分析框架和研究工具的背景下，后者显然更具有参考价值。

③ 文森特·奥斯特罗姆、罗伯特·比什、埃莉诺·奥斯特罗姆：《美国地方政府》，井敏、陈幽泓译，北京大学出版社2004年版，第92、115页。

上，他们的论述具有两个要点。首先，他们实际上将治理机制理解为在提供公共产品的过程之中形成的组织间安排。其次，他们在与主张通过政府机构合并来提高效率的学者辩论的过程之中，实际上指出了存在更为集权的和更为分权的两种组织间安排或治理机制。在他们的分析框架之中，关于更为集权的和更为分权的治理机制的区分主要围绕政府结构来进行，前者指单一政府机构在治理过程中占据主导地位，后者指复数政府机构在治理过程中相对平均地发挥作用。① 在笔者的阅读范围之内，尽管治理机制是治理理论的关键主题之一，但是现有文献没有对于这一范畴给出清晰的定义和分类。因此，他们关于治理机制的上述讨论具有理论价值。不过，在他们的研究之中，关于治理机制的内涵的讨论没有充分展开。

至此，我们发现，奥斯特罗姆夫妇在对公共产品的性质和治理机制进行了具有创意的讨论的基础之上，间接地提出了公共产品的性质和治理机制之间的关系这一理论命题。但是，他们关于公共产品的性质以及治理机制的内涵的讨论并不是非常体系化的。这一问题导致他们的研究难以和一般意义上的管理学研究对接，阻碍了我们从他们的研究之中抽象出具体的、可以指导治理实践的分析工具。② 在接下来的两节之中，我们尝试借助管理学的分析

① 他们关于治理机制的讨论显然可以将政府、市场机制和社会组织包含在内。在这样的视角之下，所谓更为集权的治理机制指政府、市场机制和社会组织中的一个主体在治理过程中发挥关键作用，所谓更为分权的治理机制指三者在治理机制之中的地位相对水平。

② 在笔者的阅读范围之内，和奥斯特罗姆夫妇同属一个学派的中国学者杨立华在这一问题上的观点和奥斯特罗姆夫妇高度接近，并且更为直观地表述了产品性质与治理机制之间的关系。比如，他明确指出，产品是决定组织形态的第一级因素。这一论断与奥斯特罗姆夫妇所暗示的关于产品性质影响治理机制的命题相距不远。另外，他还建立了一个从产品的角度来分析几乎所有社会现象的分析框架。杨立华的相关研究展现了敏锐的理论直觉和构筑庞大体系的理论抱负，应该得到充分肯定。但是，在产品性质和治理机制的关系方面，他的论断和奥斯特罗姆等人的相关结论没有本质区别；在产品性质的研究方面，他的几乎全部相关研究都集中在交易这一侧面，没有充分地关注产品的生产过程。同时，和奥斯特罗姆夫妇一样，在讨论不同产品对应的治理机制的时候，他倾向于原则性地研究如何在政府、市场机制和社会组织之间进行选择或进行组合，没有提出具体的管理学分析工具。另外，杨立华的分析框架庞大、涉及了大量研究对象。这样的研究方式限制了他的研究成果的传播。但是，杨立华的研究是中国行政学研究者对这一领域的重要贡献，值得关注。参见杨立华：《政府产品提供方式及其规范决策模型》，《中国行政管理》2004 年第 1 期；杨立华：《产品性质与组织形态》，《中国行政管理》2006 年第 1 期；杨立华：《构建多元协作性社区治理机制解决集体行动困境 —— 一个产品一制度分析（PIA）框架》，《公共管理学报》2007 年第 2 期；杨立华：《完美全面产品管理：社会结构和管理的产品分析》，北京大学出版社、北京航空航天大学出版社 2008 年版；文森特・奥斯特罗姆、罗伯特・比什、埃莉诺・奥斯特罗姆：《美国地方政府》，井敏、陈幽泓译，北京大学出版社 2004 年版，第 116、130 页。

工具，部分地解决这一问题。

## 三　产品性质与治理机制：产品建构理论的视角

如果说产品性质和治理机制的关系是奥斯特罗姆夫妇的研究工作的主题之一，那么在一般意义上的管理学文献之中一直潜在地存在这个主题，而这一主题在基于西蒙的经典论述的产品建构理论兴起之后开始浮现出来。

在一般意义上的管理学文献之中，产品的技术特点对于企业组织形态的影响并不是一个新话题。[①]不过，尽管存在一些重要的研究进展[②]，但是直到产品建构理论形成之后，这一研究领域才实现了快速发展。

产品建构理论的来源可以追溯至诺贝尔经济学奖获得者、组织理论家、在公共行政学界具有重要影响的赫伯特·西蒙。在他看来，人类社会由人工物构成。所谓人工物指一般意义上的产品、法律、企业、社会计划和市场体系等。在这些人工物之中，都存在冗余。除去这些冗余，我们可以发现这些人工物都存在“近似可分解性”（nearly decomposability），即都可以分解为相互联系的子系统，这些子系统之间的关系或相互作用体现了人工物的工作逻辑。[③]西蒙的上述认识指出了两个重要的研究方向。第一，他实际上指出了通过理解构成人工物的子系统以及子系统之间的关系（即产品建构理论研究者所说的产品建构）来理解人工物的逻辑的研究方向；第二，由于企业和公共组织的产出都是人工物，都遵循类似的逻辑，所以他实际上揭示了在同一个分析框架之下理解企业和公共组织的产出，即一般意义上的产品和公共产品的研究方向。第一个研究方向在20世纪90年代以来获得了显著的发展，形成了产品建构理论；第二个研究方向则没有得到充分的挖掘。

简单地说，产品建构理论的出发点是产品建构的定义，核心是产品建构

① Tom Burns and G. M. Stalker, *The Management of Innovation*, London: Tavistock, 1961. Joan Woodward, *Industrial Organization: Theory and Practice,* NewYork: Oxford University Press, 1980.

② Robert H. Hayes and Steven C. Wheelwright, *Restoring Our Competitive Edge: Competing through Manufacturing*, New York: John Wiley & Sons, 1984.

③ 赫伯特·西蒙：《人工科学》，武夷山译，商务印书馆1987年版，第37、126、166、188页。

和组织建构之间的互补性，发展方向是产品性质和治理机制之间的关系。

一般来说，产品建构可以从两个角度进行定义。一种是依据子系统之间的界面的标准化程度，将产品区分为模块型和集成型；另一种是依据产品部件和产品功能之间的对应关系、部件界面的标准化程度将产品区分为封闭集成型、封闭模块型和开放集成型（见图 1）。后一种分类方法近年来被导入不是由部件构成的产品。由于不是由部件构成的产品往往经由不同工序加工，所以，对于这类产品，可以以工序和功能的对应关系、工序之间的界面的标准化程度进行分类（见图 2）。由于公共产品大多经由不同“工序”生产，所以这种分类方法对于分析公共产品的提供过程具有重要价值。[①] 上述两种定义，实际上都是将产品建构理解为“构成系统的组成部分之间的相互依存关系”[②]，可以回溯至西蒙的论述[③]。对于产品性质的这种理解方式为关于公共产品性质的管理学研究提供了基础。

| 部件界面的标准化程度 | 产品结构和产品功能之间的对应关系：接近复数对应 | 产品结构和产品功能之间的对应关系：接近一一对应 |
|---|---|---|
| 低 | 封闭集成型产品：汽车、摩托车、游戏软件等 | 封闭模块型产品：大型计算机、机床等 |
| 高 | | 开放模块型产品：个人计算机、互联网产品自行车、部分金融产品 |

**图 1　产品建构的定义与产品的分类：由部件构成的产品**

资料来源：藤本隆宏：『日本のものづくり哲学』，东京：日本经济新闻社，2004，第 132 页。

① 产品建构理论的主要分析对象是制造业。但是，有学者将这一理论引入关于集装箱海运业和金融业等服务业的分析。（参见藤本隆宏、武石彰、青島矢一编著：『ビジネス・アーキテクチャ』，东京：有斐阁，2001，第 121—160 页）由于公共产品大多属于服务业，所以这些研究实际上为将产品建构理论应用到公共产品分析之中做出了铺垫。

② 藤本隆宏、武石彰、青島矢一编著：『ビジネス・アーキテクチャ』，东京：有斐阁，2001，第 i—vii 页。

③ Carliss Y. Baldwin and Kim B. Clark, *Design Rules*: *The Power of Modularity*, Cambridge, Massachusetts: The MIT Press, 2000.

| 工序界面的标准化程度 | | 产品工序和产品功能之间的对应关系 | |
|---|---|---|---|
| | | 接近复数对应 | 接近一一对应 |
| | 低 | 封闭集成型工序产品：汽车外钢板 | |
| | 高 | | 开放模块型工序产品：建筑用钢 |

**图 2　产品建构的定义与产品的分类：经过不同工序加工的产品**

资料来源：藤本隆宏：『日本のものづくり哲学』，东京：日本经济新闻社，2004，第146、161—170页。

依据西蒙的思路，可以将作为人工物的企业的组织形态理解为组织建构并对其进行分类[①]。在完成上述工作之后，产品建构和组织建构之间的对应关系开始展现出来。具体来说，模块型的产品建构往往要求企业的组织建构也是模块型的；集成型的产品建构往往要求企业的组织建构也是集成型的。这种对应关系不但存在于逻辑分析之中，也被实证研究所证实[②]。由于企业组织形态是企业治理机制的表现形式，所以从上述研究之中可以进一步引申出以下假说：

> 治理机制和产业竞争力的形成机制之间存在内在联系。由于不同产业群的竞争力形成机制不同，所以对不同的产业群来说，最优的治理机制也是不同的。股东主权型（或模块型）的企业治理机制更适用于模块型产业，而利益相关者型（或集成型）的企业治理机制更适用于集成型产业。[③]

① Mari Sako, "Modularity and Outsourcing: The Nature of Co-evolution of Product Architecture and Organization Architecture in the Global Automobile Industry", A. Prencipe, A. Davies and M. Hobday eds., *The Business of System Integration*, Oxford: Oxford University, 2003.

② Takahiro Fujimoto, "Architecture—Based Comparative Advantage: A Design Information View of Manufacturing", *Evolutionary and Institutional Economics Review*, Vol. 4，No. 1, 2007.

③ 关于这一假说的详细论述，请参考宋磊：《道尔一岩井论争与利益相关者论的系谱及其演变》，《政治经济学评论》2011 年第 2 期。

尽管西蒙的经典论述意味着在逻辑上存在一个将关于一般意义上的产品和公共产品的分析整合起来的分析框架，但是产品建构理论在这个方向取得的进展不多。

## 四 产品性质与治理机制：当奥斯特罗姆遇到西蒙

将奥斯特罗姆夫妇的研究和产品建构理论联系起来的尝试必定遇到如下质疑：将分别主要研究公共产品的提供和一般产品的供给的两个理论联系起来的基础何在？正如我们在上文提及的那样，作为产品建构理论的来源，西蒙的人工物系统论本来就潜在地将包括公共产品在内的所有人工物作为研究对象。所以，问题的焦点在于奥斯特罗姆夫妇的分析框架和作为一般意义上的管理学的产品建构理论能否共存。关于这一问题，奥斯特罗姆等人的以下论述提供了明确的回答。

> 美国地方公共经济，就像固体垃圾回收、消防服务、警察服务等一样，要依靠不同的地方政府单位、不同的私人经营者、合作性协会以及志愿性组织等之间复杂的组织间安排。与其他机构合作共同为当地社区居民提供某一特定类型产品和服务的机构，可以被看作是公共服务产业中的公司。一个产业就是一个系统，在这个系统中多个公司互相协作来提供相似类型的产品和服务。公共部门和私营部门在产业结构上的根本不同在于，公共服务的使用者或消费者是集体组织起来的，合同关系存在于集体消费单位和生产者之间以及不同的生产者之间，而不是个体和生产者之间。[①]
>
> 与建立在组织取向基础上的研究相比较而言，我们效仿产业取向，在研究警察服务时，采取诸如生产和消费的概念。产业取向使我们有可能探究服务的“组织间安排”。……我们熟知私益物品和服务市场中零售商和批发商之间的区别，我们也熟悉居民小区、快递服务、限选公司和

① 文森特·奥斯特罗姆、罗伯特·比什、埃莉诺·奥斯特罗姆：《美国地方政府》，井敏、陈幽泓译，北京大学出版社 2004 年版，第 129 页。

大型超市或综合百货公司之间的差别。这些差别对我们考察提供公益物品和服务的组织安排颇有助益。①

以上论述表明，对于奥斯特罗姆等人来说，将他们的分析和一般意义上的管理学分析框架相结合在理论上并不存在问题。② 从第二、三节所进行的总结之中可以看出，相对来说，在产品性质和治理机制的关系问题上，奥斯特罗姆夫妇的强项在于实证研究，而产品建构理论的优势则在于分析工具。因此，问题的要点是，如何通过产品建构理论的分析工具来表达奥斯特罗姆夫妇的实证研究的管理学含义。

奥斯特罗姆夫妇关于公共产品性质的论述涉及诸多侧面。在讨论这些论述的管理学含义、将这些论述和产品建构理论结合的时候，以下三点值得关注。

第一，在分析警察服务的时候，他们提出了关于公共产品的直接服务和间接服务的视角，而这一分析视角指向工序可分性问题。以警察服务为例，所谓直接服务指巡逻、纠正违规、抓捕嫌疑人等维持社会秩序的服务；所谓间接服务指培训新员工、收容嫌疑人等服务。很明显，几乎所有公共产品的提供过程都由直接服务和间接服务构成。如果将警察活动的本质理解为创造

① 埃莉诺·奥斯特罗姆、罗格·帕克斯、戈登·惠特克：《公共服务的制度建构：都市警察服务的制度结构》，宋全喜、任睿译，上海三联书店 2000 年版，第 5、22 页。

② 奥斯特罗姆夫妇等人在讨论消防和警察服务的时候，大量使用由这些服务的消费者、安排者和生产者构成的矩阵，并将这样的矩阵称为产业结构，参见文森特·奥斯特罗姆、罗伯特·比什、埃莉诺·奥斯特罗姆：《美国地方政府》，井敏、陈幽泓译，北京大学出版社 2004 年版，第 122、126—127、130、133 页。这表明，他们认为，在地方政府主导之下，不同的利益相关者的关系具有结构性。这样的研究视角和西蒙将人工物视为具有可分性和层级性的复杂系统的思路具有共同点。比如，西蒙频繁使用矩阵或投入产出表来分析复杂系统，参见赫伯特·西蒙：《人工科学》，武夷山译，商务印书馆 1987 年版，第 75、131、182、189 页。正是基于这种共同点，本文试图用产品建构理论的分析工具来展示奥斯特罗姆夫妇等人的洞见。埃莉诺·奥斯特罗姆确实对于假设公共产品和一般意义上的产品的提供过程类似的观点表示过疑问。但是，她的疑问主要在于公共产品的提供效率在相当大的程度上依靠服务接受者的参与或所谓协作生产问题，参见埃莉诺·奥斯特罗姆（2000）：《中文版序言：公共经济的比较研究》，载埃莉诺·奥斯特罗姆等：《公共服务的制度建构：都市警察服务的制度结构》，第 9—10、17—18 页。因此，如果我们注意服务接受者的参与这一角度，那么将公共产品和一般产品置于一个更为广泛的框架之下应该是可行的。

并传递公共价值的过程[①]，那么他们的这种视角和一般意义上的管理学关于企业创造价值过程的价值链分析[②]是对应的。更为重要的是，将警察服务区分为直接服务和间接服务意味着他们将警察服务视为经过不同工序提供的服务。这种视角和产品建构理论研究者关于经过不同工序提供的产品或服务的分析思路比较接近。借助这种视角，参考产品建构理论关于构成服务的不同工序之间的可分性问题的研究，我们可以提炼出提供公共产品的不同工序之间的可分性这一范畴。

但是，需要注意的是，所谓公共产品的工序可分性可以从两个角度进行理解：一个是奥斯特罗姆等人指出的直接服务和间接服务之间的可分性问题；另一个是构成直接服务的各个工序之间的可分性问题。对于后一种可分性，奥斯特罗姆等人没有给予强调。

第二，在分析公共产品的提供效率的时候，他们强调一些公共产品的提供效率和接受服务者或广义的利益相关者的参与程度有关。[③]公共产品的这种特征显然不同于大多数一般意义上的产品，是理解公共产品性质的要点之一。在产品建构理论研究者关于商业模式的分析之中，不同主体之间的关系是分析的焦点之一。[④]参考这一研究思路，我们可以将公共产品的提供者和消费者之间合作的程度称为协作生产程度，将其作为刻画公共产品性质的标准之一。

第三，他们高度重视公共产品的规模经济问题。这里所说的规模经济既可以指作为整体的直接服务或间接服务的规模经济，也可以指构成直接服务或间接服务的具体工序的规模经济。

接下来，依据产品建构理论的分析思路，我们从工序可分性、协作生

① Mark Moore, *Creating Public Value*: *Strategic Management in Government*, Cambridge, Massachusetts: Harvard University Press, 1995.

② Michael Porter, *Competitive Advantage*: *Creating and Sustaining Superior Performance*, The Free Press, 1985.

③ 埃莉诺·奥斯特罗姆：《公共资源的未来：超越市场失灵和政府管制》，郭冠清译，中国人民大学出版社 2015 年版，第 26—27 页。文森特·奥斯特罗姆、罗伯特·比什、埃莉诺·奥斯特罗姆：《美国地方政府》，井敏、陈幽泓译，北京大学出版社 2004 年版，第 106、153—155、172 页。

④ 藤本隆宏、武石彰、青島矢一编著：『ビジネス・アーキテクチャ』，东京：有斐阁，2001。

产程度和规模经济出发，从不同的侧面刻画公共产品的性质、讨论公共产品的性质对于治理机制的设计的影响。规模经济是讨论公共产品的提供机制的一般化视角，所以奥斯特罗姆夫妇关于公共产品性质的分析的原创性主要体现在工序可分性和协作生产程度两方面。工序可分性和协作生产程度都与公共产品的生产过程相关，所以依据这样两个变量对于公共产品进行分类的思路接近产品建构理论关于一般产品的分析方法。

| | | 构成公共产品的两种服务 | |
|---|---|---|---|
| | | 直接服务 | 间接服务 |
| 规模经济 | 强 | Ⅰ<br>规模经济强的直接服务 | Ⅱ<br>规模经济强的间接服务<br>（警察服务之中的间接服务） |
| | 弱 | Ⅲ<br>规模经济弱的直接服务<br>（警察服务之中的直接服务） | Ⅳ<br>规模经济弱的间接服务 |

**图 3　公共产品的性质：直接服务、间接服务与规模经济**

图 3 是对奥斯特罗姆等人关于直接服务、间接服务以及规模经济问题的讨论的一个概括。对于间接服务来说，这种概括的管理学含义是非常清晰的：如果公共产品的间接服务具有较强的规模经济，那么这种间接服务适合进行外包。使用奥斯特罗姆夫妇的术语，如果公共产品的间接服务具有较强的规模经济，那么对于这种公共产品来说，理想的组织间安排，即理想的治理机制应该是分权的。但是，对于直接服务，规模经济不是决定是否应该外包的唯一变量。

在下文之中，我们主要从直接服务的角度讨论公共产品的性质。

工序可分性的意义主要在于区分直接服务和间接服务。所以，在分析直接服务的治理机制的时候，协作生产程度和规模经济可以成为分析的主轴。

| 规模经济 | | 协作生产程度：高 | 协作生产程度：低 |
|---|---|---|---|
| | 强 | Ⅰ | Ⅱ<br>低协作、强规模经济型：<br>（大城市地区的固体垃圾回收） |
| | 弱 | Ⅲ<br>高协作、弱规模经济型：<br>（大城市地区的警察服务） | Ⅳ |

**图 4　公共产品的性质：直接服务的视角**

注：这里所说的固体垃圾回收服务指发达国家的服务。在发展中国家，垃圾回收效率受居民参与的影响，协作生产程度较高。

模仿产品建构理论的思路，我们可以将第二、第三象限之中的公共产品分别称为低协作、强规模经济型和高协作、弱规模经济型公共产品。低协作、强规模经济型公共产品具有这样的特征：包括服务接受者在内的利益相关者及其他机构是否参与对于这种公共产品的提供效率没有明显的影响、直接服务各环节的规模经济较强。相对的，高协作、弱规模经济型公共产品具有以下特征：包括服务接受者在内的利益相关者及相关机构是否参与对于这种公共产品的提供效率具有比较明显的影响、直接服务各环节的规模经济较弱。

在发达国家，利益相关者参与垃圾回收之中的直接服务的必要性不高。另外，构成垃圾回收的直接服务的各工序具有比较明显的规模经济。因此，在图 4 之中，可以将大城市地区的固体垃圾回收之中的直接服务置于第二象限。对于这类产品，理想的治理机制可能是由高效的大型机构单独提供运输或处理服务；同时，包括服务接受者在内的利益相关者的参与未必是治理机制的必要组成部分。

正如马克·摩尔的案例研究和奥斯特罗姆等人的研究综述所展示的那样，警方往往需要居民团体、社会组织等利益相关者参与。另外，构成警察的直接服务的各工序的规模经济不明显。因此，在图 4 之中，警察服务之中的直接服务应该位于第三象限。对于这类产品，理想的治理机制并不排除若干不同规模、不同性质的机构共同提供服务；同时，包括服务接受者在内的利益相关者的参与将是治理机制的必要组成部分。

在讨论公共产品的治理机制问题时，奥斯特罗姆夫妇提出了更为集权的治理机制和更为分权的治理机制。借助产品建构理论的思路，将上文关于公共产品直接服务的性质的分析和两种治理机制相联系，我们可以将以上讨论归纳为图5。

| | | 公共产品的直接服务的性质 | |
|---|---|---|---|
| | | 高协作、弱规模经济型 | 低协作、强规模经济型 |
| 理想的治理机制 | 集权型 | 不适应 | 适应 |
| | 分权型 | 适应 | 不适应 |

图5　公共产品的直接服务的性质与理想的治理机制

至此，借鉴产品建构理论对于一般产品的分类方法，依据奥斯特罗姆夫妇的洞见，以大城市的警察服务和固体垃圾回收为中心，我们分别简要地讨论了构成公共产品的间接服务和直接服务的性质和理想的治理机制之间的关系。

需要指出的是，本文的主要目的是抽象出奥斯特罗姆夫妇的研究之中隐含的一个理论命题，并试图证明，可以依据产品建构理论对于这一命题进行管理学表达。为了达成这一目标，我们的分析过程是简化的。从上述意义上来说，本文的研究存在以下问题。第一，不但仅仅分析了两种公共产品，而且对于这样两种公共产品的性质的讨论也局限在较大的城市地区。第二，对于不同公共产品的理想治理机制的讨论主要是定性的。解决这样两个问题，不但需要研究更多公共产品的提供过程，而且需要进行量化分析。就后者来说，我们可以对于奥斯特罗姆等人提出的多元性、自治度、优势度等范畴进行量化，以数量化的形式刻画不同公共产品的治理机制的应然和实然形态。完成这一工作之后，我们可以比较同一公共产品的应然形态和实然形态，找出完善公共产品的治理机制的具体路径。第三，本文的讨论主要以发达国家的公共管理为分析对象。

# 五 余论

作为社会科学理论的治理理论具有政治学和行政学两个面向。对于作为政治学的治理理论来说，重要的是讨论治理的理论基础以及治理的政治环境等问题。对于作为行政学的治理理论来说，重要的是发展出可以指导实践的具体的分析框架和分析工具。本文的目的在于讨论作为行政学的治理理论的发展方向。

在埃莉诺·奥斯特罗姆的研究之中，对于影响主体行为的变量的讨论占有重要地位。类似地，赫伯特·西蒙在一篇讨论行政学基础问题的经典论文之中曾经指出，只有在对于行政学涉及的变量进行具有可操作性的定义之后，我们才能确认行政管理的原则。[①] 尽管两位学者的研究相隔很长时间，但是这些思路具有一致性。对于笔者来说，有趣的是，管理学者根据西蒙的经典论述发展出来的产品建构理论对于从奥斯特罗姆夫妇的研究之中抽象出具体的分析框架、测度相关变量具有参考价值。本文的写作就是基于上述认识而进行的。当然，公共产品的治理机制远比一般意义上的产品的治理机制复杂。因此，本文仅仅是一个初步的尝试。

① Herbert Simon, "The Proverbs of Administration", *Public Administration Review*, Vol. 6, No. 1, 1946, p. 63.

# 政治文化研究

# Political Culture Studies

# 王道之凝定：《五帝本纪》的政治哲学解读

姚中秋 *

**摘　要**：本文从政治哲学角度解读《史记·五帝本纪》所记华夏国家诞生之过程。由此可见，经黄帝、颛顼、帝喾多方探索，形成多个立国路径，至帝尧，终于凝定“王道”。王道意谓，共同体之塑造与秩序维护以王为中心，德为王者权威之本。华夏—中国的建立和此后的治理大体上依循王道，这有别于中国以西普遍存在的霸道、神道、商道的立国路径和治国模式。循此王道，中国可大、可久。

**关键词**：王道　五帝本纪　华夏国家　天下

**Abstract**: From the perspective of political philosophy, this article interpret the process of the birth of China recorded in“Historical Records of the Five Emperors”. After various explorations by Empero Huang, Emperor Zhuanxu, Emperor Ku, we can see, Emperor Yao finally establish Dao of the Son of Heaven. Dao of the Son of Heaven means that the Son of Heaven place in the center of life of political community, and his authority is based on his virtue exclusively. In general, Huaxia-China follow Dao of the Son of Heaven in her establishment and subsequent governance; this can explain two basic facts about China as a state: its hyperscale and its vitality.

**Key Words**: Dao of the son of heaven; “Historical records of the five emperors”; Huaxia state; All under heaven

---

* 姚中秋，山东大学儒学高等研究院教授。

《宪法》序言第一句话界定中国如下："中国是世界上历史最悠久的国家之一。"中国首先是一个国家，且相比于世界上其他国家，其历史是悠久的；还可以补充说，作为国家，中国向来规模庞大、内部多样。[①]

可久、可大乃政治之大善，中国这个国家具备，则其构造和生存之道必是优良的，且有普遍意义。仅凭这两点，中国这个国家就值得政治学认真对待。得天独厚的中国学者则完全可以基于此数千年政治实践和先人之思考，发展出止于至善之普遍政治理论，这一理论的最佳出发点正是解释关于中国这个国家之基本事实：中国何以为可久、可大之国家？

本文试图回答这一问题，拟从政治哲学角度解读《史记·五帝本纪》所记华夏国家诞生之过程。由此可见，经黄帝、颛顼、帝喾多方探索，形成多个立国路径，至帝尧，终于凝定"王道"。王道意谓，共同体之塑造与秩序维护以王为中心，德为王者权威之本。华夏—中国的建立和此后的治理大体上依循王道，这有别于中国以西普遍存在的霸道、神道、商道的立国路径和治国模式。循此王道，中国可大、可久。

## 一　构建国家的第一种路径：武力征服

在五帝之前，也即在华夏国家成立之前，在中国这块土地上，广泛分布着相当发达的文明，如公元前4000年到公元前3000年，从北到南计有燕辽地区之红山文化，山东之大汶口文化，黄河中游、渭河流域之仰韶文化，太湖流域之良渚文化，长江中游之屈家岭文化。后来，红山文化、良渚文化相对衰落，但仰韶文化之后有中原龙山文化、大汶口文化之后有山东龙山文化、屈家岭文化之后有石家河文化，也都精彩纷呈。用考古学权威苏秉琦先生的话说，考古学上的新石器时代中后期之中国疆域内，其文化体之分布，可谓"满天星斗"[②]。

---

① 柳诒徵：《中国文化史》，其开篇之"绪论"即指出中国三大特征：第一，"幅员之广袤，世罕其匹也"；第二，"种族之复杂，至可惊异也"；第三，"年祀之久远，相承勿替也"。参见柳诒徵：《中国文化史》，中华书局2015年版，上册，"绪论"第2—8页。

② 参见苏秉琦：《中国文明起源新探》，人民出版社2013年版，"'条块'说""漫天星斗"两章。

这些看起来相距遥远的文化体之间，有着超乎今人想象的密切交往，考古学大家张光直先生称之为“中国相互作用圈”，尤其是到龙山文化时代，出现了各处的文化体之间明显趋同的“龙山化”现象：“我们在相互作用范围内的每个地区内部，看见了一个相似的文化与社会变化过程，到了公元前3000年代末，其正向着一个充分复杂及等级化的社会发展并使之成为文明的标志”[①]，其演进的结果便是华夏—中国文明与政治共同体之诞生。

那么，前中国时代的各族群是如何治理的？《国语·楚语下》记楚国传史之智者观射父描述早期民、神关系，从侧面揭示了其治理之道：

> 古者民、神不杂。民之精爽不携贰者，而又能齐肃衷正，其智能上下比义，其圣能光远宣朗，其明能光照之，其聪能听彻之，如是，则明神降之。在男曰觋，在女曰巫。
>
> 是使制神之处位次主，而为之牲器时服，而后使先圣之后之有光烈，而能知山川之号、高祖之主、宗庙之事、昭穆之世、齐敬之勤、礼节之宜、威仪之则、容貌之崇、忠信之质、禋洁之服而敬恭明神者，以为之祝。
>
> 使名姓之后，能知四时之生、牺牲之物、玉帛之类、采服之仪、彝器之量、次主之度、屏摄之位、坛场之所、上下之神、氏姓之出，而心率旧典者为之宗。
>
> 于是乎有天、地、神、民、类物之官，是谓五官，各司其序，不相乱也。民是以能有忠信，神是以能有明德。民、神异业，敬而不渎。故神降之嘉生，民以物享。祸灾不至，求用不匮。

上古时代，普通民众不能与神沟通，而有专业巫、觋，可凭其特殊能力，使“明神降之”。观射父描述巫觋品质归结为“其聪能听彻之”，神的降临呈现为借巫觋之口对人的言说。与巫觋降神相配合，有宗、祝之官，其职在确定诸神之尊卑次序、祭祀所处之位，并准备牺牲、彝器、时节、衣冠，也即负责安排祭祀神灵之礼仪。“五官”恐怕也是按巫觋所降之神意而工作，

① 参见张光直：《古代中国考古学》，生活·读书·新知三联书店2013年版，第278页。

且以服事神灵为中心，“类物”当指祭祀之牺牲。

此可谓之巫术统治时代。民众对神灵虔敬而充满畏惧之情，不敢有怠慢、亵渎之意，此即“敬而不渎”。而巫师可以降神，传达神之旨意于人，故普通民众服从巫觋之权威。故在此社会中，巫师拥有最高权力，另有人辅助巫师行使这一得自神灵的权威。在此治理模式下，共同体规模当不会太大，应当是各邦分立，各自侍奉其族群、邦国之神灵。

由考古发现可见，在前中国时代，东方沿海各族群普遍有浓厚的巫觋之风。红山文化、良渚文化遗址均发现大规模祭坛；大型墓葬中出土大量精美玉器，其上刻有与神灵相关的神秘图案，显然用于宗教礼仪。可以推想，在这两个社会，巫觋享有崇高权威，大约可对应于观射父所描述的时代。

由考古发现可知，这一时代的经济相当发达，因为巫师凭借其崇高权威维系了尚算稳定的社会政治秩序。然而，巫师统治难免有其内在偏失：重神而轻人，将大量资源用于事神。当然，经济增长本身也必然带来社会结构之变化，从而导致神灵和巫师权威之衰落：第一，经济增长，财富增加，内部贫富分化加剧，不同阶层之间的关系趋于紧张乃至发生冲突；第二，经济增长，人口增加，技术发展，各邦、各文化区乃向外扩展，本来相互隔绝的族群间乃频繁接触，难免为争夺资源而发生冲突。① 观射父这样描述当时各族群内部冲突加剧的局面：

> 及少昊之衰也，九黎乱德。民、神杂糅，不可方物。夫人作享，家为巫史，无有要质。民匮于祀，而不知其福，蒸享无度。民、神同位，民渎齐盟，无有严威。神狎民则，不蠲其为。嘉生不降，无物以享，祸灾荐臻，莫尽其气。

① 考古学家把公元前3500—前2000年称为铜石并用时代，因为这个时代逐渐出现铜器，这也是中国诞生的黎明前，在这个时代，“石器制作技术已臻完善，农业生产进一步提高，物质文化的内容逐渐丰富起来。不同地区之间和同一地区、同一人们集团内部的分化都明显加深，而家庭的结合则日见稳固。从前分散的部落逐渐结成联盟，中心聚落和城堡相继出现，掠夺性战争愈演愈烈，最后导致了原始社会的解体。”参见苏秉琦等：《中国远古时代》，上海人民出版社2010年版，第145页。

据第一句话可推测，观射父所说“古者”，当为少昊盛世及更早。按主流的帝王世系谱，少昊在黄帝之后，而太史公列黄帝于《五帝本纪》之首，他正是因应各族群间冲突加剧之局面而兴，第一个产生统一意识并致力于政治统一。

下面开始解读《五帝本纪》，首先记黄帝：

> 黄帝者，少典之子，姓公孙，名曰轩辕。生而神灵，弱而能言，幼而徇齐，长而敦敏，成而聪明。
>
> 轩辕之时，神农氏世衰。诸侯相侵伐，暴虐百姓，而神农氏弗能征。于是轩辕乃习用干戈，以征不享，诸侯咸来宾从。
>
> 而蚩尤最为暴，莫能伐。炎帝欲侵陵诸侯，诸侯咸归轩辕。轩辕乃修德振兵，治五气，艺五种，抚万民，度四方，教熊罴貔貅貙虎，以与炎帝战于阪泉之野。三战，然后得其志。
>
> 蚩尤作乱，不用帝命。于是，黄帝乃征师诸侯，与蚩尤战于涿鹿之野，遂禽杀蚩尤。而诸侯咸尊轩辕为天子，代神农氏，是为黄帝。

由这段记载可见，前中国各文化区间正在频繁而激烈的冲突中。黄帝是其中表现最为卓越者，长于军事，崇尚武力，试图以武力征服方式建立超大规模的共同体，首先打败炎帝族群，再与之联合，共同打败蚩尤族群，而成为天下的最高统治者。

此为人类建立大规模政治体之常见方式。在中国以西几乎全部历史中，建立大于城邦之共同体的主要模式就是武力征服，如罗马，以其强大武力征服所遭之各民族、城邦，迫其为殖民地，由总督领导的军队实施军事威压统治，以维系超大规模的“帝国”。这构成欧洲人构建普遍政治秩序的典范：近世西方国家一旦强大，必走上殖民征服、建立帝国之路。然而，仅一两百年后，曾经强大一时的殖民帝国纷纷解体。

在中国，黄帝以武力征服统一各族群的努力似乎也未取得成功，至少未能完全取得成功：

天下有不顺者，黄帝从而征之，平者去之，披山通道，未尝宁居。东至于海，登丸山，及岱宗。西至于空桐，登鸡头。南至于江，登熊、湘。北逐獯粥，合符釜山，而邑于涿鹿之阿。迁徙往来无常处，以师兵为营卫。

黄帝已经征伐了炎帝、蚩尤，然后天下仍多有不顺者，说明黄帝所征服之地的统治秩序是不稳定的，以至于其本人片刻不能宁居，片刻不能离开师兵之保卫。

当然，黄帝确实推动了天下之整合，如上文记载，黄帝的征伐足迹北到燕山地区，覆盖黄河中下游地区，旁及长江流域。同时，他也为正在形成过程中的华夏各族群提供了至关重要的公共品：北逐獯粥。为治理所征服地区，黄帝初步建立了天下治理架构：

官名皆以云命，为云师。置左右大监，监于万国。万国和，而鬼神山川封禅与为多焉。获宝鼎，迎日推筴。举风后、力牧、常先、大鸿以治民。顺天地之纪，幽明之占，死生之说，存亡之难。时播百谷草木，淳化鸟兽虫蛾，旁罗日月星辰水波土石金玉，劳勤心力耳目，节用水火材物。有土德之瑞，故号黄帝。

可见这个治理架构还是非常粗疏的，不过对各族群予以监督而已。从这个文本可见，黄帝的权威似有强烈的神灵依据，凭借着神灵的权威行使对各族群的权力①。

## 二　构建国家的第二种路径：神教共同体

《五帝本纪》所记第二位帝是颛顼：

① 关于黄帝形象中突出的神巫特征，参见许兆昌、杨龙：《〈史记·五帝本纪〉中黄帝形象的知识考古》，《史学集刊》2012 年第 5 期。

帝颛顼高阳者，黄帝之孙而昌意之子也。静渊以有谋，疏通而知事；养材以任地，载时以象天，依鬼神以制义，治气以教化，洁诚以祭祀。北至于幽陵，南至于交趾，西至于流沙，东至于蟠木。动静之物，大小之神，日月所照，莫不砥属。

上引《国语·楚语下》“少昊之衰也”一段之后，记载颛顼起而矫正之：“颛顼受之，乃命南正重司天以属神，命火正黎司地以属民，使复旧常，无相侵渎，是谓绝地天通。”绝地天通是中国文明演进史上的一件大事，其基本含义是，人不再可凭巫术降神，由此确立了敬天。①

可见，相比于黄帝之武功，颛顼的重点在事神、事天。“静渊以有谋”写出颛顼之性格，这与习用干戈的黄帝大不相同。至于其事迹，首先是“养材以任地，载时以象天”，这一点，对应于“绝地天通”，颛顼初步确立敬天之礼。但与后来的帝尧相比，其心智仍有浓烈神灵崇拜倾向，故“依鬼神以制义”，《史记索隐》解释为：“鬼神聪明正直，当尽心敬事，因制尊卑之义，故礼曰‘降于祖庙之谓仁义’是也。”又“治气以教化”，《史记索隐》解释：“谓理四时五行之气以教化万人也。”太史公并谓其“洁诚以祭祀”。

在“古者民、神不杂”时代，巫师以神灵权威处理人间事务，只是，这种权威局限于小规模邦国；颛顼通过引入超越地方性神灵的崇拜对象——天，以构建超出邦国范围的大规模共同体，为此，颛顼相当虔诚地侍奉神灵。

此为人类建立超大规模共同体的一个重要途径。西人旨在建立超出城邦的超大规模共同体之途径，除上文所说以武力征服建立帝国外，另一种就是以一神教建立超大规模的神灵崇拜共同体，此可见于基督教、伊斯兰教文明之神道政治。

古希腊人始终停留在诸邦分立状态，未能超越城邦之上建立超大规模的政治共同体，障碍主要在精神上：各邦人崇拜本邦保护神，这让本邦人凝聚为一体，却让各城邦相互隔绝，甚至相互仇视。希腊人的正义观正是，协助

① 参见姚中秋：《尧舜之道：中国文明的诞生》，中国文联出版社 2016 年版，第 67—68 页。

朋友，损害敌人[1]，此敌人经常就是其他城邦，作为希腊各城邦生产活动之主体的奴隶，多来自战争中掳掠的异邦人。

基督教崇拜的唯一真神，让人的精神挣脱了城邦保护神的束缚：耶稣要人超越城邦，博爱所有人，包括爱敌人。这让基督教信众得以在精神上越过城邦的门槛，具有普世主义情怀。罗马帝国因奉基督教为国教而获得新生机：普世精神渗入基于暴力征服的殖民统治秩序，帝国开始走上精神整合为一之路，从而诞生了文明意义上的欧洲观念。后来虽有蛮族入侵，帝国政治统治架构崩解，基督教会却得以取而代之，维持欧洲为统一的神教共同体。到 11 世纪中期，对整个欧洲，罗马教会获得相当广泛的世俗统治权，由此，欧洲成为单一的"基督教世界"，此神教共同体甚至比罗马帝国还稳定。没有基督教做纽带，欧洲就不可能有共同的政治认同，政治意义上的欧洲首先是神灵崇拜共同体。

伊斯兰教兴起，同样打破部落神灵崇拜对人的束缚，引领其信众走向更大范围的共同体。若干大型政治体借助这一宗教提供的组织化资源陆续兴起，其统治范围一度相当庞大。今日伊斯兰世界不乏规模较大的政治体，仍依赖伊斯兰教作为最为重要的整合力量。

故自罗马帝国崩溃后，中国以西各文明之超大规模政治共同体，就是上述两个一神教所塑造和维系之神教共同体。如此合群努力在今日仍有其强大感召力：欧盟的政治实践扎根于统一的基督教欧洲观念。

不过，这种神教共同体终究不是真正的政治共同体，内在地存在一系列严重缺陷和强烈的反政治倾向。最大问题有二：其一，排他而内在地反普遍主义。唯一真神教的根本教义是所有人信奉唯一真神，故在传播过程中，致力于排斥、消灭各族群原有神灵崇拜，由此引发众多文化冲突；由于历史原因，世间存在多个唯一真神教，均宣称自己的唯一性，难免相互敌视和冲突；又，每个唯一真神教内部总有宗派分歧，相互敌视，甚至冲突不已。因而，唯一真神信仰虽有普世主义诉求，现实却是，神教的普遍秩序完全不可能，

---

① 《理想国》中，珀勒马科斯阐明希腊流行的正义观："正义给朋友利益，给敌人伤害。"（334b）关于对此功利正义论的详尽解说，参见程志敏：《古典正义论》，华东师范大学出版社 2015 年版，第 109—129 页。

今日神教文明的政治格局之典型特征是碎片化，小邦林立，完全无法缔造超大规模政治体。

其二，神、俗二分，致其政治、国家遭到消解。按神教教义，人的第一义务是绝对服从神，而神是超现世的，承诺给人的幸福在来世，这必定分散人们对现世政治之关注。神又可言，对人颁布详尽的律法，管治人的心灵；为监督信众遵守律法而有建制化教会，行使广泛的管治权。于是，神教维护超大型信仰共同体的种种力量、机制，恰成为其无法构建超大型政治共同体之障碍：神权削弱王权，把共同体资源引向事神，这包括，引向神之间的冲突，同一神教内部的冲突，也即宗教战争。神教教义消解政治，政、教二元结构致其国家孱弱。

早期现代诸多政治哲学家对此痛心疾首，厌恶神教，倾心于树立国家权威。他们相信，必须把教权置于王权之下，才可能避免宗教冲突引发政治冲突，才可能建立稳定的政治秩序。此即《利维坦》后半部分之论旨，也是法国启蒙思想家之主流意见。当时欧洲各国国王们正是这样做的，由此逐渐摆脱罗马教会的控制，树立王权的绝对地位，由此欧洲出现“民族国家”，这才走出神道政治，而有“王道”可言，而有现代政治、现代国家可言。

回到《五帝本纪》，可见颛顼的努力未能成功。固然，太史公说，“动静之物，大小之神，日月所照，莫不砥属”，然而，此处之“砥属”似非政治上的君臣关系，只是对其所敬之神灵的敬畏。颛顼未能通过信仰的统一完成政治上的统一，原因正在于颛顼本人之努力方向：颛顼带给中国人的精神突破方向，不是从多神崇拜走向唯一真神崇拜，而是走向了敬天，而天完全不同于唯一真神——天不言，不以言辞对人颁布律法，也就无须专业神职人员，也就不可能有建制化教会，因而未能形成第二个统治体系。① 因此，中国没有走上神道政治之路。②

---

① 关于天与唯一真神的区别，可参见姚中秋：《尧舜之道：中国文明的诞生》，第 69—74 页。

② 柯小刚指出，“华夏先王统治的合法性不在于能行超自然的神迹：那些恰恰是蚩尤、九黎、四岳这些人神巫觋所干的事。华夏政治文明特别浩大、正直的开端在于它是理性的、清明的，同时是虔敬的、德性的”。参见柯小刚：《治气与教化：〈五帝本纪〉读解》，《海南大学学报》（人文社会科学版）第 31 卷第 3 期，第 4 页。

## 三　构建国家的第三种路径：利益共同体

《五帝本纪》所记第三帝是帝喾，则在另一方向上有所发展：

> 高辛生而神灵，自言其名。普施利物，不于其身。聪以知远，明以察微。顺天之义，知民之急。仁而威，惠而信，修身而天下服。取地之财而节用之，抚教万民而利诲之，历日月而迎送之，明鬼神而敬事之。其色郁郁，其德嶷嶷。其动也时，其服也士。帝喾溉执中而遍天下，日月所照，风雨所至，莫不从服。

此处值得注意的是"利"字两次出现：帝喾"普施利物"，又"取地之财而节用之，抚教万民而利诲之"。之所以如此，则因其"知民之急"。据此可推测，帝喾致力于以利立国，主要是物质之利。

这是人类建立政治共同体的第三种路径。中国以西不少邦国，如腓尼基人、古希腊各城邦，多以贸易立国，贸易是其国家的经济支柱，国家以保护贸易利益为要务。

雅典人的这种求利思想也影响了其哲学。《理想国》中，苏格拉底从言辞上构建城邦，即始于人的生存需要，此即"民之急"。而以利看人，必视人为生利之器，故苏格拉底预设一人一技。这样，每人都需依赖他人才能生存，此即建立城邦之全部动机。① 在此城邦中，利是驱动性力量，则城邦不能不向外求利，征服其他邦国；反过来，为避免自己被他邦征服，城邦不能不需要守卫者，他们构成城邦的统治阶层。② 这些守卫者也有求利之心，为此不能不设计共财、共妻、共子等一系列制度，加以抑制。③ 这样，需要的政治走向了对人情的全面否定，政治凌驾于生命之上，国家取消了社会。

早期现代以来的政治学与全部社会科学体系，竭力走出神教，却坠入另

---

① 《理想国》，369b—372a。

② 《理想国》，373d—374a。

③ 参见《理想国》卷五。

一极端：普遍地物质主义化，预设人是“理性经济人”，追逐自身利益最大化，以此构想国家与国家治理之机制。比如，霍布斯断言，在自然状态中，人的能力是平等的，“由这种能力上的平等出发，就产生达到目的的希望的平等。因此，任何两个人如果想要取得同一东西而又不能同时享用时，彼此就会成为仇敌。他们的目的主要是自我保全，有时则只是为了自己的欢乐；在达到这一目的的过程中，彼此都力图摧毁或征服对方”①，由此，人与人陷入战争状态，只能通过设立主权者走出这种悲惨状态。洛克也认定，在自然状态中，人所关注的就是其“生命和财产”，很自然地，人们设立政治社会也即国家的首要目的，就是保护个人的财产权。②

霍布斯、洛克的思想在美国联邦宪法序言中有所体现：“我们合众国人民，为建立更完善的联盟，树立正义，保障国内安宁，提供共同防务，增进公共福利，并使我们自己和后代得享自由之幸福，特为美利坚合众国制定、确立本宪法。”宪法的直接目的是建立更完善的联邦，建立此联邦的第一个目的是树立正义，然而，何为正义？按古希腊人的观念，正义是做对朋友有益、对敌人有害的事情，或按罗马人的观念，正义是让每个人得到自己所应得者。也就是说，正义总是关乎利益之分配。

建立联邦的第二个目的是内外的安全，这当然有助于维护利益。至于汉密尔顿，除重视安全外，还高度重视建立联邦政府之商业价值，这或许就是美国宪法序言所谓“公共福利”。在《联邦党人文集》第十一篇，汉密尔顿首先说：“美国人在商业的成功已引起欧洲几个海上强国的不安，他们将蓄意予以破坏；但如果美洲殖民地联合起来，就能抵制对北美的繁荣不利的政策，比如，全国各州同时实行贸易限制条例，迫使各国为取得北美市场的特权而相互竞争，这就可以实现北美贸易收益的最大化。”当然，各州统一形成统一的大市场也有助于各州经济发展，并共同打入国外市场。汉密尔顿总结说：“商业利益的一致，和政治利益的一致一样，只能通过统一的政府才能达

---

① 霍布斯：《利维坦》，黎思复、黎廷弼译，商务印书馆 2016 年版，第 93 页。

② 洛克：《政府论》下篇，叶启芳、瞿菊农译，商务印书馆 1997 年版，第 52—53 页。在另一处洛克又说，“人们联合成为国家和置身于政府之下的重大的和主要的目的，是保护他们的财产”（《政府论》，第 77 页）。

到。”[①] 在第六篇中，汉密尔顿自谓美国是个“商业共和国”[②]，这些判断未必为所有立宪者接受，但显然对美国的宪法设计和建国初期的政治运作产生过重大影响，重商主义实为美国建国之重要驱动力量，且已内置于其宪制结构和国家精神。

而以利立国，利作为政治中之驱动因素，国民在国家政治生活过程中追逐自己利益之最大化，政治过程成为利益以及由其所衍生之权利在不同人、不同集团之间的分配或再分配，难免导致国家沿着利益为分割线，分裂成若干利益集团，相互争斗，以至于引发严重政治衰败[③]，甚至导致国家解体。国家作为利益共同体是不可能稳固存在的，孔子早就说过：“放于利而行，多怨。”[④]《大学》反复告诫：“国不以利为利，以义为利。”以利立国，以利治国，其政治秩序固然反乎神道，却无以为王道。

## 四　王道之凝定：帝尧构建华夏共同体

《五帝本纪》所记第四帝是帝尧：

> 帝尧者，放勋。其仁如天，其知如神。就之如日，望之如云。富而不骄，贵而不舒。黄收纯衣，彤车乘白马。
>
> 能明驯德，以亲九族。九族既睦，便章百姓。百姓昭明，合和万国。
>
> 乃命羲、和，敬顺昊天，数法日月星辰，敬授民时。分命羲仲，居郁夷，曰旸谷。敬道日出，便程东作。日中，星鸟，以殷中春。其民析，鸟兽字微。申命羲叔，居南交。便程南为，敬致。日永，星火，以正中夏。其民因，鸟兽希革。申命和仲，居西土，曰昧谷。敬道日入，便程西成。夜中，星虚，以正中秋。其民夷易，鸟兽毛毨。申命和叔；居北

① 《联邦党人文集》，第 57 页。
② 同上书，第 25 页。
③ 福山分析美国政治衰败，根源之一即在于利益集团操纵司法、立法和行政，参见弗朗西斯·福山：《政治秩序与政治衰败：从工业革命到民主全球化》，毛俊杰译，广西师范大学出版社 2015 年版，第 434—444 页。
④ 《论语·里仁》。

方，曰幽都。便在伏物。日短，星昴，以正中冬。其民燠，鸟兽氄毛。岁三百六十六日，以闰月正四时。信饬百官，众功皆兴。

太史公这段记载本乎《尚书·尧典》：

曰若稽古帝尧，曰放勋，钦、明、文、思、安安，允恭克让，光被四表，格于上下。

克明俊德，以亲九族。九族既睦，平章百姓。百姓昭明，协和万邦。黎民于变时雍。

经文首先记帝尧之德，接下来指出，帝尧依凭其德，由近及远、由小到大构造了华夏—天下共同体。此处所说族、姓、邦是当时已存在并显然长期存在的共同体单位，帝尧通过亲、平章、协和等相应合群之道，将其逐层联合，构建了超出邦国、超出文化区范围的超大规模的文明与政治共同体，华夏国家—天下——华夏从一开始就既是国家，也是超国家的天下[①]。经文并指出，由于这一重大制度跃迁，黎民也即天下普通民众，发生了重大变化。

可以说，正是帝尧创建了华夏国家。这至少是孔子的看法，孔子评价帝尧，首先感叹："大哉尧之为君也！"[②]在帝尧之前，各邦皆有其君，各文化区也已初步联合起来而有其君，如黄帝、炎帝、蚩尤；帝尧则平章百姓、协和万邦构建出更大规模的共同体，相比于以前所有君，帝尧之为君最大，其治理范围最大，政治权威也最为有效，故严格说来，帝尧是华夏—天下之第一王。

尤其值得注意的是，从《五帝本纪》的文本记载清晰可见，帝尧之立国努力与此前三帝大不相同，从中可见，王道已然凝定：

第一，相比于黄帝，帝尧不是征服者，不是通过武力征服的方式取得对各邦之统治权；相反，帝尧借助自己的德行，联合各邦国为一体，故帝尧所

① 关于中国之天下属性，可参见赵汀阳：《天下的当代性：世界秩序的实践与想象》，中信出版社 2016 年版，第 49—131 页。

② 《论语·泰伯》。

建立的不是帝国，而是华夏—天下文明与政治共同体。

第二，相比于颛顼，帝尧的努力是纯世俗的，帝尧不是巫师，也不是神教教主，而是有德行的君王，故帝尧所建立的不是神教共同体，而是政治共同体，或者更准确地说是道德—政治共同体。

第三，相比于帝喾，帝尧依凭其德行联合各邦国为一体，而不仅仅是兴利于民，《尧典》说的是黎民发生了变化，其中当然包括获得合群之利，但显然不限于此，更包括交往范围扩大、知识增进、情感畅发、道德成长等。故帝尧所建立的不是利益共同体，而是以义而合的道德与政治共同体。

总之，《五帝本纪》文本显示，帝尧与前三帝各有不同，其为三帝所无者是其卓越的德行；当然，不是征服者的德行，也不是教主的德行，也不是商人的德行，而是具有仁爱之心和卓越合群能力的君王之德行。①

恰恰是具有如此德行的帝尧，完成了华夏—天下文明与政治共同体之构建。《尧典》和《五帝本纪》文本都显示了这一点：两个文本接下来记帝尧命人至天下四方极远之处观测天象，制历并颁行天下，安排治理洪水，最后通过复杂的政治程序，禅让王位于舜。可见，帝尧正是以德构建华夏—天下，成为有史以来最大之君。

恐怕就是基于这两点，孔子删定《尚书》，断自尧舜，以《尧典》开篇。《中庸》也明确指出孔子之精神趋归："仲尼祖述尧舜，宪章文武。"孔子当然知道，尧之前还有圣人，《周易·系辞》即记载伏羲、神农氏、黄帝之事；《大戴礼记·五帝德》首叙黄帝，接下来叙述颛顼、帝喾之德与功，为《史

① 考古学家李伯谦注意到，在距今5500—4500年的新石器时代晚期，中国境内不同考古文化区呈现出不同治理模式，红山文化古国是以神权为主的神权国家，良渚文化古国是神权、军权、王权相结合的以神权为主的神权国家，仰韶文化古国是军权、王权相结合的王权国家。历史演进的结果则是，红山古国、良渚古国消亡了，唯独仰韶古国得以承续发展，绵延不绝，成为数千年不曾间断的中华文明史的主干。李伯谦认为，其原因在于，红山"古国"采取的是无限扩大神权的模式，良渚"古国"虽神权、军权、王权相结合但仍是以神权为主的模式。神权高于一切，应该是两者最终均走向消亡的根本原因。而在军权、王权结合基础上突出王权的仰韶古国，从考古发现可见尊者的朴实无华，尊者与卑者虽有区隔但仍存在千丝万缕的联系。仰韶文化从进入分层社会开始，社会上层即选择了在军权、王权结合基础上凸显王权、发展王权的道路，并为后继者所传承，这应该是由仰韶古国创造的文明模式得以发展、数千年绵延不断的根本原因。参见李伯谦：《中国古代文明演进的两种模式——红山、良渚、仰韶大墓随葬玉器观察随想》，《文物》2009年第3期。而依据传世文献和考古发现可确定，帝尧所在的考古文化遗存，晋南之陶寺遗址，正以仰韶文化为本发展而来。

记·五帝本纪》所本。而这些圣人之事业与20世纪以来考古所见材料之间有相当肯定之对应关系，故其并非20世纪学者所断定之传说或神话。故太史公作《史记》，补充了黄帝、颛顼、帝喾之德与功，并特意辨析说：

> 学者多称五帝，尚矣，然《尚书》独载尧以来；而百家言黄帝，其文不雅驯，荐绅先生难言之。孔子所传《宰予问》、《五帝德》及《帝系姓》，儒者或不传。余尝西至空桐，北过涿鹿，东渐于海，南浮江淮矣，至长老皆各往往称黄帝、尧、舜之处，风教固殊焉，总之不离古文者近是。予观《春秋》、《国语》，其发明《五帝德》、《帝系姓》章矣，顾弟弗深考，其所表见皆不虚。《书》缺有间矣，其轶乃时时见于他说，非好学深思，心知其意，固难为浅见寡闻道也。余并论次，择其言尤雅者，故著为《本纪》书首。

太史公欲传古史，以成一家之言；孔子为万世立法，故删定《尚书》，断自尧舜，其中有大义焉。盖孔子以为，唯至帝尧时代，华夏文明与政治共同体才终于建成，王道得以凝定：首先，帝尧是王，这是政治性的；其次，帝尧以德而有权威，乃合于道。帝尧凭借着“钦明文思安安”之德，而得以合各邦为国家一天下。正是帝尧最终确立了王道，并成为中国之道的根本。

王道的核心命题是君王“为政以德”[①]，首先，共同体的治理者是政治性君王，而非神教教主、武力征服者或利益提供者；其次，君王为政以德，这其中包括，王天下以德，以德获得天下治理权。后世中国的政治思考和实践的主流就是沿着本乎德政的王道这个方向展开的。[②]

比如，大禹谓：“德惟善政，政在养民。水、火、金、木、土、谷，惟修；正德、利用、厚生、惟和。”[③] 皋陶列举九种德行，而后谓：“日宣三德，夙夜浚明，有家；日严祗敬六德，亮采有邦；翕受敷施，九德咸事，俊乂在

---

① 《论语·为政》。

② 干春松指出：“儒家的德政和王道只是同一个目标的两种表述而已，或者说孟子的仁政思想落实到政治实践之中，就是王道政治。”引自干春松：《重回王道——儒家与世界秩序》，华东师范大学出版社2012年版，第12页。

③ 《尚书·大禹谟》。

官，百僚师师，百工惟时。”[①]《洪范》论王道最为详尽：“无偏无陂，遵王之义；无有作好，遵王之道；无有作恶，尊王之路。无偏无党，王道荡荡；无党无偏，王道平平；无反无侧，王道正直。会其有极，归其有极。”王者有德可以王道荡荡、平平、正直。《洪范》最后归结王道之义为：“天子作民父母，以为天下王。”[②]如何作民父母？《大学》这样解释：“民之所好好之，民之所恶恶之，此之谓民之父母。”

据此，汉儒常这样解说王的含义：“王者，往也，天下所归往。”[③]天下人自愿接受王者权威，才树立王者之位。为此，王者应有德，且见之于实事，故《大学》引用《诗经》说：“《诗》云‘殷之未丧师，克配上帝。仪监于殷，峻命不易’，道得众则得国，失众则失国。是故君子先慎乎德。有德此有人，有人此有土，有土此有财，有财此有用。”王道政治预设了人人都是政治主体，其位不同，而在上者之位实由在下者的认可才得以获得和保有，君民、上下之间不是绝对的统治—被统治关系，而是服务—认可关系。[④]

## 五　一以贯之的王道传统

以上辨析黄帝、颛顼、帝喾构建华夏的德、功之别，并指出华夏—中国之王道凝定于帝尧；尽管如此，若与中国以西各文明相对比，则可以发现，王道实为中国历代圣王一以贯之之传统。《周易·系辞下》描述历代圣王之创制立法，可谓简约版的中国古典文明演进史，其中可见历代圣王依归于王道之大义：

① 《尚书·皋陶谟》，其具体含义可参见《尧舜之道：中国文明的诞生》，第396—401页。

② 《尚书·洪范》。

③ 《白虎通义·号》。

④ 俞可平指出：“中国传统政治理论中虽然没有现代政治学意义上的权威和权力概念，却拥有与现代政治学中权力与权威概念极为相似的思想。这一思想集中体现在中国传统政治哲学中的两个重要范畴中，即‘霸道’与‘王道’。简而言之，‘王道’就是圣人治理国家的理想模式，其实质是‘以德服人’；‘霸道’就是常人治理国家的方式，其实质是‘以力服人’。以德服人，能够使人心悦诚服，最终获得对方的自愿顺从。以力服人，是对方基于恐惧之上的服从，是强制的而非自愿的服从。”（俞可平：《权力与权威：新的解释》，《中国人民大学学报》2016年第3期）

天地之大德曰生，圣人之大宝曰位。何以守位？曰仁；何以聚人？曰财；理财正辞、禁民为非曰义。

圣人所最为珍贵者乃是位，即王者之位。天地生万物与人，王者法天以君临天下，不能不以养民为其大任，让天所生之万民各遂其生。有养民之心则为仁，王者博爱天下所有人，故王道就是仁政。王者的仁心发用不能不有赖于财，有财，王者才可以养民；同时，王者必须教民，以塑造良好社会秩序，万民可在其中得遂其生。

这段话是大纲，统摄以下所记历代圣王之发明、创制：

古者包牺氏之王天下也，仰则观象于天，俯则观法于地，观鸟兽之文与地之宜，近取诸身，远取诸物，于是始作八卦，以通神明之德，以类万物之情。

作结绳而为罔罟，以佃以渔，盖取诸"离"。

包牺氏观、取天地万物之文而作八卦，是为中国人认知世界之基本范型。经此精神突破，人得以超越自身肢体，发明各种器具，以扩大身体所能支配的范围。正是在此精神突破后，才有渔猎工具的发明；超越直接的人际关系，创发各种制度，从而把越来越多的人纳入共同体中。

包牺氏没，神农氏作，斫木为耜，揉木为耒，耒耨之利，以教天下，盖取诸"益"。

日中为市，致天下之民，聚天下之货，交易而退，各得其所，盖取诸"噬嗑"。

神农氏发明最基本的农业生产工具，人民生存转而依赖农业。相比于渔猎，农业是真正的生产性活动，收成好坏取决于人的身心努力，取决于人对天时、地利之把握，由此，人的知识积累得以加速。

农业生产可有剩余，人们乃有进行交易之条件；农业生产需要专门工具，工具生产的专门化带来劳动分工，人们乃有进行交易之必要。故包牺氏设立商业交易制度，人们的交往范围得以扩大，知识在不同地区、族群之间交流、传播，社会由此加速变化。经常有人说，中国是农耕文明，极不准确，中国的商业交易活动始终高度发达；并且，由于王道政治，中国始终是大国，这为大范围的商业交易活动的展开创造了良好条件。

神农氏没，黄帝、尧、舜氏作，通其变，使民不倦，神而化之，使民宜之。易，穷则变，变则通，通则久，是以“自天佑之，吉无不利”。

这一段指出，黄帝以至于尧、舜时代乃是中国国家构建的突破时期。观察前后两时期圣王之制作，即可明白这一点：此前圣人所制作者关乎人的基本生存；此后圣人所制作者关乎人的组织。盖随着农业、交易之发展，社会进入大变动时期，如《国语·楚语上》和《五帝本纪》所记；原有较为简单的制度陷入“穷”境，黄帝、尧、舜乃寻求变通，有各种发明和制度创新，终于构建华夏—天下文明与政治共同体。

黄帝、尧、舜垂衣裳而天下治，盖取诸“乾”、“坤”。

刳木为舟，剡木为楫，舟楫之利，以济不通，致远以利天下，盖取诸“涣”。

服牛乘马，引重致远，以利天下，盖取诸“随”。

重门击柝，以待暴客，盖取诸“豫”。

断木为杵，掘地为臼，臼杵之利，万民以济，盖取诸“小过”。

弦木为弧，剡木为矢，弧矢之利，以威天下，盖取诸“睽”。

黄帝、尧、舜时代，华夏共同体有一次技术和制度的大爆发：

由于政治演进，出现明显的上下尊卑之别，于是圣人作衣冠，以别尊卑。

由于各地区出现产业分工，圣人乃制作舟船，以利于资源之远距离输送，这是大规模共同体成立之技术条件。圣人又制作车马，以提高人际交往效率。

随着财富增加，族群内部贫富分化，涉及财产、人身的犯罪增多，圣人乃设立门户制度，以防范人们相互侵害。

族群之间资源争夺趋于激烈，圣人乃建造城邑，以保护万民安全。为战争需要，圣人制作弓箭，以树立权威、惩罚施加伤害者。

这里的种种器物发明和制度创新均说明，超大规模的文明与政治共同体正在诞生过程中。

> 上古穴居而野处，后世圣人易之以宫室，上栋下宇，以待风雨，盖取诸“大壮”。
>
> 古之葬者，厚衣之以薪，葬之中野，不封不树，丧期无数。后世圣人易之以棺椁，盖取诸“大过”。
>
> 上古结绳而治，后世圣人易之以书契，百官以治，万民以察，盖取诸“夬”。

从文本次序看，此处所记宫室、丧礼、文字之出现大约略晚于以上所记各种制度变化，应当是服务于国家建立之后的文明生活的。

顺便说一句，以上所记技术、制度出现之时间次序，已大体得到考古材料之证实。当然，其是否为此处所记圣人所制作，是任何考古材料也不可能证实的，但也不可能证伪。推想起来，这些圣人完全可以是制度之创设者；即便不是技术的发明者，至少也是其推广使用者，从而使新出现的技术得以在更大范围内造福于天下民众。

纵观以上所列圣人，其身份全部是作为人间治理者的王，而非巫师或神教教主，也非征服者；其所作所为不是传播神启，不是武力征服，而是发明技术、器物，或创设礼乐制度。由此，他们推动了生产发展，给民众带来福利；提升了人际的伦理、社会、政治的组织化水平，让国家得以扩展，让生命得以成长。

由这段记载可见中国人之政治正当性观念：王者何以享有权威？王者何以成为圣人，而为后人所普遍敬仰？不是因其武功，也不是因其为神所拣选，而完全是因为其发明技术或创设礼乐制度，从而造福于天下万民，因而得到民众之认可和敬仰。简言之，权威的正当性在于德能，造福民众让民众“各正性命、保合太和”之德与能。

而德在西方政治论说中恰恰是罕见的。在中国以西，古典时代，武力征服是建立国家的主要形态，德没有位置。过去两千年间则在神教笼罩下，神的绝对主权衍生出统治人的绝对权力，神所要求于人的只是绝对地服从，故在神教政治中没有德的位置。现代政治思想虽欲摆脱神教，仍受其约束，以设定主权为关键，包括人民主权论，结果政治中仍没有德的位置，只能诉诸主权者的意志、欲望。

只有中国人一以贯之地坚持王道，首先坚持王在共同体的最高领导地位；其次从德行看待政治，设计政制，治国理政，从而得政治之真谛。看待、设计、操作政治的立足点定于暴力或神启或利益，不能说全错，但有严重偏颇。以德行为本，却可兼容三者，毕竟政治不可能不用暴力，也不可能没有神灵信仰，不可能不管利益，唯以德统摄之，才不至于出现偏失。

至关重要的是，王者以此德面向民众，民众就完全一般化，也即，不论其属于哪个族群，崇拜什么神灵，王者均一体对待之。在征服者、在教主、在商人政治家眼里，人总可以区分为敌、我：征服者对被征服者；信教者对异教徒、异端；我的利益对你的、他的利益。而在王者眼里，则无此分别。王者相信，所有民众的诉求必定是生，更好地生，王道政治即回应这一最普遍的需求，王者以制作或者推广使用器物而养民，以创设礼乐制度而教民，此即王者之大德所在。如此德惠覆盖所有人而无所偏至，故曰“王者无外”[①]。唯有如此王道，才能塑造最为普遍的社会政治秩序，从而让中国的国家始终有天下之倾向，中国的政治始终有扩展的能力。

## 六 结语

《五帝本纪》记载圣王前赴后继缔造华夏文明与政治共同体的过程，从中可见圣王尝试了各种方案，最终由尧舜以其德行合各邦为一体，王道也于

① 《春秋公羊传·隐公元年》。

此凝定。所谓王道，以王为共同体治理之中心，其治理之基本原则是为政以德；此王道有别于以唯一真神控制人心之神道，有别于以征服建立帝国之霸道，有别于以利益诱人之商道。

由此所形成的中国不同于世间曾有之其他共同体：不同于城邦，因其规模庞大；不同于帝国，因其不以武力为立国之本；不同于神教共同体，因其领袖不是教主。正是王道之创发让中国走上一条独特而具有普遍意义的国家生长之道：王者不迷信武力，以其德赢得人们的认可，故某族群一旦进入中国，即可逐渐融入；王者不迷信某种神教，故能兼容各种神教①；由此种种，中国可大，也可久。至于其中具体机理，有待于更为细致的研究——本文实仅解读《五帝本纪》前半部分，后半部分尚有更多政治哲学内涵，值得未来进一步阐明。

① 在王道政治下，中国的教化机制是一个文教，多种神教，这一点，对于中国之大，居功至伟，可参见姚中秋：《一个文教，多种宗教》，《天府新论》2014 年第 1 期。

# 传统中国"风俗"论说与当代多元文化主义*

孔新峰**

**摘　要**：鉴于世变，英美多元文化主义理论呈现更为强调国家民族认同的趋向，对多元文化主义中国适用性的研究近来也所在多有。遗憾的是，曾在衍生与巩固多元一体关系方面经验良多、作为文明连续统一的中国，在有关讨论中处于某种缺位状态，或被作为运用西方多元文化主义政策模式解读的对象，或因狭隘强调"（现代）国家"与"（传统）帝国"扞格不入而被视为"前殖民时期等级制"予以隔离批判。传统中国"风俗"论说可为当下多元文化主义论辩提供镜鉴。两汉处中国政治大变局，是形塑中华民族持久统一性的关键时刻，"风俗"论说在帝国整合性工程中具突出作用，具有"寓封建之意于郡县之中"的政治视野与开展技术，当下似应"寓多元文化之义于国家构建之中"。

**关键词**：多元文化主义　"风俗"　帝国　"封建"　国家

**Abstract**: With the rise and challenge of identity politics since the beginning of 21st century, the contemporary Multiculturalism literature is witnessing a certain "Nation-building Turn". While gradually there has been more studies on

---

*　本文为"多元文化主义的理论和实践：欧洲与世界"学术会议主题论文，北京大学欧洲研究中心（CES-PKU）、北京大学政府管理学院政治思想研究小组（CSPT-PKU）、中国欧洲学会（CAES）、中国社会科学院欧洲研究所（IES-CASS）主办，北京大学，2017年3月11日。笔者感谢李强、张健、施展、段德敏等学者的评议。

课题资助：（1）国家社科基金青年项目（2014年），"现代国家构建视角下的中国共产党治疆方略研究"（14CDJ006）；（2）国家民委民族政策研究重大项目（GM2012-GM-005），"国家建构与多元文化主义研究"。

**　作者系北京大学政治学博士（2009年），山东大学齐鲁青年学者、特聘教授、博士生导师。

the application of Multiculturalism in Chinese context，unfortunately China's profound knowledge and techniques in political acculturation in her millennium long and continuous history, especially her experience in building a pluralistic and integrated empire, is gravely ignored if not undervalued. The "Feng-Su"（风俗） discourse as well as statecraft in Imperial China especially during the Western Han and Eastern Han Dynasties, will very possibly provide some premodern cultural-political solution or approach to contemporary Multiculturalism debates. The "Feng-Su" discourse and statecraft，which aimed at containing the pluralistic "Feng-Jian"（封建）or enfeoffment spirit into the integrated and unified imperial system of prefectures and counties（郡县），also imply us the possible reconciliation and compatibility between Multiculturalism and nation state integration in contemporary world.

**Key Words**：Multiculturalism；Feng-Su（les moeurs and civilization）; Empire; Feng-Jian（the system of enfeoffment）; State

> 武帝时迷于鬼神，尤信越巫，董仲舒数以为言。武帝欲验其道，令巫诅仲舒；仲舒朝服南面，诵咏经论，不能伤害，而巫者忽死。
>
> ——应劭：《风俗通义·卷九·怪神》①
>
> 知封建之所以变而为郡县，则知郡县之敝而将复变。然则将复变而为封建乎？曰：不能，有圣人起，寓封建之意于郡县之中，而天下治矣。
>
> ——顾炎武：《郡县论一》②

## 一　多元文化主义的晚近发展与中国语境

20世纪以来，文化多样性（cultural plurality）成为当代世界不争的现实，身份与认同的政治（politics of identity and recognition）日显重要。差异/多样性（diversity）已成为当今政治理论的重大议题，涉及应当如何处理文化多元性以及道德、法律、政治诸方面的，以族群、宗教、语言或国族忠诚为

① 应劭：《风俗通义·怪神》，载应劭撰、王利器校注：《风俗通义校注》，中华书局1981年版，第423页。

② 顾炎武：《亭林文集》卷一《郡县论一》，载《顾亭林诗文集》，中华书局1959年版，第12页。

名的多元诉求。解殖运动、国族建设、原住民问题、外来移民问题、东欧剧变、宗教极端主义兴起等，莫不为这方面的思考提供了智力刺激。20世纪80、90年代之后，多元文化主义开始对政治理论构成巨大的挑战，对于自由主义和民主理论尤其如此。挑战所及，甚至牵涉对政治秩序之基础（basis of political order）的重新考量。简言之，就是一个“异中求同、合众为一的生活何以可能”（How can the many live in one）的问题。[①] 应当说，这个问题在政治思想史上并非多么新鲜的事物，但近年来的变化具备诸多新的特征：当西方自由民主体制建制化之后，国家建设问题似尘埃已定，而政治共同体内部的分殊，却日渐成为无法回避的问题；反观诸多尚处于国家制度建设与国族认同建设过程中的后发国家，二者的缠绕并行更对执政者构成了严峻的挑战。身份与认同的政治同时也触动了现代政治对于人群分类的基本认知，“人类的科技越来越全球化，政治却越来越部落化”，“人类离其他的行星越来越近，对自己这颗行星上的同类却越来越不能容忍”；[②] 亦如比利时列日大学社会学系教授马可·马尔蒂尼埃罗（Marco Martiniello）所见，“许多学者”似已形成了此种共识：“族群、文化与宗教的共济性、活力和冲突问题属于20世纪末的后工业化时代；而阶级共济性、活力与冲突问题则属于19—20世纪的工业化时代。”而问题恰在于，“在过去的五十年间，我们由工业化时代进入了后工业化时代”。[③]

### （一）晚近多元文化主义的国家认同“转向”

应当说，无论在学界理论上还是在各国实务中，多元文化主义已呈现出一种理论的“丛林”状态。然则，其具有最大公约数的核心论旨到底是什么？以笔者目力所及，两位英国学者的观点极具参考意义。

---

① Chandran Kukathas,“Nationalism and Multiculturalism”, in Gerald F. Gaus and Chan-dran Kukathas ed. , *Handbook of Political Theory*, London, Thousand Oaks and New Delhi: Sage, 2004, pp. 250-264. 参见亚兰·杜汉（AlainTouraine）：《我们能否共同生活：在平等与歧异中共处》，黄楚雄译，台湾桂冠图书股份有限公司2011年版。

② 哈罗德·伊罗生：《群氓之族：群体认同与政治变迁》，邓伯宸译，广西师范大学出版社2015年版，第21页。

③ 马可·马尔蒂尼埃罗：《多元文化与民主：公民身份、多样性与社会公正》，尹明明、王鸣凤译，社会科学文献出版社2015年版，第30—32页。

沃特森（C. W. Watson）认为，多元文化主义因起源复杂而内涵丰富，进而总结和梳理出多元文化主义的五大面向：

> 多元文化主义首先是一种文化观。即认为没有任何一种文化比其他文化更为优秀，也不存在一种超然的标准可以证明这样一种正当性，可以把自己的标准强加于其他文化。多元文化主义的核心是承认文化的多样性，承认文化之间的平等和相互影响。其次，多元文化主义是一种历史观。多元文化主义关注少数民族和弱势群体，强调历史经验的多元性。多元文化主义认为一个国家的历史和传统，是多民族的不同经历相互渗透的结果。再次，多元文化主义是一种教育理念。多元文化主义认为传统教育对非主流文化的排斥必须得到修正，学校必须帮助学生消除对其他文化的误解和歧视以及对文化冲突的恐惧，学会了解、尊重和欣赏其他文化。最后，多元文化主义是一种公共政策。这种政策认为所有人在社会、经济、文化和政治上机会平等，禁止任何以种族、民族或民族文化起源、肤色、宗教和其他因素为理由的歧视。多元文化主义强调种族平等和宗教宽容，其最终目的并非文化平等而是社会平等。在这个意义上，多元文化主义也是一种意识形态、一种价值观，其功能在于动员社会力量，推动社会改革，追求不同群体中文化和物质上的繁荣以及人类本身的自由和尊严。①

而著名英籍印度裔政治学者比克修·帕雷克（Bhikhu Parekh）男爵在对多元文化主义做出经典定义时，却颇不同意将多元文化主义看成一种纲领性的政治理论或哲学学派，而是倾向于将其界定为一种看待人类生活的视角（或方式）（a perspective on or a way of viewing human life②）。帕雷克认为，构成此种多元文化主义视角的，乃是三个重要且互补之洞见（insights）之

---

① C. W. 沃特森：《多元文化主义》，叶兴艺译，吉林人民出版社 2005 年版，“出版导言”。关于中国的论述，见该书第 11—12 页。

② Bhikhu Parekh, “What is Multiculturalism?”（1999）, in Monteserrt Guibernau and John Rex eds., *The Ethnicity Reader: Nationalism, Multiculturalism and Migration*, 2nd Edition, Cambridge and Malden: Polity Press, 2000, pp. 214, 238.

间富于创造性的互动。这三个洞见分别是“人类的文化嵌入性”（the cultural embeddedness of human beings）、“文化多样的不可逃避性与可欲性”（the inescapability and desirability of cultural plurality）以及“每种文化的复杂多元构成”（the plural and multicultural constitution of each culture）。笔者认为，后两者或可分别称为“文化的外部多元性”与“文化的内部多元性”。

应当说，通观沃特森所梳理的多元文化主义的“五大面向”，在属于“自由主义式的多元文化主义”谱系之余，实际上还具有某种相当强的国家本位色彩；而帕雷克提出的“三大洞见”，在肯定了认同政治的同时，隐然也保留了自由主义国家理论在处理少数族群问题时蕴含的“（族际）宽容”与“（个人）自由”的传统智慧。[①] 作为最富开创性的多元文化主义理论家，金里卡亦属于自由主义思想谱系，对其而言，最高的善乃是个人自由。群体的安置，目的无他，只是个体生命更大程度上的实现，务使其“更成其为自己”。[②] 据澳大利亚悉尼大学教授邓肯·艾唯森（Duncan Ivison）的梳理，无论是“保护性的或社群主义式的多元文化主义”（protective or communitarian multiculturalism），抑或“自由主义式的多元文化主义”（liberal multi-culturalism），乃至“帝国式的多元文化主义”（imperial multicultural-ism）[③]，质言之，多元文化主义理论与政策重在重新发现一度被现代国家构建运动着力打掉的“中间层级”——族群（ethical groups）——尽管其相对于教会、宗族等前现代中间层组织相当大程度上是一个极其晚近的现象——进而强调一种以族群为主要参照的“分殊性的公民权”（differentiated citizenship）[④]。不管此种公民权相对传统

① 作为顶尖的英国多元文化主义理论家，帕雷克能融学术与实践于一体。实际上，他曾经在 20 世纪 90 年代担任过英国种族平等委员会（Commission for Racial Equality）的执行主席。20 世纪 90 年代末期，任多族群英国未来委员会主席。与金里卡不同，他试图超越自由主义，认为个人和群体具有同等重要的价值，甚至个人价值的实现都依赖于特定的群体资格。保存群体，并不必然依存于某种自由主义的或个人主义式的论辩方式。当然，随之而来的自然便是个体权利与群体权利之间的张力或紧张关系。通过详尽深入的思辨，比克修·帕雷克认为，一旦双方充分理解对方的立场，还是有望达成某种妥当安置的。

② 尽管如此，与后期移民相比，金里卡赋予北美原住民（因纽特人及印第安人）和欧洲早期殖民者后裔以更多政治性待遇。因此，莫杜（Modood）曾不无揶揄地指出：与其将其著作冠名为“多元文化主义公民权”，不如叫作“多元国族主义公民权”（Mul-tinational Citizenship）。

③ Duncan Ivison, “Introduction: Multiculturalism as a Public Ideal”, in his ed. , *The Ashgate Research Companion to Multiculturalism*, Farnham & Burlington, Ashgate, 2010, pp. 3-4.

④ Ibid. , p. 2.

的普遍性公民权具有多大的需加以区别对待的“特殊性”，但可以肯定的是，着眼于个人权利之保障的现代法政秩序基石，或者说现代国家的基本正当性来源与核心制度特性，恐怕并没有受到多元文化主义的根本撼动。

2008年，在多元文化主义于现实政治中江河日下（unpopular）的情势下，英国学者乔纳森·塞克斯（Jonathan Sacks）出版了《我们共建之家园——重新缔造社会》（The Home We Build Together：Recreating Society）一书[①]。尽管塞克斯早年著作曾经有极强的为社群多元性声辩的色彩，但在此著作中，他提出了“整合多元性”（integrated diversity）的观念。事实上，尽管该书对多元文化主义给出了一幅过于消极悲观的漫画式的描述，但“整合多元性”的观念目前已经成为包括莫杜在内的多元主义者们的共识。莫杜认为，塞克斯提供了一种颇有裨益的政治观，揭示了强社群何以具有重要性——实际上，在这方面，他甚至与英国前首相戴维·卡梅伦的“大社会”（Big Society）观念若合符契。塞克斯使用了一套宗教式的语汇，亦即我们之间必须拥有一项盟约（covenant），而契约（contract）与盟约远远不可同日而语。契约从私，盟约致公，才足以保障人们按照特定政治价值生活在一起。他心目中的那套政治价值乃是自由主义民主的。而这便和主流多元文化主义者们的立场略有不同，这是因为，尽管多元文化主义者们不得不考虑价值问题，但严格说来他们并不强调社会的共同价值（common values）。[②] 2010年，塔里克·莫杜出版著作《做英国人仍然不易——争取多元文化主义公民权的诸斗争》（*Still Not Easy Being British*：*Struggles for a Multicultural Citizenship*）[③]。莫杜讲，该书是在一片“多元文化主义已死（或该死）”的声音中产生的，旨在坚决捍卫当下世界的许多纷争确需多元文化主义的解决之道。该书篇幅精干并针对非学术圈的大众，特别是聚焦穆斯林问题——许多人认为，多元文化主义的诸多争议均与穆斯林认同政治尤其是穆斯林对英国社会

① Jonathan Sacks, *The Home We Build Together*: *Recreating Society*, London: Continuum, 2008.

② 参见塔里克·莫杜对几部多元文化主义著作的评论：“On Multiculturalism”, Five Books 网站，http: //fivebooks. com/interview/tariq-modood-on-multiculturalism/，2016年12月15日访问。

③ See Tariq Modood, *Still Not Easy Being British*: *Struggles for a Multicultural Citizenship*, Stoke-on-Trent: TrenthamBooks, 2010.

及其他类似社会的要求有关。在该书中，莫杜对被某些多元文化主义者们视为强加力量的国族认同（national identity）或英国性（Britishness）再三致意。他强调，国族认同并不是强加于人的。很多人认为，英国已成为世界上最具包容性的（inclusive）国家之一。莫杜对此表示赞同，并指出这正是英国性可与多元文化主义相互协调之处。但他也指出，多元文化主义与国族性的调和，不是一蹴而就、一劳永逸的静态事务，必须做深入细致的说理与对话工作。① 英国的确是个世俗国家，但世俗主义的行为方式完全可以将宗教行为包容进来。该书所捍卫的多元文化主义，乃是与自由主义公民权、温和的世俗主义以及包容性的英国国族性相协调的多元文化主义。的确，多元文化主义的兴起提醒我们：在人类政治生活中，文化因素（Culture Matters）日益凸显出极端重要性。但我们亦不能犯下矫枉过正的错误，必须同时切实防范“文化化约论”（Culture Reductionism）的风险。马可·马尔蒂尼埃罗指出：“20世纪后半叶，人们重新发现了文化、宗教及身份的多样性结构的重要意义，随后，人们最近对于相关问题的深入探讨能够为其理解、分析社会与政治活力开辟丰富的视角。然而，要注意这样一个风险：在过去的几十年间，人们一直忽略文化、宗教和身份的作用，而冷战之后，我们却试图把它们当作解读全世界的关键。这其实是过于看重了‘对世界进行文化性的解读’，这种行为的危险在于：它们有可能把文化宗教范畴的东西变成一面棱镜，往往折射并歪曲了事实。这样一来，当前的所有问题，尤其是涉及我们的数不胜数且无处不在的争端冲突就都可以简单解释为文化、宗教和属性多样化的后果了。”② 民族主义的历史使命决定了它的非文化主义性质。尽管多数民族国家和民族主义意识形态似乎是建立在特定的“民族文化传统”之上，但其基本理念源自普遍的现代性经验。

应当说，“9·11”之后发生在北美、欧洲乃至中东、远东的大量政治事变，在引发政学两界反思多元文化主义导向政策的可能风险之余，也促使多

① 参见 Tariq Modood, *Multiculturalism: A Civic Idea*，London: Polity Press, 2007, pp. 151-153。

② 马可·马尔蒂尼埃罗：《多元文化与民主：公民身份、多样性与社会公正》，尹明明、王鸣凤译，社会科学文献出版社2015年版，第29页。这本译作质量上佳，遗憾的是，同页后文“文化归纳论”的译法值得商榷，似宜翻译成“文化化约论”。

元文化主义理论界痛定思痛，日渐走向政治成熟。其突出体现便是以帕雷克、莫杜、马尔蒂尼埃罗等人为代表的学者，开始将国家民族认同（national identity）或国家民族构建（nation-building）视为一种成熟的多元文化主义的题中应有之义。这是包括中国在内的多元文化主义理论舶入国在获取一种对其精准而审慎的认知之时，不可不察的重要因素。

## (二) 探索多元文化主义中国适用性的若干努力

多元文化主义在西方世界盛极一时，包括东南亚甚至中国台湾地区也都有很多的关注，但是对于中国而言，由于政治与政策话语体系的迥异，似乎缺少现实的关联性。当然，这并不会影响其对中国民族问题规范性与经验性研究的启迪价值。就当前中国而言，我们在从传统到现代的经济与社会转型之余，还面临着空前严峻和艰巨的政治现代化转型，而这种转型的主要标志，在很多论者看来则在于由“帝国”(Empire) 或“文明—国家”(civilization-state) 向民族国家（nation-state）的转型[①]。加之西方现代民族主义话语体系及苏联一度推行至今影响仍巨的民族政策的影响，在此转型过程中，“同”与“异”、“一”与“多”的关系之拿捏堪称兹事体大，需要极高的理论智慧与政治勇气。因此，积极而审慎地看待当代世界多元文化主义政治思潮与族群政策，在民族国家建构中有效协调族群认同与国家认同的关系、文化多元与政治一体的关系，借鉴其他民族国家在多元文化背景下进行国家建构的理论成果和实践经验，对我国协调族群认同与国家认同之间的关系，进一步促进族群平等、完善我国的民族区域制度、促进我国的“一体多元”格局，最终实现国家现代化、民主化、一体化具有重大的实践意义。

然而必须指出，我们对于多元文化主义理论这一舶来品，极有必要在采用文本中心主义（Textualism）的同时，高度重视和采用语境中心主义（Contextualism）的理解方式方法，客观全面地剖析多元文化主义的来龙去脉与核心机理，尤其应当达成以民族国家建构化约或吸纳多元文化主义的目

---

① 对于将“帝国”与“民族国家”断然判分的做法的批评，可参见李怀印：《中国是怎样成为现代国家的？——国家转型的宏观历史解读》，《开放时代》2017 年第 2 期。

的。[1]一位中国学者曾敏锐地观察到：

> 近几十年来，欧洲政治思想界和史学界出现了打击哥特式民主理论的三支劲旅。一支是从哲学家维特根斯坦传承下来的剑桥新政治思想史，以昆廷·斯金纳为领军人物。二是法国的解构运动，以雅克·德里达为核心。三是德国的“概念历史”(die Begriffsgeschichte)。其代表人物是中国人不大熟悉的莱因哈特·科塞勒克，哲学家海德格尔的学生。值得注意的是，法、德、英三国的学术传统和治学思路在历史上长期各立门户，互不相容。今日西欧三大国的政治思想史大师在理念上趋于一致，并同时造成轰动影响的现象实属罕见。这说明了西欧的知识精英在民主理论上的反思之旅已经开始。三个学派有一个共同点，都以维特根斯坦的“话语即行为”为座右铭，对多有自称是普世的、放之四海而皆准的、不受时间和空间限制的抽象政治概念都要问个为什么。在这场对哥特式民主理论的全面挑战之中，美式民主理论，即以个人的“绝对”权利为基础的自由民主概念成为首要的攻击目标。[2]

相对于包括多元文化主义在内的诸多西方中心论的政治理论而言，语境中心主义方法有助于我们认清其文化和地域的局限。实际上，近年来已有诸多这一方向的努力。例如，2005 年，自由主义式的多元文化主义最有力的理论阐述者威尔·金里卡（WillKymlicka）教授，曾与华裔政治学者、时任澳大利亚迪肯大学教授的何包钢先生共同主编《多元文化主义在亚洲》（*Multiculturalism in Asia*）一书[3]，并由牛津大学出版社出版。应当说，以历史语境主义方法（historical contextualism）考察多元文化主义在亚洲的境遇，在这部论文集中有很好的体现。例如，两位编者指出：亚洲国家实行西方式自由主义多元文化主义模式的障碍，至少有五条。一是殖民主义的遗产。

① 参见孔新峰：《“语境”中的语境主义：昆廷·斯金纳政治思想史研究发微》，《政治思想史》2010 年第 1 期。

② 相蓝欣：《传统与对外关系——兼评中美关系的意识形态背景》，生活·读书·新知三联书店 2007 年版，第 79 页。

③ Will Kymlicka & Baogang He, *Multiculturalism in Asia*, New York: Oxford University Press, 2005.

为简省远程管制成本，殖民者经常采取在族群之间挑拨离间的“分而治之”（divide and rule）策略，施惠于殖民地的少数族群，以换取其对殖民统治的效忠。于是在殖民地独立之后，其多数族群发现少数族群已经变得胃口大开而难以成为重视的合作者，因而开始剥夺其曾从殖民者那里获得的教育、公职录用乃至自治政府等好处。同样是“历史不公正”（historical injustice），在欧洲与亚洲、非洲乃至东欧国家的表现却有着显著的差异，后者的多数族群而非少数族群往往成为这种不公正感的持有者。二是前殖民时期等级制的遗产。许多国度在被西方殖民之前，往往存在族群之间的等级序列，“文明的”中心与“野蛮的”边缘壁垒分明、秩序森然。一旦亚洲半殖民地或殖民地去殖独立，极有可能再度出现原有以“尊长”或“中心”自居之族群攫取优势地位的状况，[①] 亦即邓肯（Christopher Duncan）等人所谓的杂糅了前殖民时期与后殖民时期发展主义意识形态的“迪化边陲”（civilizing the margins）问题[②]。三是地缘政治安全的考虑。亦即将少数族群（特别是跨境族群）视为有可能与周边具有敌对倾向的国家或国际势力结盟、削弱所在国家的潜在“第五纵队”。四是“序列性问题”（Sequencing Issues）。西方国家采纳多元文化主义基本上是在其已建立并巩固政治民主及市场经济之后，拥有稳定的民主政治秩序和繁荣的经济生活。与此形成鲜明对比的是，亚洲国家往往是在民主化剧烈进程中，政治秩序在转型中颇为脆弱；更有甚者，族际冲突还会借民主化之机愈演愈烈，“若没有对于个人公民及政治权利的坚强保护，少数族群权利将会造就暴政之岛（islands of tyranny），曾经遭受压迫的族群将在更为地方性的层面上复制诸种排他的模式”[③]。五是少数族群的分类问题。在西方国家，多元文化主义理论关注的少数族群主体可能因国而异，但大体而言将其分为三大类俨然已成老生常谈。这三大类少数族群便是“原住族

① 金里卡及何包钢认为，中国与老挝及越南一样，即属于此种“优势族群复归对落后族群父权主义控制”的状况。参见 Will Kymlicka & Baogang He, “Introduction”, in their eds. , *Multiculturalism in Asia*, New York: Oxford University Press, 2005, p. 8。当然，此种看法忽视了社会主义中国相对帝制中国在族群关系方面的处理，既有其常，亦有其变。

② 参见 Christopher Duncan, ed. , *Civilizing the Margins: Southeast Asian Government Policies for the Development of Minorities*, Ithaca: Cornell University Press, 2004。

③ Will Kymlicka & Baogang He, “Introduction”, in their eds. , *Multiculturalism in Asia*, New York: Oxford University Press, 2005, p. 10.

群”（indigenous peoples）、“少数民族”（national minorities）及“移民群体”（immigrant groups）。然而，由于复杂的历史与现实原因，我们很难将亚洲各国的少数族群与此进行简单的对号入座。[①]

同样在这部著作中，何包钢教授亲自撰写一章（“有中国特色的少数族群权利”），系统梳理了中国处理族群问题的悠久传统，并指出中国共产党的民族政策在马克思主义脉络之外，与帝制中国时代相关的做法也具有某种历史延续性。而展望未来，无论“民主化”与否，中国都将对“硬”（Hard）多元文化主义隐含的少数族群制度性分离或自决持坚决的反对态度。[②] 新加坡社会学家蔡明发（Beng Huat Chua）则提出了“地方性社群主义”（vernacular communitarianism）的概念，指称亚洲人对其自身地方性的族裔、宗教或语言共同体的效忠程度，远胜于对于现代民族国家的效忠程度，并借助此概念与具有较强“亚洲价值”（Asian Values）底色的“国家性社群主义”（state communitarianism）对举，进而提出了一种更具社群主义性质的多元文化主义版本，并认为其较之更多强调个人选择与脱离社群之权的自由主义版本的多元文化主义，更适合亚洲情况。[③]

关注多元文化主义之中国适应性的学者还有苏珊·麦卡锡。在其著作《共产主义的多元文化主义：中国西南部的族群复兴》一书中，她提出了中国改革开放以来少数族群文化复兴的五种假说，大致可概括为“分离主义假说”、“非领土退出假说”、“公民社会假说”、“社会经济批判假说”以及“国家主导假说”，并借此对云南省境内的傣族、白族与回族群体进行了田野调查；并概括出中国各少数族群与国家及多数族群间关系在多元文化主义理论视域下呈现出的迥异性。[④] 2010年，香港教育学院的赵振洲博士与香港大学的波斯蒂奥内教授通过对三所拥有多族群学生的中国内地大学校刊

① Will Kymlicka & Baogang He, “Introduction”, in their eds., *Multiculturalism in Asia*, New York: Oxford University Press, 2005, p. 11.

② Baogang He, “Minority Rights with Chinese Characteristics”, in Will Kymlicka & Baogang He, *Multiculturalism in Asia*, New York：Oxford University Press, 2005, pp. 56-79.

③ Chua Beng Huat, “The Cost of Membership in Ascribed Community”, in Will Kymlicka & Baogang He, *Multiculturalism in Asia*, New York: Oxford University Press, 2005, pp. 170-195.

④ Susan K. McCarthy, *Communist Multiculturalism*: *Ethnic Revival in Southwest China*, Seattle and London: University of Washington Press，2009，pp. 5-7，etc.

宣传的研究，指出多元文化主义的中国版本具有某种“国家多元文化主义”（state multicultural-ism）的特征，进而提出三种推论性的二分法（discursive dichotomies）。两位作者指出，费孝通先生的“中华民族多元一体格局”可以被理解为一种多元文化主义的典型表述。① 然而，在所考察三所大学校刊的内容呈现中，中国的汉族与少数民族体现出“有特色的 vs. 规范性的”“分离主义的 vs. 爱国主义的”以及“可见的 vs. 不可见的”三种刻板印象。② 2011年，任教于中央民族大学的中国维吾尔族社会学者阿卜杜热西提·基力力与澳大利亚昆士兰大学的唐纳德·麦克米伦则在《亚洲族群研究》（*Asian Ethnicity*）撰文指出：“实际上，中华人民共和国政府的官方政策在社会层面推进了多元文化主义。”但两人同时认为，唯有将此种多元文化主义的政策宣示切实兑现，才能真正建成一个“和谐社会”。③

综上所述，鉴于世变，英美多元文化主义理论界尤其是自由主义的多元文化主义者们呈现出更为强调国家民族认同的趋向，而对于多元文化主义之中国适用性的研究近年来也已所在多有。然而遗憾的是，曾于历史中在衍生与巩固多元一体关系方面经验良多的、作为一个文明连续统一的中国，在有关讨论中却处于某种缺位的状态，或作为运用各种多元文化主义政策模式被解读的对象，或因狭隘强调所谓“（现代）国家”与“（传统）帝国”的扞格不入而仅仅被视为“前殖民时期等级制”④ 并给予隔离与检讨，这恐怕有失公允。

## 二 “风俗”论说与传统中国帝国整合工程

与人类历史上的其他政治文明相比，中华文明拥有旺盛的生命力和举世无双的历史连续性。正如冯友兰先生所言：“并世列强，虽新而不古，希腊罗

---

① Zhenzhou Zhao & Gerald A. Postiglione, “Representations of Ethnic Minorities in China’ s University Media”, *Discourse*: *Studies in the Cultural Politics of Education*, Vol. 31, No. 3, July 2010, p. 322.

② Ibid. , pp. 319-334.

③ Abduresit Jelil Qarluqa & Donald Hugh McMillen, “Towards a ‘ Harmonious Society’? a Brief Case Study of the Post-Liberation Settlement in Beijing of Uyghur Intellectualsand Their Relations with the Majority Society”, *Asian Ethnicity*, Vol. 12, No. 1, February 2011, pp. 1-31.

④ Will Kymlicka & Baogang He, “Introduction”, in their eds., *Multiculturalism in Asia*, New York: Oxford University Press, 2005, p. 8.

马，有古而无今，唯我国家，亘古亘今，亦新亦旧，斯所谓‘周虽旧邦，其命维新’者也。”① 钱穆先生也在《中国文化史导论》中指出：“魏晋南北朝时代民族新分子之掺杂，只引起了中国社会秩序之新调整，宗教新信仰之传入，只扩大了中国思想领域之新疆界。在中国文化史里，只见有‘吸收、融合和扩大’，不见有‘分裂、斗争与消灭’。”② 上述论说恐怕不仅是中国文化守成主义者一厢情愿的溢美之词，而且在体现出传统中国在发明与维系多元一体的文化—政治共同体方面，拥有至今仍值得礼敬和研习的宏阔视野与高超技艺。而“风俗”论说在其中构成了重要的环节。“风俗”之论，在“封建天下”末期即雅思贝尔斯所谓“轴心时期”为儒、墨、道、法等思想流派多所致意，而在“帝制天下”早期特别是两汉由儒家集其大成、由政治当局强势介入后，卒成中华帝国的重要文化—政治机制。

### （一）“风俗”论说的基本轮廓

“风俗”乃是我国历史文献中用来论述社会风尚、评价政治、臧否道德的重要概念。③ 司马光在《资治通鉴》中指出：“教化，国家之急务也，而俗吏慢之；风俗，天下之大事也，而庸君忽之。夫为明智君子深识长虑，然后知其为益之大而收功之远也。”④ 清代学者沈铨亦曾说：“天下治乱，系乎风俗。天下不能无君子，亦不能皆小人，风俗美则小人勉慕于仁义，风俗恶则君子亦宛转于世尚之中而无以自异。是以治天下者以整饬风俗为先务。”⑤

“风俗”概念的流行与知识人对社会秩序感到的不安感是表里一体的。⑥ 中国传统上的“风俗”叙事，虽亦看重“千里不同风，百里不同俗”的特殊性与多样性，但并未陷入文化相对主义的窠臼，而是具有极强的“移风易俗”“敦风化俗”的普遍主义期许。

中华优秀传统文化蕴藏着极其丰厚的“风俗”论述。中国共产党早期重

① 语出冯友兰所撰西南联合大学纪念碑文，原碑今存云南师范大学校内。
② 钱穆：《中国文化史导论》，商务印书馆 1994 年版，第 151—152 页。
③ 王晓葵：《“风俗”概念的近代嬗变》，《文化遗产》2010 年第 3 期。
④ 司马光：《资治通鉴》卷六十八。
⑤ 沈铨：《落帆楼集》卷四。
⑥ 岸本美绪：《“风俗”与历史观》，台湾《新史学》第十三卷第三期（2002 年 9 月），第 15 页。

要领导人张太雷之父、清末学者张亮采先生撰述的《中国风俗史》（1911 年出版），充满了拳拳可鉴的国家意识，首次以“风俗”为线索，将中国历史连为一脉，被学界公认为中国第一部风俗史。该书将自“黄帝以前”直至“明”的国史，以“风俗”视角划分为“浑朴”“驳杂”“浮靡（浊乱）”与“由浮靡而趋敦朴”四大时代；尤其是“视风俗之考察，为政治上必要之端”，力图“正风俗以正人心”。[①] 当代学者萧放将传统“风俗”论的基本特征概括为三个方面：一是“风俗”具有较强的伦理品性；二是“风俗”既具有流动贯注的传习性与扩散性，也具有难以变化移易的凝固性；三是虽难改变，但“移风易俗”究其实仍是可能的。[②] 另一位学者陈新岗则深入盘点了两汉思想家对“风俗”之形成、演进及功能方面的丰厚论述。[③] 台湾学者王庆中从现代社会学视野诠解我国第一部“风俗”专论——东汉应劭所著的《风俗通义》。[④] 另一位台湾学者王健文则聚焦秦代与西汉的“整齐乡俗”运动，并将其作为中华“帝国统一工程”的重要环节。[⑤] 极具价值且亟待重视的，乃是日本历史学者岸本美绪女士的传统中国“风俗”研究。她爬梳了中国古典文献中描述“风俗”的术语，并参酌西方近现代政治社会概念框架，从“多样与普遍”“文教与朴素”及“个人与社会”三大维度归纳传统中国“风俗”的含义。岸本氏将“风俗”概念最终阐释为：“‘风俗’一方面意味着具体的地方习惯，地方志的风俗卷包括有关岁时、冠婚丧祭、占候、方言等的详细的叙述。可是，‘风俗’的含义并不仅限于这些具体的行动方式本身。‘风俗’概念的核心却在于，通过这些行动方式表现出来的人民精神的品质。换句话说，‘风俗’就是从‘人民精神的性质’这种观点来评价某个地方或某个时代的整个行动方式。”[⑥] 岸本氏更将传统中国“风俗”同近现代西方与其相近的“文明”（Civilization）及“文化”（Culture，尤其是德国语境下的 Kultur）“习

① 张亮采：《中国风俗史》，中国人民大学出版社 2013 年版。引文出自该书“序例”。

② 萧放：《中国传统风俗观的历史研究与当代思考》，《北京师范大学学报》（社会科学版）2004 年第 6 期。

③ 陈新岗：《两汉诸子论风俗》，《民俗研究》2005 年第 2 期。

④ 王庆中：《〈风俗通义〉的社会学诠释》，台湾《先秦两汉学术》2004 年 9 月，总第 2 期。

⑤ 王健文：《整齐乡俗与鬼神世界的统一：帝制中国初期的信仰秩序》，台湾《成大历史学报》第 39 号，2010 年 12 月。

⑥ 岸本美绪：《“风俗”与历史观》，台湾《新史学》第十三卷第三期（2002 年 9 月），第 7 页。

惯”（Custom）等概念加以比较，颇为雄辩地指出：“中国的‘风俗’概念没有‘文明’那样直线式进步的含义，也没有‘文化’、‘习惯’那样的对抗外部影响的防御性意识。”①

必须强调的是，“风俗”发生时间远早于、内涵与外延远大于现代西方聚焦“民俗”（Folkways）的“民俗学”（Folklore），②我们对此要有充分的文明自信。岸本美绪曾将传统中国“风俗”与culture、civilization、custom相比较，指出与“习俗”相类的观念，“层层辈出于十七、十八世纪之间”，“把‘习俗’认为是比‘法’更深、更根本的社会规范”③，而当代政治文化史研究者指出：在18、19世纪的法国，从孟德斯鸠《论法的精神》出发，卢梭、贡斯当、基佐直到托克维尔等政治立场各异的政治思想家，都“开始分析在怎样的历史和社会条件下，诸种政体能够从制度上和文化上得以建立和运行”，而且“特别强调了习俗（les moeurs）④——文化习性、惯例、品质、传统以及人民期望的政治影响”。“对于经验主义和理性主义这两种哲学传统共享的基本前提的个人主义”，他们“往往在方法论上加以拒绝”。“他们对人类行为的分析，是在社会规范和规则指导之下的行为的场景之中进行的”，挑战了当时经验主义者的社会哲学所具有的“非历史”（ahistorical）特征。⑤托克维尔更以之为民主的社会文化条件，悄然拓展了传统“民情”的内涵。“托克维尔的分析令我们眼界一开，迫使我们深思民情风尚的改良与整饬，可能更是决定民主政治发展成败的关键。”⑥笔者认为，“风俗”实则兼具了“文明（化）”（英文civilization）与“习俗”或托克维尔《论美国的民主》中再三致

---

① 岸本美绪：《“风俗”与历史观》，台湾《新史学》第十三卷第三期（2002年9月），第7页。参见诺伯特·埃利斯：《文明的进程》，关于英法“文明”与德国“文化”区别的讨论。

② 参见王晓葵：《“风俗”概念的近代嬗变》，《文化遗产》2010年第3期。中国传统的“风俗”观念，毋宁说更接近于近代西方法政学者所谓的“民情”（mores，morality，manners）。参见孟德斯鸠：《论法的精神》（上卷），张雁深译，商务印书馆1961年版；伏尔泰《风俗论》（上卷），梁守锵译，商务印书馆1994年版。

③ 岸本美绪：《“风俗”与历史观》，台湾《新史学》第十三卷第三期（2002年9月），第5—7页；转引自日本学者富永茂树观点，第15—16页。

④ 例如，伏尔泰《风俗论》的法文书名为：Essai sur les mceurs et l'esprit des nations，一般英译则为*Essay on Manners*。

⑤ 迈克尔·布林特：《政治文化的谱系》，卢春龙、袁倩译，丛日云校，社会科学文献出版社2013年版，“导言”第3—4页；参考该书第一编“扮演他者：法国的社会学传统”，第3—58页。

⑥ 江宜桦：《自由民主的理路》，新星出版社2006年版，第119页。

意的“民情”（法文 les moeurs）[①] 的两大面向。必须说明，深入分析“风俗”与 civilization 或 les moeurs 的同异，甚或找到中国“风俗”理念在欧洲的精准对应物（counterpart），乃至探讨“风俗”与古希腊相对于 Physis（Logos）之 Nomos（Nomoi）传统的关联，则是笔者能力与拙文目的所未逮的。

1. 何谓敦风化俗？

在中国哲学传统中，“气”是一个重要的观念，既是人生论上“至大至刚”“塞乎天地”的涵养对象，也是宇宙论上万物生成之所本。孟子通过明道、集义以“养吾浩然之气”[②]，引得历代仁人志士终生履践。黄宗羲曾说：“通天地，亘古今，无非一气而已。”[③] 值得重视的是，东汉哲人王符兼重“气”的宇宙论与人生论价值，他曾说：“正气所加，非唯于人，百谷草木，禽兽虫鳖，皆口养其气。……以淳粹之气，生敦庞之民，明德义之表，作信厚之心，然后化可美而功可成也。”[④] 由此观之，“气”虽无色无臭，却“杂然赋流形”地充盈于世间，赋予包括人类在内的万物以生命；更重要的是，深具道德情怀与精神追求的中华民族，向来珍视的不仅是自然之“气”，更是社会之“气”，孜孜以求、善加养护的正是“于人曰浩然，沛乎塞苍冥”[⑤] 的“天地正气”。

“气”之流动是谓“风”。风本是自然现象，“迅雷风烈”[⑥] 等，莫不以其神秘和伟力而为先民敬畏折服。有了敬畏之心，有了戒慎恐惧，也就滋长出宗教、道德、法律等人类群体的内在律令与外在规约。“人之异于禽兽者”[⑦]，社会之所以可能，端赖于此。《周易》有云：“挠万物者，莫疾乎风”；《尚书·洪范》将风列为五种基本气象之一，并将其分为适时产生的“时风”与长刮不止的“恒风”；《说文》解曰：“风动虫生，故虫八日而化，从虫凡声”；

① 在台版中译本《民主在美国》（即《论美国的民主》）一书中，mceurs 一词实际上分别被翻译为“风俗”“民风”“风俗习惯”和“观念习俗”等。参见托克维尔：《民主在美国》，秦修明、汤新楣、李宜培译，左岸文化 2005 年版。

② 《孟子·公孙丑上》。

③ 黄宗羲：《宋元学案·濂溪学案下》。

④ 王符：《潜夫论·本训》。

⑤ 文天祥：《正气歌》。

⑥ 语出《论语·乡党》：（孔子）“迅雷风烈必变。”

⑦ 语出《孟子·离娄下》：“人之所以异于禽兽者几希；庶民去之，君子存之。”

《管子·四时》亦言："东方曰星，其时曰春，其气曰风。"更重要的是，人们也认识到：风能动物，亦能化人。"四海之内，咸仰朕德，时乃风"①；"风，风也，教也。风以动之，教以化之"，"上以风化下，下以风刺上，主文而谲谏，言之者无罪，闻之者足以戒，故曰风"，"风之所吹，无物不扇；化之所被，无往不沾"。②

"气"具有自然与社会的二重性，"风"亦如是。东汉学者应劭与班固均在此意义上论述何谓"风"，进而引入"俗"的观念。应劭认为："风者，天气有寒暖，地形有险易，水泉有美恶，草木有刚柔也。俗者，含血之类，像之而生，故言语歌讴异声，鼓舞动作殊形，或直或邪，或善或淫也。"③"凡民函五常之性，而其刚柔缓急，音声不同，系水土之风气，故谓之风。好恶取舍，动静亡常，随君上之情欲，故谓之俗。"④而《说文》将"俗"解释为"习"，"习者，数飞也。引申之凡相效谓之习"。⑤对此"风""俗"并举，后世学者均有解说。元人李果在《风俗通义题解》中说："上行下效谓之风，众心安定谓之俗。"明人张瀚在《松窗梦语》中指出："相沿为风，相染成俗。"另一位明代学者陆树声所撰《陆文定公书》则说："介于上谓之风，效于下谓之俗。""风"意味着"弘扬""培育"，"俗"则意味着"推广""践行"。由此观之，我国传统的"风俗"之论，不仅具有自然与社会双重特性，而且兼具中心性（或普遍性）与地方性（或特殊性）两大面向。"风"的重要政治功效是"化"，"风俗"向来与"教化"并举，成为衡量治乱良莠的重要标志、决定治乱良莠的重要因素、引导治乱良莠的重要手段。

先贤们认识到："德之流行，速于置邮而传命"⑥；"风行俗成，万世之基定"⑦；"为政之要，辨风正俗，最其上也"⑧。《管子·牧民》以礼义廉耻为"国

① 《尚书·说命》。
② 《毛诗正义》卷一，载《十三经注疏·毛诗正义》（上），北京大学出版社1999年版，第6、13页。
③ 应劭：《风俗通义·序》，载应劭撰、王利器校注：《风俗通义校注》，中华书局1981年版，第8页。
④ 班固：《汉书》卷二十八《地理志》。
⑤ 段玉裁：《说文解字注》。
⑥ 《孟子·公孙丑上》。
⑦ 班固：《汉书》卷五十一《贾邹枚路传》。
⑧ 应劭：《风俗通义·序》，载应劭撰、王利器校注：《风俗通义校注》，中华书局1981年版，第8页。

之四维”，“一维绝则倾，二维绝则危，三维绝则覆，四维绝则灭。倾可正也，危可安也，覆可起也，灭不可复错也”，“四维不张，国乃灭亡”。徐乐曾上书汉武帝，提出“天下之患，在于土崩，不在瓦解”的著名命题，而“俗已乱而政不修”远逊“安土乐俗之民众”，恰恰构成了“土崩”危于“瓦解”的一大重要缘由。[①] 顾炎武以“易姓改号”为“亡国”，以“仁义充塞，而至于率兽食人，人将相食”为“亡天下”[②]，风俗败坏、人心颓丧的破坏力甚至远胜于国之不国；他亦转引宋代大儒罗仲素语曰：“教化者，朝廷之先务；廉耻者，士人之美节；风俗者，天下之大事。朝廷有教化，则士人有廉耻；士人有廉耻，则天下有风俗。”[③] 同时，敦风化俗也被诗家盛赞，引为士人的家国理想，如“致君尧舜上，再使风俗淳”[④]，又如“倘筑天平基，请自厚俗始”[⑤]。宋人苏轼的风俗论可能更具现实意义。他曾将“厚风俗”与“结人心”“存纪纲”并举为三项首要之事，并将风俗视若“国之元气”：“国家之所以存亡者，在道德之浅深，不在乎强与弱；历数之所以长短者，在风俗之厚薄，不在乎富与贫。”他特别警示：“道德诚浅，风俗诚薄，虽强且富，不救于短而亡。”“人之寿夭在元气，国之长短在风俗。”因此，“爱惜风俗，如护元气”。而养护元气之法，端赖于“慎起居，节饮食，导引关节，吐故纳新。不得已而用药，则择其品之上、性之良，可以久服而无害者，则五脏和平而寿命长。不善养生者，薄节慎之功，迟吐纳之效，厌上药而用下品，伐真气而助强阳，根本已空，僵仆无日”。易言之，即“以简易为法，以清净为心”是也。[⑥] 此外，苏轼还指出：“国之兴衰，系于习俗，若风节不竞，则朝廷自卑。古之贤君必厉士气，当务求难合自重之士，以养成礼义廉耻之风。”[⑦]

---

① 班固：《汉书》卷六十四《严硃吾丘主父徐严终王贾传》。

② 顾炎武：《正始》，载顾炎武著，黄汝成集释，栾保群、吕宗力校点：《日知录集释》卷十三，花山文艺出版社 1990 年版，第 590 页。

③ 顾炎武：《廉耻》，载顾炎武著，黄汝成集释，栾保群、吕宗力校点：《日知录集释》卷十三，花山文艺出版社 1990 年版，第 602—603 页。

④ 杜甫：《奉赠韦左丞丈二十二韵》。参见萧涤非等编：《唐诗鉴赏辞典》，上海辞书出版社 2004 年版，第 426—430 页。

⑤ 陆游：《岁末感怀以余年谅无几休日怆已迫为韵》第九，转引自顾炎武：《日知录集释》，第 595 页。按：该诗共十首，句出第九首。

⑥ 苏轼：《上神宗皇帝书》，载《苏轼全集》，文集卷二十五，上海古籍出版社 2000 年版，第 1139—1140 页。

⑦《苏轼全集》，文集卷二十七，第 1176 页。

2. 为何敦风化俗？

中华“风俗”之道的可贵之处，恰恰在于高度珍视良善价值在世道人心中的“落地生根”，进而将风俗良莠视为社会治乱之重要判准——“目击世趋，方知治乱之关必在人心风俗，而所以转移人心、整顿风俗，则教化纪纲不可缺矣”①。敦风化俗，实则蕴含着一种护持传统而不拘泥传统的审慎进取精神，正如严复所言的“且守且进，此其国之所以骏发而又治安也”②。

客观来看，“大传统”与“小传统”并进，“雅文化”与“俗文化”兼美，很大程度上保障了国运不绝如缕情境之下文明的基本赓续。先贤们认识到：良风美俗的长期涵育足以造就衰乱之际的中流砥柱之士、赋文明以熹微之光——“至其（按：指东汉）末造，朝政昏浊，国事日非，而党锢之流、独行之辈，依仁蹈义，舍命不渝，风雨如晦，鸡鸣不已，三代以下风俗之美，无尚于东京者”③。社会真正的危局往往体现为日常生活中的风俗败坏与人心沦丧——“晚世风流俗败，嗜欲多，礼义废，君臣相欺，父子相疑，怨尤充胸，思心尽亡”④。风俗毁之易而成之难，“百年必世养之而不足，一朝一夕败之而有余”⑤，“夫以经术之治，节义之防，光武、明、章数世为之而未足；毁方败常之俗，孟德一人变之而有余。后之人君将树之风声，纳之轨物，以善俗而作人，不可不察乎此矣”⑥。

当然，历史上的儒者并不只是将“风俗”视为因循守成的力量，而是同样坚信“风俗”也应与时偕进而做因革损益。“观哀、平之可以变而为东京，五代之可以变而为宋，则知天下无不可变之风俗也。”⑦天下无不可变之风俗，问题在于是“向善而变”抑或“趋恶而变”。从历史角度观之，敦风化俗的

① 顾炎武：《亭林文集》卷四《与人书九》，载《顾亭林诗文集》，中华书局1983年版，第93页。
② 严复：《主客平议》，《严复集》第一册，中华书局1986年版，第119页。
③ 顾炎武：《两汉风俗》，载顾炎武著，黄汝成集释，栾保群、吕宗力校点：《日知录集释》卷十三，花山文艺出版社1990年版，第587页。
④ 刘安：《淮南鸿烈·本经训》，载刘文典撰：《淮南鸿烈集解》，中华书局1989年版，第267页。
⑤ 顾炎武：《亭林文集》卷四《与人书九》，载《顾亭林诗文集》，中华书局1983年版，第93页。
⑥ 顾炎武：《两汉风俗》，载顾炎武著，黄汝成集释，栾保群、吕宗力校点：《日知录集释》卷十三，花山文艺出版社1990年版，第588页。
⑦ 同上书，第592页。

原因往往是物欲横流、信仰缺失、社会断裂、外力冲击等因素杂糅之下的“风流俗败”。我国曾经历过春秋后期直至西汉中期以及南北朝直至北宋两次漫长深刻的风俗巨变，相应地通过卓绝努力实现了“汉晋”与“宋明”两次国民精神秩序的重建，近代以降，遭逢“三千年未有之大变局”以来直至今日，正处在第三次国民精神秩序“大转型”之中。[①] 套用汉儒董仲舒的提法，此种转型的志业不仅在于“改制”，更在于敦风化俗之“更化”——“当更张而不更张，虽有良工，不能善调也；当更化而不更化，虽有大贤，不能善治也”[②]。

3. 谁来敦风化俗？

征诸我国历史，先贤们多将敦风化俗作为圣王、官员与士人阶层的本务。“圣人作而均齐之，咸归于正，圣人废则还其本俗”[③]，“孔子曰：‘移风易俗，莫善于乐’，言圣王在上，统理人伦，必移其本，而易其末，此混同天下一之乎中和，然后王教成也”[④]，“论世而不考其风俗，无以明人主之功”[⑤]；“公卿大夫，所使总方略，壹统类，广教化，美风俗也”[⑥]；“风俗之厚薄奚自乎？自乎一二人之心所向而已。民之生，庸弱者，戢戢皆是也。有一二贤且智者，则众人君之而受命焉；尤智者，所君尤众焉。此一二人者之心向义，则众人与之赴义；一二人者之心向利，则众人与之赴利。众人所趋，势之所归，虽有大力，莫之敢逆”[⑦]。

诚然，在良风美俗的塑造上，官员与社会贤达因其握有的公权力或影响力，理应发挥典范作用。“君子之德风，小人之德草，草上之风必偃”[⑧]；“灵王好细腰，而民有杀食自饥也；越王好勇，而民皆处危争死也。由此观之。

① 秋风：《论国民精神秩序之重建》，载秋风：《儒家式现代秩序》，广西师范大学出版社 2013 年版，第 61—81 页。

② 班固：《汉书》卷五十六《董仲舒传》。

③ 应劭：《风俗通义·序》，载应劭撰、王利器校注：《风俗通义校注》，中华书局 1981 年版，第 8 页。

④ 班固：《汉书》卷二十八《地理志》。

⑤ 顾炎武：《周末风俗》，载顾炎武著，黄汝成集释，栾保群、吕宗力校点：《日知录集释》卷十三，花山文艺出版社 1990 年版，第 586 页。

⑥ 班固：《汉书》卷六《武帝纪》。同时，“举谣言”（“谣言”系指民间歌谣）与“行风俗”也是汉代考察地方官员政绩的重要方式，可参见黄宛峰：《汉代考核地方官吏的重要环节——“举谣言”与“行风俗”》，《南都学坛》（社会科学版）1988 年第 3 期。

⑦ 曾国藩：《原才》，载《曾国藩全集·诗文》，岳麓书社 1994 年版，第 181—182 页。

⑧《论语·颜渊》。

权势之柄，其以移风易俗矣”[①]。但是，权力是把双刃剑，若恣意妄为，亦可使老百姓进退失据、无所措手足。更有甚者，若当局者本身有悖社会良风美俗，则其恶劣影响尤剧。因此，顾炎武将“耻”视为“四维”之要，厉声痛斥“士大夫之无耻，是谓国耻”[②]！更为重要的是，鉴于现代社会平等化的基本特征，“风俗”之塑造理应是一种兼具“自上而下”“自下而上”“横向交互”的多向度过程——“然人民如只沐浴于君主德化之下，则人民仍只是被动地接受德化，人民之道德主体仍未能树立。而只可说仅君主自树立其道德主体。然而如仅君主自树立其道德主体，而不能使人民树立其道德的主体，则此君主纵为圣君，而一人之独圣，此即私‘圣’为我有，即非真能成其为圣，亦非真能树立其道德的主体。所以人若真成树立其道德的主体，则彼纵能以德化万民，亦将以此德化万民之事之本身，公诸天下，成为万民之互相德化”[③]。

另外，所谓“百里不同风，千里不同俗”，“风俗”往往具有较为鲜明的“地方性”特点，国家却先天具有一种“六合同风，九州共贯”[④]的“齐同风俗”之冲动。但正如鲁迅先生所言：“倘不深入民众的大层中，于他们的风俗习惯，加以研究，解剖，分别好坏，立存废的标准，而于存于废，都慎选施行的方法，则无论怎样的改革，都将为习惯的岩石所压碎，或者只在表面上浮游一些时。”[⑤]在此，《淮南鸿烈》的《齐俗》篇颇具借鉴意义。该篇依循《庄子》“维齐非齐”之说，强调“以道论者，总而齐之”，以大道一体为主轴，以“体道返性”为目标，以感化方法和柔性方式去“循理行宜”“体情制文”。[⑥]

4. 如何敦风化俗？

所谓“形而上者谓之道，形而下者谓之器”[⑦]，无道不成器，无器亦无

---

① 刘安：《淮南鸿烈·主术训》，载刘文典撰：《淮南鸿烈集解》，中华书局1989年版，第287页。

② 顾炎武：《廉耻》，载顾炎武著，黄汝成集释，栾保群、吕宗力校点：《日知录集释》卷十三，花山文艺出版社1990年版，第602—603页。

③ 牟宗三、徐复观、张君劢、唐君毅：《为中国文化敬告世界人士宣言》，载《唐君毅全集》卷四之二，台北学生书局1991年版。

④ 班固：《汉书》卷六十四《严硃吾丘主父徐严终王贾传》。

⑤ 鲁迅：《习惯与改革》，最初发表于1930年3月1日《萌芽月刊》第一卷第三期，收入《二心集》。

⑥ 刘安：《淮南鸿烈·齐俗训》，载刘文典撰：《淮南鸿烈集解》，中华书局1989年版，第343—377页。

⑦《易经·系辞上》。

道，二者相互依存，不离不弃。中华传统"风俗"的落地生根，妙就妙在认识到"百姓日用即道"①，妙就妙在践行了"融入"二字。亦即"亦风亦俗"，高度重视习焉不察、润物无声的"百姓人伦日用"，着力使良风经由美俗进入人们的日常生活世界，涵化人们的思维言行习惯。大德高义，终须落实到百姓日用、民间生活之中。先贤们体认到："夫礼之初，始于饮食"②；"乐也者，圣人之所乐也，而可以善民心，其感人深，其移风易俗，故先王著其教焉……故乐行而伦清，耳目聪明，血气和平，移风易俗，天下皆宁"③；"唯天下至诚，为能尽其性；能尽其性，则能尽人之性；能尽人之性，则能尽物之性；能尽物之性，则可以赞天地之化育；可以赞天地之化育，则可以与天地参矣"④；"夫万民之从利也，如水之走下，不以教化提防之，不能止也。……是故南面而治天下，莫不以教化为大务。立太学以教于国，设庠序以化于邑，渐民以仁，摩民以谊，节民以礼，故其刑罚甚轻而禁不犯者，教化行而习俗美也"⑤；"人之性无邪，久湛于俗则易。易而忘本，合于若性"；"故高不可及者，不可以为人量；行不可逮者，不可以为国俗"⑥；"故先王之教也，因其所喜以劝善，因其所恶以禁奸"⑦。

### （二）"齐整风俗"的两汉实践

考察中国"风俗"的文化—政治理念，居于关键时点乃至"时刻"（Moment）的两汉不可不察。至今仍占人口总数九成以上的汉族以"汉"为名，本身便是至为重要的例证。而从政治思想史分期和中华政治文明颇具特色的"天下"观念观之，则可援引萧公权先生在《中国政治思想史》一书中的识见。萧先生认为，"中国政论变化之剧烈迅速，虽未足与欧洲相比"，但也"确经显著之重要变化"而非"历久顿滞，古今不变"。中国政治思想史依

① 王艮：《王心斋先生遗集》。
② 《礼记·礼运》。
③ 《礼记·乐记》。
④ 《中庸》。
⑤ 班固：《汉书》卷五十六《董仲舒传》。
⑥ 刘安：《淮南鸿烈·齐俗训》。
⑦ 刘安：《淮南鸿烈·泰族训》。

思想本身"变化起伏之迹"，可分为"创造""因袭""转变"与"成熟"四大段落；而依"思想之历史背景"，又可分为"封建天下""专制天下"与"近代国家"三大时期。其中，"因袭"段落为秦汉至宋元，为时约1600年；"专制天下"时期为秦汉至明清（戊戌变法之前），为时约2100年。[①] 另外值得重视的是，无论萧公权所谓的"封建"抑或"专制"阶段，其关怀焦点乃是"天下"，所区别者在于"封建天下为合法之分割，专制天下为绝对之一统"[②]。萧氏指出："天下观念之含义略近欧洲近世初期之世界帝国"，"其理想之范围，至为广大"，"一切政治关系皆为内政，而无国际间之外交"，"颇有大同主义之倾向"，"忽略族类之区分，重视文化之同异"。[③]

萧先生在论述分期时，往往"秦汉"并举。而"二千年来皆秦政"，且"汉承秦制"，那么，两汉的原创性究竟体现于何处呢？

首先，史华兹（Benjamin I. Schwartz）曾指出："汉武帝是作为儒家的君士坦丁大帝而在中国历史上享有大名的。"[④] 而"汉人论政，首重风俗"（龚鹏程先生语），明末大儒顾炎武则在颇具中国风俗小通史意义的《日知录》中，对两汉风俗有颇多赞誉：

> 汉自孝武表章《六经》之后，师儒虽盛，而大义未明，故新莽居摄，颂德献符者遍于天下。光武有鉴于此，故尊崇节义，敦厉名实，所举用者莫非经明行修之人，而风俗为之一变。至其未造，朝政昏浊，国事日非，而党锢之流、独行之辈，依仁蹈义，舍命不渝，风雨如晦，鸡鸣不已，三代以下风俗之美，无尚于东京者，故范晔之论，以为桓、灵之间，君道秕僻，朝纲日陵，国隙屡启，自中智以下，靡不审其崩离，而权强之臣息其窥盗之谋，豪俊之夫屈于鄙生之议。所以倾而未颓、决而未溃，

① 萧公权：《中国政治思想史》（上卷），辽宁教育出版社1998年版，"绪论"第4页，第9—10页。萧公权先生将"专制天下"这一时长少算了100年。自秦始皇称皇帝至清宣统帝退位，帝制中国共有2133年的漫长历史。

② 在《中国政治思想史》中，萧氏对封建与专制天下时期缺乏"近代国家之观念"颇多批判与检讨，特别是抨击由此造成的"民族思想发育不良"。参见该书"绪论"第13页。

③ 萧公权：《中国政治思想史》（上卷），辽宁教育出版社1998年版，"绪论"第4页，第12—13页。

④ 本杰明·史华兹：《古代中国的思想世界》，程刚译，刘东校，江苏人民出版社2004年版，第387页。

皆仁人君子心力之为。可谓知言者矣。①

《剑桥中国秦汉史》亦曾生动勾勒出东汉末叶“权强之臣息其窥盗之谋，豪俊之夫屈于鄙生之议”的景致，指出即使满朝文武殒命之际，像汉献帝这种已然“乘舆播越”之君仍让叛军倍感不安，这是因为“他们没有能力另立新皇帝和另建新王朝，这无疑是因为他们确实没有想出一套透彻的理论来支持改易王朝”。②

而陈寅恪先生关于北朝汉人“认庙不认神”的譬喻，亦足可印证两汉“风俗”建设之影响的至深至远。例如，他认为苻坚之所以坚持南伐的原因在于：

> 在我国历史上，统一不能从血统着手而要看文化高低。文化低的服从文化高的，次等文化服从高等文化。而文化最高的是汉人中的世族。要统一汉人和各种不同的胡人，就要推崇汉化，要汉化就要推崇汉人，而推崇汉人莫过于推崇世族。……当时中原衣冠多随东晋渡江，汉人正统似在南方。如果不攻取东晋南朝，就不能自居于汉人正统的地位，也就不能降服鲜卑等族，且汉人也有离心的倾向。只有攻取东晋，推行汉化，方可统一胡汉。③
>
> 洛阳为东汉、魏、晋故都，北朝汉人有认庙不认神的观念，谁能定鼎嵩洛，谁便是文化正统的所在。正统论中也有这样一种说法，谁能得到中原的地方，谁便是正统。如果想被人们认为是文化正统的代表，假定不能吞并南朝，也要定鼎嵩洛。当然，单是定鼎嵩洛，不搞汉化也不行。孝文帝迁都洛阳，厉行汉化，其目的正在统一胡汉，确保北魏统治。④

其次，也是更为重要的原因在于：秦统一六合而十余年速亡，两汉却享

---

① 顾炎武：《日知录 · 两汉风俗》。载顾炎武著，黄汝成集释，栾保群、吕宗力校点：《日知录集释》卷十三，花山文艺出版社 1990 年版，第 587 页。

② 崔瑞德、鲁惟一编：《剑桥中国秦汉史：公元前 221—公元 220 年》，杨品泉等译，中国社会科学出版社 1992 年版，第五章“汉代的灭亡”（张书生译），第 397 页。

③ 陈寅恪：《魏晋南北朝史讲演录》，万绳楠整理，黄山书社 1987 年版，第 230 页。

④ 同上书，第 234 页。

有四百余年的国祚，两者在文化—政治关系的拿捏上差异可谓霄壤。我们更应该注意的是，汉初面临的政治格局波谲云诡，既有亡秦之鉴，亦有“以布衣取天下”的正当性“缺憾”。也就是说，汉初面临的最大“变局”，恰在于如何在贵族社会基底上、在封建观念仍居主流的背景下，坚持与深化秦所开创的帝国统一事业。

秦帝国短期内覆灭，中国第一个专制帝国的统治彻底失败，而天下帝国统治形态的正当性本身也受到挑战。秦楚之际，秦“破人国家，灭人社稷，绝人后世”，经常被视为秦之“无道”和“速亡”的重要原因；而光复六国、存亡续绝，则具有深厚的社会基础特别是精英层基础。承袭秦制的大汉帝国，如何才能长治久安？深重的危机感在西汉政治思想家心头挥之不去，如贾谊《治安策》所云：“臣窃惟事势，可为痛哭者一，可为流涕者二，可为长太息者六，若其他背理而伤道者，难遍以疏举。”帝国的统一，绝不仅仅是军事的统一，亦不仅仅是以单纯暴力垄断为基础的税赋、文字、度量衡等方面的统一，求其长远，必须进行一场国民心灵的更化。而当时的天下诸地，无疑在文化上异俗林立进而可能在政治上殊见纷纭。如《史记·货殖列传》所记录：

关中……其民犹有先王之遗风，好稼穑，殖五谷，地重，重为邪。

夫三河在天下之中，若鼎足，王者所更居也，建国各数百千岁，土地小狭，民人众，都国诸侯所聚会，故其俗纤俭习事。

种、代…… 地边胡，数被寇。人民矜㤯忮，好气，任侠为奸，不事农商。

中山地薄人众，犹有沙丘纣淫地余民，民俗懁急，仰机利而食。丈夫相聚游戏，悲歌慷慨，起则相随椎剽，休则掘冢作巧奸冶，多美物，为倡优。女子则鼓鸣瑟，跕屣，游媚贵富，入后宫，遍诸侯。

野王好气任侠，卫之风也。

夫燕亦勃、碣之间一都会也。南通齐、赵，东北边胡。上谷至辽东，地踔远，人民希，数被寇，大与赵、代俗相类，而民雕捍少虑。

齐带山海，膏壤千里，宜桑麻，人民多文彩布帛鱼盐。临菑亦海岱之间一都会也。其俗宽缓阔达，而足智，好议论，地重，难动摇，怯于众斗，勇于持刺，故多劫人者，大国之风也。

而邹、鲁滨洙、泗，犹有周公遗风，俗好儒，备于礼，故其民龊龊。颇有桑麻之业，无林泽之饶。地小人众，俭啬，畏罪远邪。及其衰，好贾趋利，甚于周人。

（而梁、宋之间）其俗犹有先王遗风，重厚多君子，好稼穑，虽无山川之饶，能恶衣食，致其蓄藏。

（西楚之地）其俗剽轻，易发怒，地薄，寡于积聚。

衡山、九江、江南、豫章、长沙，是南楚也，其俗大类西楚……与闽中、干越杂俗，故南楚好辞，巧说少信。

颍川、南阳，夏人之居也。夏人政尚忠朴，犹有先王之遗风。颍川敦愿。秦末世，迁不轨之民于南阳……俗杂好事，业多贾。其任侠，交通颍川，故至今谓之“夏人”。①

甚至直到东汉班固在撰写《汉书》之时，在历数天下诸郡地理与地力之后，史家笔锋一转，于《地理志》下篇仍勾勒出斑驳多姿的天下人文风俗景观：

凡民函五常之性，而其刚柔缓急，音声不同，系水土之风气。故谓之风；好恶取舍，动静亡常，随君上之情欲，故谓之俗。孔子曰：“移风易俗，莫善于乐。”言圣王在上，统理人伦，必移其本，而易其末，此混同天下一之乎中和，然后王教成也。汉承百王之末。国土变改，民人迁徙，成帝时刘向略言其地分，丞相张禹使属颍川朱赣条其风俗，犹未宣究，故辑而论之。终其本末著于篇。②

“汉承百王之末”，可谓生动揭示了构建帝国秩序的历史债务与现实困境。“六合同风，九州共贯”又能“长治久安”，可谓帝国时代的终极政治理想。而“移风易俗”，则成为两汉政学两界不遗余力、接续推进的一项帝国

① 司马迁：《史记·货殖列传》。
② 班固：《汉书》卷二十八《地理志》。

统一工程。这项工程其实早在秦统一六国前夜之际便已开启。根据睡虎地秦简，公元前227年，秦南郡守“腾”向县、道啬夫发布一道命令文书——《语书》，要求对“恶俗”严厉取缔，指出：“古者，民各有乡俗，其所利及好恶不同，或不便于民，害于邦。”考虑到南郡实乃秦自楚攻掠未久的楚国故地郢之周边，这道命令更显意味深长；而与“不便于民”相比，“害于邦”恐怕才是郡守乃至秦王国（及至后来的秦帝国）所深深忌惮的。[①] 而国家层面的整齐风俗，则自秦始皇制定祀典、巡行天下、封禅泰山、礼敬神祠便已开启，中国台湾学者王健文指出，从天文星象的宇宙论，到鬼神崇拜的宇宙观，再到地方社会的伦理秩序，这项“壹统类、广教化、美风俗”的统一工程是至为全面的，而其所遭遇的根深蒂固的地方文化力量的反制，亦是相当强悍的。[②] 的确，即令儒学在帝国中初露建制化端倪之后，西汉淮南王刘安仍在其及门客集体编纂的《淮南鸿烈》（《淮南子》）中，尤其是《齐俗》一篇，猛烈批判了要让“礼乐”与全天下各地域一体适用的“表面上绝对的、普遍主义的思想”，提出了自己坚信的地方分权思想。[③]

汉有别于秦的创建之处，更在于帝国国家文化—政治系统（礼制、国家意识形态及其承载人群儒士集团、以“三纲六纪”为代表的类“核心价值观”[④]，等等）的最终确立和深植民间。汉帝国鉴于秦以法家统治失败的经验，急需新的统治思想稳定帝国统治，解决帝国整合问题。就此而言，汉初盛极一时的黄老思想只能完成阶段性的任务，无法长期担当帝国意识形态的核心。而儒学不仅以解释世界为职志，更试图在帝国天下改造世界，为此不断兼收并蓄、因革损益，自我转化、重新论述，终于在一番竞逐之后，在武帝时脱颖而出，成功地长久扮演帝国意识形态核心的角色。[⑤]

---

① 池田知久：《睡虎地〈语书〉与〈淮南子·齐俗〉篇——围绕着“风俗”的中央集权和地方分权》，《湖南大学学报》（社会科学版）2013年11月。参见王健文：《整齐乡俗与鬼神世界的统一：帝制中国初期的信仰秩序》，《成大历史学报》2010年12月第39号。

② 参见王健文：《整齐乡俗与鬼神世界的统一：帝制中国初期的信仰秩序》，《成大历史学报》2010年12月第39号，第1—40页。

③ 当然，《淮南子·齐俗》等反普遍主义论述，既有因袭道家法自然的学术脉络，亦存在以刘安为代表的诸侯王对于景帝、武帝强干弱枝、集中中央权力戒慎恐惧的现实政治考量。

④ 以东汉章帝亲自主持召开的白虎观会议及其成果《白虎通》为典型标志，时在西汉武帝独尊儒术之后约二百年矣。

⑤ 详参林聪舜：《儒学与汉帝国意识形态》，上海人民出版社2017年版。

于汉儒而言，当儒家取得国家意识形态核心地位之后，“风俗”无疑便发挥着某种“顶天立地”的政治濡化（political acculturation）功效。借鉴人类学家雷德菲尔德（Robert Redfield）关于“大传统”（great tradition）与“小传统”（little tradition）的分类[①]，余英时先生曾指出：儒家所代表的“大传统”与地方风俗的“小传统”之间，如何通过循吏在地方的道德教化，将大传统播撒到帝国的各个角落，以建立儒家理想的文化秩序？这些兼为儒者的循吏，在地方作为传播者推行儒家教化的同时，也进行着“华夏化”的时代使命。[②] 余先生指出：“中国大、小传统之间的交流似乎更为畅通，秦汉时代尤其如此。”[③] 大传统不仅源自民间，而且回归民间。汉儒高度重视文化统一工作，汉宣帝时王吉上疏云：“春秋所以大一统者，六合同风，九州共贯也。”[④] 而“移风易俗，莫善于乐”[⑤]。乐府采诗主要是中央政府想要了解各地的风俗（“观风俗，知薄厚”[⑥]），而观察风俗则又是为移风易俗做准备的，“这是整个儒家的‘礼乐教化’理论中的一个重要环节”，而“承担大传统的统治阶层对于各地的民间小传统给予这样全面而深切的注意，这在世界文化史上真可谓别具一格”。[⑦] 观风采谣“别有超越政治之上的更深含义”，“也含有限制帝王‘一人肆于民上’的用意”。[⑧] 于是，在横贯公元前后的数百年中，汉代官家与儒士“以渐不以剧”地以礼乐大传统化民成俗，追求政治统一之外的文化统一，在当时的历史条件下实现了某种文化—政治上的一体多元，更形塑了后世“风俗”论说的基本轮廓。

---

① Robert Redfield, *Peasant Society and Culture*: *An Anthropological Approach to Civilization*, The University of Chicago Press, 1956. 尤其参见该书第三章“The Social Organization of Tradition”, pp. 67-104。

② 余英时：《汉代循吏与文化传播》，载余氏：《中国思想传统的现代诠释》，台北联经出版公司 1987 年版，第 167—258 页。

③ 同上书，第 170 页。

④ 班固：《汉书》卷七十二《王贡两龚鲍传》。

⑤ 班固：《汉书》卷二十八《地理志》。语出《孝经·广要道》：“子曰：教民亲爱，莫善于孝。教民礼顺，莫善于悌。移风易俗，莫善于乐。安上治民，莫善于礼。……”

⑥ 班固：《汉书》卷三十《艺文志》。

⑦ 余英时：《汉代循吏与文化传播》，载余氏：《中国思想传统的现代诠释》，台北联经出版公司 1987 年版，第 173 页。

⑧ 同上书，第 174、175 页。

## 三 “风俗”论说与“寓封建之意于郡县之中”

封建与郡县之争，是理解中国传统乃至现代政治的一条重要线索。历代多有讨论，而在明末清初之季，则有大的突破。顾炎武总结两种制度各自的弊害曰：“封建之失，其专在下；郡县之失，其专在上。”他指出：“知封建之所以变而为郡县，则知郡县之敝而将复变。然则将复变而为封建乎？曰：不能，有圣人起，寓封建之意于郡县之中，而天下治矣。”[①] 顾炎武援引叶正则之言，指出“今天下官无封建而吏有封建”乃是郡县制的重大弊端。所谓“官无封建”，是指知州知县系“流官”而非“土官”，可谓“最熟悉的陌生人”，多蒙昧于其治所之内风土，更欠缺生长于斯回馈于斯的归属感，以致“官无定守，民无定奉，是以常有盗贼戎翟之祸”；所谓“吏有封建”，指的则是那些没有人格修养、只知循章办事的门子胥吏，反倒游刃有余地在地方政治中世代蚁蚀，骑劫公权，滋扰百姓，足可谓“养百万虎狼于民间”。[②] 而

① 顾炎武：《亭林文集》卷一《郡县论一》，载《顾亭林诗文集》，中华书局 1959 年版，第 12 页。

② 《顾亭林诗文集》，第 16 页。美国汉学家杜赞奇（PrasenjitDuara）则用“经纪模式”（brokerage）分析帝国政权对于乡村社会的统治，认为其比“乡绅社会”模式更适合用来理解封建国家政权与地方社会之间的关系。所谓“经纪”，是交易中一方的代理人，常常收取一定的佣金。杜赞奇对经纪统治的模式作了区分，认为乡村社会中存在着“盈利型经纪”与“保护型经纪”两种类型。“盈利型经纪”主要通过税赋等赤裸裸的手段进行剥削和掠夺等，榨取乡村社会的资源，并对村庄实行严格的控制。而作为“盈利型经纪”的对立面，“保护型经纪”主要是为了避免和盈利型经纪直接打交道而由村社自愿组织起来负责征收税赋并完成国家指派的其他任务的一些组织。19 世纪末期，清政府正是通过双重经纪来征收税赋并实现其主要统治职能。作者列举了国家利用（地方）吏役、书手、“地方”等盈利型经纪对地方进行治理（统治）的例子。这些人都没有完全的官僚化，没有官俸，只能靠收取佣金来维持生存，在多数情况下他们遵循利益最大化的原则，通过职务之便，利用各种手段榨取村民钱财，汲取村庄资源。与此同时，村庄也自发组织起“半牌”等自卫型组织进行社区自卫，以保护村庄利益尽可能少地受到“地方”等盈利型经纪的侵害和剥夺。但杜赞奇同时指出，盈利型经纪和保护型经纪之间并没有本质的区别，保护型经纪将文化与行政两个概念联系起来，但也并不能根除偷税漏税和中饱私囊等弊端。进入 20 世纪之后，两种经纪模式之间的相互作用与转化，构成了席卷全国之政治动乱的主要动力。在 20 世纪以降的中国国家建设中，政权认为将地方行政机构正规化是巩固国家政权的有效办法，从而使下层政权与中央保持一致，使县级以下行政体系正规化，才能有效推行国家政策。但国家政权向下延伸的结果实际上只是实现了下层机构的半官僚化。民国时期，随着国家权力的加强，在地方行政机构官僚化的结果不理想的情况下，一大批盈利型甚至掠夺型经纪被抛向社会，他们改头换面，继续控制着村庄与国家政权之间的联系，从而使村庄不得不重塑旧式的保护型经纪体制，而国家政权则在此过程中一步步“内卷化”。参见杜赞奇：《文化、权力与国家：1900—1942 年的华北农村》，王福明译，江苏人民出版社 1996 年版，第二章“清末乡村社会中的经纪统治”，第 37—51 页。

黄宗羲在作为《明夷待访录》基础的《留书》中[①]，亦撰有“封建”一文，指出：“若封建之时，兵民不分，君之视民犹子弟，民之视君犹父母，无事则耕，有事则战”，而“兵民为二，盖自汉始也。是故废封建则兵民不得不分，分兵民则不得不以民养兵，以民养兵则天下不得不困”。因此，“自三代以后，乱天下者无如夷狄矣……是废封建之罪也”[②]。渠敬东先生敏锐地观察到：黄宗羲发现了“边疆治理中的封建问题”这一重大议题，“将封建与郡县之关系的议题从内政转向边政，从中央与地方之关系的问题，转向族群间关系的问题，这对于在郡县制的历史条件下重新审视封建问题是颇具意义的”[③]。

若从中央—地方关系观之，在多数时间里，两汉外在上呈现出封建与郡县并立之局，尽管从其精神内核看来，郡县制已成为汉所承袭的一个实质性的秦制度，进而贯穿此后两千年的国史。汉承秦制，“殊少变革”，“惟于地方之统治政策，恢复秦代所已扬弃之封建制度者，亦事势所迫，不得不尔”。[④]是以“汉代之封建有其形，无其实”[⑤]。甚至标准的封建制也并不能代表周人所征服的整个世界，宗法和宗庙制度也没有扩展到全境。[⑥]商周的封建，事实上是基层地方社群政治权力的延续。“西周的建国部分来自武力征服，部分来自原来小共同体治理者的自愿效忠，因而，其权力无力伸至诸侯所治理的共同体内部。”“有征服，于是有殖民，周人挟其强悍的武力做后盾，在新征服区建立长期的殖民地，是谓‘封建’，断非静居深宫就能‘分土胙民’的。”[⑦]

然而，对于封建与郡县的社会史考察不能仅止于此，正如渠敬东指出：

① 关于《留书》与《明夷待访录》之关系，可参见段志强“前言”，第10页，载黄宗羲《明夷待访录》，段志强译注，中华书局2011年版。

② 黄宗羲：《明夷待访录》，段志强译注，中华书局2011年版，第186—188页。

③ 渠敬东：《中国传统社会的双规治理体系：封建与郡县之辨》，《社会》2016年第2期。

④ 严耕望：《中国地方行政制度史：秦汉地方行政制度》，上海古籍出版社2007年版，第14页。

⑤ 渠敬东：《中国传统社会的双规治理体系：封建与郡县之辨》，第6页，参见第18页对王夫之关于汉初分封名与实的讨论。另参见钱穆：《国史大纲》，商务印书馆1991年版，第117页：两汉魏晋及以后，“虽封建遗形尚未全绝，然终不能再兴”；“法同郡县，无成国之制”；“封建名存实亡，尺土一民，皆统于中央，诸封王惟食邑而已”。

⑥ 渠敬东：《中国传统社会的双规治理体系：封建与郡县之辨》，第29页。

⑦ 许倬云：《西周史》（增补本），生活·读书·新知三联书店2001年版；杜正胜：《古代社会与国家》，台北允晨文化实业股份有限公司1992年版，第349页。均转引自渠敬东：《中国传统社会的双规治理体系：封建与郡县之辨》，第28页。

"封建与郡县的争辩，所涉及的绝不仅是政制意义上的权力结构及其利益冲突问题，亦包含有民情敦化乃至民族融合问题，但甚为关键的是，'天下国家'之大同理念如何固其本、开其源，如何适应新的历史情势而得以绵续永祚的文明精神问题。"[①] 封建治理或所谓封建制，是一种"家国天下""君民社稷"归为一统的体制，[②] 其一大突出特点在于："此种由尊尊而确定的等级秩序，并非只是一种逐层分割与服从的上下权力等级体系，而是经由亲亲之义而守持宗族内的亲统与合族之道。"[③] 周人治民，首推文教和德化，民生之本在恒产恒心，而民彝之本则在敦风化俗。然而，"封建制守的是固定的宗法秩序，私土子民，封土也是封闭，奖惩不彰，赏罚不明，人才受到体制的压抑"[④]。"郡县下的封建，已经不再是原初那种统一制度意义上的封建，而是演化成为另一种观念或精神上的系统，教育或教化成为了其核心所在。"[⑤]

"一个庞大的帝国，若仅依靠板结僵硬的制度结构，收紧于中央权力，就会悬浮在基层社会之上，相互脱节，无法得到士风和民彝的滋养。"[⑥] 仅靠制度与法治，仅靠权力和利益关系的调整是远远不够的，没有道统对于皇权的约束，没有士大夫的学问修养和人格培育，没有教化对于民风的引导和劝谕，任何政治都无法存活延续。由儒家主导的"风俗"论说，绝不仅是自上而下的"灌注式"的政治濡化，实际上对于地方社群的主体性，是预留了颇多关照的。在某种程度上，两汉以降的传统中国"风俗"论说甚至对后者颇有保留之处，具有某种"寓封建之意于郡县之中"的风貌。正如费孝通先生所言："如果董仲舒再走一步，也许可以到宗教的路子上去，就是由师儒来当天的代表，成为牧师，或主教。师儒再加组织，形成一个教会，获得应归于上帝的归之于教会的权柄，发展下去，可以成为西方的政教关系。但是这并没有发生在中国历史上。董仲舒的灾异说发展到不利皇权时，先就受到压迫。"[⑦] 儒家与

① 渠敬东：《中国传统社会的双规治理体系：封建与郡县之辨》，第 6 页。
② 同上书，第 14 页。
③ 同上书，第 8 页。
④ 同上书，第 15 页。
⑤ 同上书，第 22 页。
⑥ 同上书，第 24—25 页。
⑦ 费孝通：《皇权与绅权》，载《费孝通文集》（第 5 卷），群言出版社 1999 年版，第 495 页。

“国教”之间，虽存在极大的差异，但也构成了与帝王权力相颉颃的一种“道统”的力量。毕竟，“郡县制绵续两千年，依然作为中央权力治下的政体形态而存在，以帝王作为权力的最高标志；而封建及其所代表的天理与德性，则成为了士大夫坚守道统，并通过入世或出世的人生选择来践行修齐治平之理念的精神依据”。“封建以一种超越现实政治的精神实质而再生，注入到每个时代士大夫的内心深处，却是一种更加难以摧毁的力量，这才是文明血脉之传续的根本。”① 这恐怕亦是传统中国“风俗”论说的跨时代意义所系吧。

多元文化主义毕竟是当代世界的产儿，毕竟有其严格的限度，毕竟具备现代国家制度构建、传统宗教世俗化等在西方世界或已“隐而不彰”“习焉不察”，而中国学界却“不可不察”的“潜台词”（hidden agenda）。正如中国社会科学院民族学与人类学研究所周少青副研究员所见，“多元文化主义不仅仅是少数民族的权利理论，它也是多民族国家构建的重要理论支点”。它至少存在事实、理论、意识形态、政策和价值理念五个维度，而每个维度下的“少数民族权利”都呈现出不同面相，具有不同的意义和效果。② 因此，必须从多民族国家构建的角度理解多元文化主义的重要意义，对中国而言，以少数族群权利保护为志向的多元文化主义与现代民族国家构建实为“一体两面”，亦即同一个历史过程的两个方面。威尔·金里卡也曾指出，要把少数群体权利的诉求放在民族国家构建政策这种环境之中来考虑：“如果说国家式民族国家构建政策的存在有助于实现少数群体权利合法化，也可以把这个公式反过来，贯彻少数群体权利也有助于国家式民族国家构建的合法化。”③ 这样一来，诸多从“帝国”向民族国家转型国家的民族“问题”，实际上就不仅是“承认的政治”，同时也是“认同的政治”。

美国弗吉尼亚大学教授、华裔边疆史地专家刘晓原先生认为，中国在经历了近现代将近两个世纪的转型、革命、战争的洗礼以后，仍然处在一种“边疆国家”（相对于“整合国家”）的“故态”，而尚未全然达成“不得不采

---

① 渠敬东：《中国传统社会的双规治理体系：封建与郡县之辨》，《社会》2016 年第 2 期。
② 周少青：《多元文化主义视阈下的少数民族权利问题》，《民族研究》2012 年第 1 期。
③ 威尔·金里卡：《少数的权利：民族主义、多元文化主义和公民》，上海译文出版社 2005 年版，第 3 页。

用的舶来品”——具有整合性的“民族国家”。[1] 他曾将“整合国家”的特征概括为：

> （1）国家疆界基本定型，不存在涉及异向群体的国土或领地问题；（2）全国范围内人员、物资的流通基本流畅，绝少交通、通讯的死角；（3）全国经济、文化生活浑然一体，在不同地区的种种地方特征继续存在的同时，没有“内地”社会与“边疆”社会之间的隔阂，全国各地区经济、文化生活的共性远远大于相互间的差别；（4）全国政治生活万变不离其宗，主要表现在各种基于族群、阶级、性别、年龄、种族、宗教的弱势群体的政治意向和文化价值取向不是对主流社会的分离而是参与，反之，主流社会对此不是排斥而是包容。换言之，无论是在横向的地域意义上还是在纵深的社会意义上，整合国家都堪称合而一。中国显然还不具备这些特征，历史久远的“边疆”仍在今日中国的政治、经济、文化生活中时时彰显出来。[2]

以多元文化主义为代表的族群和文化多元化的社会现实与理论反思，使中国的现代国家建构注定成为一个长期而艰巨的过程。如果不通过适当的族群整合方式而采取强制同化的措施，不承认和尊重族群差异就会引发国家的合法性危机；但如果食洋不化，有意无意地忽视这一理论的历史脉络、内在机理、先设条件与最新走向，又可能背离中华民族多元而一体的整合目标，在前进的道路上犯下颠覆性的错误。如果说刘晓原先生所言的“整合国家”已是中国不得不为的宿命性的建构目标，就必须处理好族群认同与国家认同之间的关系，否则国家认同的削弱会对国家合法性造成根本性影响，乃至造成中华民族国家的解体。往圣前贤的“风俗”论说，是兼顾普遍性与特殊性的帝国统一工程，更具有“寓封建之意于郡县之中”的意蕴，当下的我们似应“寓多元文化之义于国家构建之中”。

---

① 刘晓原：《边疆中国：二十世纪周边暨民族关系史述》，香港中文大学出版社 2016 年版，“引言”，第 xxvi 页。

② 刘晓原：《中国国家形态转型的边疆之维》，《文化纵横》2011 年第 6 期。

# 海外译稿

# Overseas Research

学者提供了一个交汇的平台。尽管各学科分析的视角、路径和方法不尽相同，这依然为有效的跨学科研究营造了可观的空间。

虽然政治学中以历史为导向（historically oriented）的研究成果让历史学家受益良多，可惜二者的贡献却不对等。由于数十年来政治史研究的衰落，美国政治发展研究的兴起等于是在追赶落下的脚步。所以，这就很容易理解政治学家与政治社会学家对历史研究的偏见了。十年之前，政治史研究开始复兴，并且成绩斐然。尽管其中一些成果无法直接为政治学者所用，但仍不乏值得我们关注的重点领域和论点。

本文首先介绍政治史学家近年重建该研究领域的历程，继而论述导读中提到的三个研究焦点——对保守主义兴起动机的研究、对19世纪国家的发现，以及对公共政策特殊性的论证——这将成为我们开启跨学科对话的必要起点。

## 二　政治史研究的复兴

曾经的美国政治史研究，并未充分认识到该领域的危机。也许在十年前讨论这个话题并不合适，因为当时多数资深政治史学家都因为其研究领域被边缘化而自怨自艾①。

他们的恐惧并非毫无道理。20世纪70—80年代，新一代的历史学家——那些在美国20世纪60年代激烈的社会矛盾中成长起来的群体，其中相当一部分还是当年大学校园中新左翼（New Left）的先锋分子——拒绝再从传统的历史角度研究总统和政党，因为这与多数美国民众的生活经验毫无关联，而且他们认为该路径夸大了总统和政党在改变美国权力关系上的可能性。

换言之，民主党与共和党轮流执政带来的变化微乎其微。这深受社会学者米尔斯（C. Wright Mills）提出的权力精英掌控决策体系等观点的影响，“婴

① Leuchtenburg W. E. ,“ The Pertinence of Political History: Reflections on the Significance of the State in America” , *J. Am. Hist.*, 1986, 73, pp. 585-600; Silbey J. H. ,“ The State of American Political History at the Milennium: The Nineteenth Century as a Test Case” , *J. Policy Hist.*, 1999, 11, pp. 1-30.

儿潮”(Baby Boom)一代的历史学者继而将他们的大部分研究转向发掘“被遗忘的社会底层的声音”，记录那些与普通公民而非总统的生活更为相关的文化现象。他们认真对待“个人即政治”(the personal is political)①的论点，观察正在美国发生的各种涉及阶层、种族、族裔以及性别的论争。一切正如历史学者埃里克·方纳(Eric Foner)在1990年所言，“过去集中对总统的综合研究已经彻底没落（甚至一点都不让人感到惋惜）”②。

然而，政治史研究并未因此消失。众多流派的学者开始在专业的边缘（从就业情况、书籍出版和发表在著名期刊的文章来看）重塑政治史以往的研究实践。

研究“综合组织分析”(organizational synthesis)的学者认为，美国政治史的主线在19世纪80年代到20世纪20年代之间，伴随着全国的、中央集权制度的发展，亦即统一的、专业的、行政国家的形成，替代了19世纪地方的、分散的政治经济体③。

与此同时，研究美国政治文化的历史学家参与到一个关于美国革命意识形态起源的争论中，试图确定在自由主义、基督教或者共和主义三者中，究竟哪一个是促成殖民地人们奋起反抗伦敦当局的决定因素④。社会历史学者迈克·凯慈(Michael Katz)也提到美国民众如何历经诸如教育和福利等政策的

① “个人即政治”：格言本身的出处仍有争议，因女权主义作家卡罗尔·哈尼斯(Carol Hanisch)的同名文章而常见于20世纪六七十年代的女性运动的口号，以及其他第二波女权主义运动浪潮的作品当中（译者注）。

② Leff M., “Revisioning U. S. Political History”, *Am. Hist. Rev.*, 1995, 100, pp. 829-853.

③ Hays S. P., *The Response to Industrialism, 1885–1914*, Chicago: Univ. Chicago Press, 1957; Wiebe R., *The Search for Order, 1877–1920*, New York: Hill & Wang, 1967; Galambos L., “The Emerging Organization Alsynthesis In Modern American History”, *Bus. Hist. Rev.*, 1970, 44（3）, pp.279-290; Galambos L., “Technology, Political Economy, and Professionalization”, *Bus. Hist. Rev.*, 1983, 57, pp. 471-493; Keller M., *Affairs of State: Public Life in Late-Nineteenth Century America*, Cambridge, MA: Harvard Univ. Press, 1977.

④ Bailyn B., *The Ideological Origins of the American Revolution*, Cambridge, MA: Belknap Press of Harvard Univ. Press, 1967; Wood GS., *The Creation of the American Republic, 1776–1787*, Chapel Hill: Univ. North Carol. Press, 1969; Pocock J. G. A., *The Machiavellian Moment: Florentine Political Thought and the Atlantic Republican Tradition*, Princeton, NJ: Princeton Univ. Press, 1975; Appleby J., *Capitalism and a New Social Order: The Republican Vision of the1790s*, New York: New York Univ. Press, 1984; Kloppenberg J. T., “The Virtues of Liberalism: Christianity, Republicanism, and Ethics in Early American Political Discourse”, *J. Am. Hist.*, 1987, 74，pp. 19-33.

变迁，以及该类政策使社会层级发生固化的机理①。在20世纪70年代，从事量化分析的历史学者们发展出一套将社会史和政治史相结合的研究策略，他们自称为“新政治史”（new political history）研究的实践者，并分析了19世纪有选举权的市民是怎样在参选的政党中做出选择，其中起作用的究竟是经济因素还是文化因素②。最后，在热衷于治理理论的历史学家的积极推动下，政治史研究在20世纪70年代末得以重新崭露头角。③

但是由于种种原因，直至20世纪90年代后期，政治史研究仍未受到学界的足够重视，主流历史学家关注的重点依然是社会和文化史④。尽管在政治学方面出现了不少足以超越四五十年代“总统研究”的成果，但从顶尖历史院系的招聘情况来看，尚未发现政治史研究回归的迹象。

这种情况从2009年开始有所改变，美国政治史研究终于可以不再徘徊于学术圈的荒野；它像19世纪80年代和20世纪60年代那样再次一跃成为学科的前沿。这种戏剧化的转变是由多重原因促成的。“美国政治发展”专题不仅开始为年轻历史学家提供政治学专业的学术网络，更为学者们带来了一系列振奋人心的分析视角，引领学者们使用全新的方式去书写政治史。例如，国家自主性的观点促使学者们借历史档案印证了官僚和联邦雇员在制定和执行政策时首要考虑的是个人利益和规划而非简单回应社会压力。不少更为年轻的历史学者则对不同历史阶段下，政治制度的结构是否能对各种层次的政治行为者的选择造成影响充满浓厚的兴趣。尽管历史学者对过度决定主义的论述避而不谈，但那些关于制度设计的基本主张还是极富吸引力的。

---

① Katz M. , *The Irony of Early School Reform*: *Educational Innovation in Mid-Nineteenth Century America*, Cambridge, MA: Harvard Univ. Press, 1968.

② Kleppner P. , *The Cross of Culture*: *A Social Analysis of Midwestern Politics, 1850–1900*, New York: Free Press, 1970; Silbey J. H. , Bogue A. G. , Flanigan W. H. , eds. , *The History of American Political Behavior*, Princeton, NJ: Princeton Univ. Press, 1978.

③ Zelizer J. E. , “ Clio’ s Lost Tribe: Public Policy History Since 1978” , *J. Policy Hist.,* 2000, 12, pp. 369-394; Graham H. D. , “ The Stunted Career of Policy History: A Critique and an Agenda” , *Public Historian15*, 1993, pp. 15-37.

④ Jacobs M. , Zelizer J. , “Introduction”, in *The Democratic Experiment*: *New Directions in American Political History* , Princeton, NJ: Princeton Univ. Press, 2003 pp. 1-19.; Zelizer J. E. , “ Political History and Political Science: Together Again?” , *J. Policy Hist.,* 2004, 16，pp. 126-136; Leff M. , Revisioning U. S., “ Political History” , *Am. Hist. Rev.,* 1995, 100, pp. 829-853.

同样出人意料的是，社会史和文化史也为政治史学者的专业研究重新注入活力。科昂（Lizabeth Cohen）的著作讨论了产业工人是如何克服民族分歧，通过组成联盟团结支持民主党的力量以促成罗斯福新政（New Deal）①。而劳工历史学先驱大卫·蒙哥马利（David Montgomery）在一本另辟蹊径的著作中，解释了工人未能在政体中占据有利地位的原因，他将其归因为工厂生产管理控制的改变，再加上1910年代中期美国劳工联合会（American Federation of Labor）未能在民主党中获得稳固的地位②。

在20世纪六七十年代以反抗“传统”政治史研究而知名，并且以“为底层人民书写社会史”而起步的资深性别和种族学者，也开始投身于性别和种族文化历史观念对养老保险（Old Age Insurance）、受抚养儿童家庭补助（Aid to Families with Dependent Children）等与劳工阶层有关的公共政策议题的研究。他们从美国政治发展史中引入了20世纪30年代建构的福利国家理论，即福利国家存在两个层次，上层是受联邦管理的、普及式给付，并由强大的税收作为支撑；而下层是入息审查式（meanstested）、受州或地方政府管理，并由政府一般收入作为支持的。还有性别史研究领域的两位先锋学者戈登③和凯斯勒·哈里斯④认为，仅有一个男性工薪者的家庭观念，像养老保险和税务代码一样是一体的。其他历史学者则称，一些职业被排除在“第一层次”之外（主要是家政和农业工人）仅仅是因为其中有大比例的非洲裔工人。因为南部民主党人在20世纪30年代控制了国会委员会，他们达成一项交易，只有联邦官员不干预当地的种族关系，他们才会批准新的联邦项目⑤。

---

① CohenL.，*Making a New Deal: Industrial Workers in Chicago, 1919–1939*, New York: Cambridge Univ. Press, 1991.

② Montgomery D.，*The Fall of the House of Labor: The Workplace, the State, and American Labor Activism, 1865–1925*, New York: Cambridge Univ. Press, 1987.

③ Gordon L.，*Pitied But Not Entitled: Single Mothers and the History of Social Welfare*, New York: Free Press, 1994.

④ Kessler-Harris A.，*In Pursuit of Equity: Women, Men, and the Quest for Economic Citizenship in Twentieth Century America*, New York: Oxford Univ. Press, 2001.

⑤ Katznelson I.，*When Affirmative Action Was White: An Untold History of Racial Inequality in Twentieth Century America*, New York: Norton, 2005.

## 三　保守主义的兴起

新政治史学者见证了过去十年美国政治史研究的大规模发展，他们无暇顾及20世纪60年代的论争，并且在政治学家和那些视政治为分支的历史学家工作的基础上建构了自己的研究。

他们的首要研究领域是追溯保守主义的兴起。在1994年，艾伦·布林克利（Alan Brinkley）在《美国历史评论》（American Historical Review）发表一篇文章，感慨关于现代美国保守主义思想的著述屈指可数。他写道："如果说'20世纪美国的保守主义是历史研究中的孤儿'，应该不会引起太多的争议。"[①] 历史学家的大多数研究集中在罗斯福新政联盟的形成，以及20世纪自由主义的演进上。布林克利的文章发表后，在"后婴儿潮"中成长起来的政治史学家（以其为主体，当然也有部分资深学者）开始向当代政治中对保守主义地位的传统假设发起挑战。他们对20世纪五六十年代的自由主义一共识（liberal-consensus）学派的观点——保守主义是国家政治生活中的边缘力量——进行了辩论，该学派认为保守主义的支持者主要是由一些社会主流之外的、受教育程度较低的公民组成。年代更早的社会科学家的传统观点，也主张现代保守主义理应是一种由政治精英界定并推动的政治议程，从20世纪50年代早期的共和党参议员约瑟夫·麦卡锡（Joseph McCarthy）到60年代的巴里·戈德华特（Barry Goldwater）（甚至包括十几年后保守主义精神的继承者罗纳德·里根）。

到90年代中期，保守主义运动已经在华盛顿和各大州府立足超过十年，因此就更难对这些说法加以判断。保守主义研究的新成就为我们描绘了与前辈政治史学家迥然不同的图景，因为以前更多是从富兰克林·罗斯福而非罗纳德·里根的视角进行阐述。这些保守主义历史学者，大部分人在政治上是左翼的，他们笔下充满活力的政治动员，始于1964年戈德华特总统的竞选[②]

① Brinkley A. , "The Problem of American Conservatism", *Am. Hist. Rev.*, 1994, 99, pp. 409-429.

② 戈德华特，保守主义的总统候选人，虽然1964年在与约翰逊的总统竞选中落败，但仍然是主要的保守主义领导人之一（译者注）。

（Goldwater Campaign）活动，并在之后的十年里加速发展，使得20世纪70年代被普遍认为是一个更甚于60年代的关键十年。

不同于政治学界注重探究保守政治的经济基础[①]，历史学者更强调保守主义运动推进的非物质动机，从对国家安全的忧虑，到关于种族和性别的社会张力。这场运动，比历史学者预想的更多元也更复杂。例如，麦克格尔在对加州橙县（Orange County）研究时发现，不少保守主义活动家是从充满种族仇恨的南方郊区迁居到此的中产阶级[②]。

相较之下，美国南方年轻的历史学者认为，种族政治在20世纪60年代之后仍然是保守主义的核心，但这些主题发展的政治动力（political dynamics）和北方的运动没有太大的差别[③]。一些南方的专家针对南方保守主义将如何塑造"后1964年"的全国性政治辩论提出了一系列论点。有学者认为，南方保守主义者可以通过关注诸如学校教育和教会保护等非种族和全国性问题，来间接回应民权运动。也有学者（Kruse）集中讨论了南方民众对民权运动的抵抗如何能在经历白人迁移（white flight）、私有化和暴力抗税之后，到60年代依然生生不息。还有学者（Lassiter）认为，正如北方保守主义者一样，南方保守主义者也关注到了"城郊赋权"（suburban entitlement）的思想，它忽略了政府在维护居民区以及协助非洲裔美国人抵抗对其不利的政策和权利时起到的积极作用。

此外，热衷传道的福音派宗教领袖也功不可没，他们投身于政治事业，并通过创办电视栏目、出版物和广播节目，对传播右翼思想起到推波助澜的

① Graetz M. , Shapiro I. , *Death by a Thousand Cuts: The Fight over Taxing Inherited Wealth,* Princeton, NJ: Princeton Univ. Press, 2006; McCarty N. , Poole K. T. , Rosenthal H. , *Polarized America: The Dance of Ideology and Unequal Riches*, Cambridge, MA: MIT Press, 2006; Shafer B. , Johnston R. , *The End of Southern Exceptionalism: Class, Race and Partisan Change in the Postwar South*, Cambridge, MA: Harvard Univ. Press, 2006; Bartels L. , *Unequal Democracy: The Political Economy of the New Gilded Age*, Princeton, NJ: Princeton Univ. Press, 2008.

② Mc Girr L. , *Suburban Warriors: The Origins of the New American Right*, Princeton, NJ：Princeton Univ. Press, 2001.

③ Kruse K. M. , *White Flight：Atlanta and the Making of Modern Conservatism*, Princeton, NJ: Princeton Univ. Press, 2005; Lassiter M. D. , *The Silent Majority: Suburban Politics in the Sunbelt South*, Princeton, NJ: Princeton Univ. Press, 2006; Crespino J. , *In Search of Another Country: Mississippi and the Conservative Counterrevolution*, Princeton, NJ: Princeton Univ. Press, 2009.

作用（如 Jerry Falwell、Donald Wildmon 与 James Dobson 等人）。

除了对右翼激进分子动机的讨论，从 1964 年戈德华特总统竞选之后，又出现针对保守主义运动的组织机制和政治策略研究①。经济因素当然在其中起到非常重要的作用，但这类研究的关注点并非在于资金对活跃分子的激励作用，而是聚焦于支持保守主义运动的资金来源。菲利普斯-费恩②和欧康纳③两位学者指出由于这些资金对智库和国会候选人的捐助，推动了共和党从原先的自由主义立场向右转向（菲利普斯-费恩相比其他大多数的历史学者，更为关注保守党复兴的政治经济因素）。

研究保守主义运动的文献表明，右翼活动家常常将 20 世纪 60 年代新左翼的行动策略运用在大相径庭的政治目标上，如通过邮件来募集资金以动员高校大学生这类保守主义事业的支持者。事实上，保守派和自由派活动的政治机制远不如他们在理念上体现出来的那样悬殊的差异。

虽然学界仍未解决关于保守主义兴起原因的诸多争论，但仍然可以形成一般性的共识，即保守主义兴起并非一次自上而下的运动，也并不局限在被边缘化的美国民众中。保守主义兴起的动机也不完全出于经济的考量。

## 四 回到十九世纪

政治史学涉及的第二个重要领域，是对美国 19 世纪政治的重新界定。许多政治学者继续秉持“政府在 19 世纪的美国政治中发挥最低限度作用”。而美国政治发展的奠基人之一斯蒂芬·斯科夫罗内克（Stephen Skowronek）指出：在 19 世纪曾被描述为一个“法院和政党国家”的美国，已经在进步时代（progressive era）被一个行政国家（administrative state）所取代。这一提法被许多“对过去有不同看法”的历史学者视作标靶来攻击，尽管他本人的实际

① Perlstein R. , *Before the Storm: Barry Goldwater and the Unmaking of the American Consensus*, New York: Hill & Wang, 2001.

② Phillips-Fein K. , *Invisible Hands: The Making of the Conservative Movement From the New Deal to Reagan*, New York: Norton, 2009.

③ O' Connor A. , “Financing the Counterrevolution”, in *Rightward Bound: Making America Conservative in the 1970s*, ed. B. J. Schulman, J. E. Zelizer, pp. 148-168. Cambridge, MA: Harvard Univ. Press, 2008.

主张则更为微妙[①]。

据上述说法，许多政治学者和历史学者都提出这样的假设，即反中央集权的（antistatist）价值观已经在美国根深蒂固，因为国家长期缺乏强大的政府，而美国的现行制度是为回应工业化和经济危机而建立起来的。许多人也认同这个说辞：我们直到20世纪还有着自由放任的（laissez-faire）经济，而且不知何故进步时代之后的公共政策就使政治脱离了原有轨迹。

但学者们揭穿了所谓19世纪是“国家弱化”（stateless）和自由放任经济的神话。历史学家布莱恩·巴洛夫（Brain Balogh）最近指出，19世纪的历史表明在“进步时代”之前，联邦政府并非美国生活中的主导力量。“整个19世纪，美国人曾经不止一次地试图在联邦一级寻求有效治理。在他们的努力下，产生了各种机制，从债务承担（assumption of debt），到高院以州际贸易为名削减州的健保特权。”[②]

早在进步时代之前，新政治历史学家就曾提出令人信服的理由，证明了政府是美国政治的重要组成部分。根据理查德·约翰（Richard John）的观点，近期关于19世纪的研究都反映出“‘政党周期’范式和‘法院与党派’的概念在解析19世纪政治经济境况时，均力有不逮……它们夸大了政党领袖在决策上的影响力，低估了司法系统的完备性，也忽视了行政长官、院外活动家和产权所有人在政策过程中的重要作用”。[③] 约翰的论断揭示了行政政府（administrative government）在共和国早期的重要作用，在他一本关于美国邮政系统发展史的专著中，约翰认为信件邮递是传播政策演变的重大里程碑，而且美国的邮政传送能力远超彼时大多数可以与之抗衡的国家。除此之外，美国邮政系统的办公地点也多出法国五倍，并且远超当时主要的资本主义国家如英国、英属北美，或俄罗斯等[④]。

---

① Skowronek S. , *Buil ding A New American State*: *The Expansion of National Administrative Capacities 1877–1920*, Cambridge, UK: Cambridge Univ. Press, 1982.

② Balogh B. , *A Government out of Sight*: *The Mystery of National Authority in Nineteenth-Century America*, New York: Cambridge Univ. Press, 2009, p. 19.

③ John R. R. , *Ruling Passions*: *Political Economy in Nineteenth-Century America*, University Park: Penn. State Univ. Press, 2006, p. 8.

④ John R. R. , *Spreading the News*: *The American Postal System from Franklin to Morse*, Cambridge, MA: Harvard Univ. Press, 1995.

法律史学者同样对上述关于19世纪的新认识有所贡献。通过对当时法律的研究，诺瓦克（Novak）揭示了政府干预活动已为大多数地方层次的美国民众所熟悉，法律约束为诸多行为确立了规则，不管是防火条例还是其他社会规范。他还通过分析涉及公共安全、公共经济、公共空间、公共道德以及公共健康等法规，证明了自由放任的社会概念并不正确：19世纪国家弱化的说法是“美国历史学上最大的谎话”①。

外交史学者包括赫林（Herring）则对这一时期美国大量的军事干预事件进行分类，从征服美国西部的土著居民，到与英国和西班牙的战争等，打破了传统上认为19世纪的美国是“孤立主义者”（isolationist）的说法。②

巴洛夫最近的综合研究为证明19世纪联邦政府的行为特征提供了最有说服力的佐证。他认为，当联邦政府进行直接干预时，美国人会加以反对，但在有些议题——尤其是促进经济发展和并购新领土上——美国人接受并支持政府干预，只要它是以相对隐蔽的或间接的方式实施。巴洛夫写道：③

> 尽管美国和其他工业化国家的治理方式不同但其实并没有比他们更弱，这就很容易理解19世纪美国的国家权威传说了。美国的治理方式只是更不明显而已。令19世纪美国政治与众不同的关键原因在于民众对较为隐蔽的国家治理方式的认可。美国人更喜欢运用法律、法院、贸易政策、财政补助——由间接税收支撑的——以及和非政府伙伴的合作关系，来替代更为公开的、行政指令的、明显的政治经济干预手段。
>
> 因此巴洛夫认为，政治学者所指的20世纪的那种隐性福利国家，早在19世纪就埋下了种子④。

① Novak W. J. , *The People's Welfare*: *Law & Regulation in Nineteenth-Century America*, Chapel Hill: Univ. North Carol. Press, 1996, p. 3.

② Herring G. , *From Colony to Superpower*: *U. S. Foreign Relations since1776*, New York: Oxford Univ. Press, 2008.

③ Balogh B. , *A Government out of Sight*: *The Mystery of National Authority in Nineteenth-Century America*, New York: Cambridge Univ. Press, 2009, p. 379.

④ Howard C. , *The Hidden Welfare State*: *Tax Expenditures and Social Policy in the United States*, Princeton, NJ: Princeton Univ. Press, 1997.

霍华德（Howard）在《隐性福利国家：美国的税式支出与社会政策》（*The Hidden Welfare State*：*Tax Expenditures and Social Policy in the United States*）的结论中认为，我们不能再将19世纪描述为联邦政府治理的不毛之地。当然，并非所有的历史学者都同意这样的评价。罗威（Rauchway）就认为，从国际标准来看，美国“民族国家”的地位在多数公共政策领域依然薄弱。即便如此，我们依然有充分的证据表明联邦政府早已成为国家生活中不可或缺的部分。当然，美国的政府治理形式是独特的，它的对外政策是特殊的，甚至对国内经济的干预也是间接的。但这并不等于是政府的缺位。①

## 五　公共政策的特殊性

政治史学涉及的第三个重要领域就是政策史（policy history）了。过去十年间，历史学家的研究范围覆盖了社会政策的诸多领域，填补了该议题的真空。他们运用公共政策的年代学（chronology）方法追溯政策历史——从议程设置（agenda setting）、立法到执法——而非关注总统行政（presidential administrations）或是美国政治中大家都熟知的年代。其论述建构在公共政策的议题之上，有效回应了来自社会历史学者和文化历史学者的批评。

在政治科学中的大多数研究中，包括美国政治发展，以及新政治史研究之间的一个最大差异是，美国政治发展学者寻找的是对各种领域的政策轨迹都可以解释的单一理论模型。正如学者卡茨尼尔森（Katznelson）写道：

> 美国政治发展的学者提出的模型在抽象层次上更高。这些有意识的简化可以让我们在对行为者分类、确定情境、描述能动者和政体结构互动的机制以及确定人物和地点变量时更加便利。经过这样的处理，我们可以有选择地描述行为者和结构的特性，并进一步明确机制的具体形态。②

① Rauchway E. , *Blessed among Nations*: *How the World Made America*, New York: Hill & Wang, 2006.

② Katznelson I. , “The Possibilities of Analytic Political History”, in *The Democratic Experiment*: *New Directions in American Political History*, ed. M. Jacobs, J. Zelizer, pp. 350-380. Princeton, NJ. Princeton Univ. Press, 2003, p. 386.

简而言之，美国政治发展研究并非为其自身而研究历史。研究者使用的模型要具备可移植性的特点。在美国政治发展研究中最流行的一个论点，就是政治制度结构会对公共政策产生重大影响。卡本特（Carpenter）通过网络分析（network analysis）来解释机构领导人怎样从国会获得了自主权[①]，希克勒（Schickler）关注了美国政治发展中制度层叠（institutional layering）的影响。尽管每个人的研究都只围绕着特定的政治领域，但他们依然希望提供一种能够全面理解美国政治发展模式的方法[②]，就像皮尔森（Pierson）原本为政治学提出的时间序列分析框架同样可以为社会学所使用[③]。

相反，历史学者却对“跨界”研究相当谨慎。以新政治史为例，尽管少不了归纳总结的工作，但通常都是从制度和文化的角度解释政策产生的结果。研究内容的不统一恰好说明学者的出发点各有不同。还有一些历史学者也不希望将其分析方法举一反三地应用在其他公共政策的研究上。

因此，当涉及政策历史的问题时，新政治史的因果解释就相当多变。例如，米拉佐（Milazzo）在追溯水资源控制政策（water control policy）的历史时，对环境运动导致该政策产生的说法发起了挑战，他认为是分肥政治（pork-barrel politics）和系统分析的行为意外地引发了这个政策。米拉佐写道：“经济发展的倡议者，导弹系统的设计者，还有修建水坝的官僚可能无法代表地球日集会（Earth Day rally）的群众……他们可以利用现成的组织网络实现个人目标，当发现水污染的问题之后，就试图影响决策者的解决方案。”[④]其他研究福利和财政政策的学者，对政治经济因素赋以更大权重。雅各布（Jacob）认为，“新政联盟”（New Deal Coalition）凭借刺激大众消费的政策，广泛团结了从进步时代到20世纪70年代广泛的工人阶级和中产阶级选民。“从一战到尼克松政府的长达六十年间，为了维持大众的购买力，政府实施了

① Carpenter D. P. , *The Forging of Bureaucratic Autonomy: Reputations, Networks, and Policy Innovation in Executive Agencies, 1862–1928*, Princeton, NJ: Princeton Univ. Press, 2001.

② Schickler E. , *Disjointed Pluralism: Institutional Innovation and the Development of the U. S. Congress*,Princeton, NJ: Princeton Univ. Press, 2001.

③ Pierson P. , *Politics in Time：History, Institutions, and Social Analysis*, Princeton, NJ: Princeton Univ. Press, 2004.

④ Milazzo P. C. , *Unlikely Environmentalists: Congress and Clean Water, 1945–1972*, Lawrence: Univ. Press Kansas, 2006, p. 5.

一系列高工资、低物价的制度和公共政策，但由此引发的自由主义又会让社会付出怎样的代价呢？”[①]克莱恩（Klein）发现，资本主义企业管理中与生俱来的不平等体制使工人面对个人养老金等问题时，永远处于劣势，福利国家对健保等福利政策的补贴，是透过集体协商确定的，而不是由国家拍板决定的[②]。

在最近一本著作中，汉密尔顿（Hamilton）曾断言，技术变迁——例如冷藏运输的普及——使消费品成本降低，从而削弱了“新政”背后的合理性。“公路、冷藏拖车和柴油机只不过是最寻常的技术，就其本身而言没有特别的革命性——却使农业企业严重破坏了‘新政’期间国家权力、有组织的劳工，和食品经济中大众消费的政治整合。”[③]波利斯（Boris）在对19世纪70年代到20世纪90年代之间女性上班族的研究中考察了性别对特定领域中工作规范的影响[④]。史密斯（Smith）通过回顾20世纪30年代公共事务支出和经济发展的历史，发现了政策发展背后的多重因素，包括官员的议程、选举以及政党利益，和社会运动对总统施政的影响[⑤]。

由于对政策史的日渐重视，学者们（Hacker & Pierson）呼吁要将政策研究重新带回美国政治的领域[⑥]。尽管大家从不同的角度应用这些常见的题材和历史档案，但每个学派都将不断完善各自的分析路径。

## 六　历史学者将何去何从

新政治史学兴起之后，短短几年间已产生一批颇有分量的学术成果，当

---

① Jacobs M. , *Pocketbook Politics: Economic Citizenship in Twentieth-Century America*, Princeton, NJ: Princeton Univ. Press, 2005, p. 262.

② Klein J. , *For All These Rights*: *Business*, *Labor and the Shaping of America's Public-Private Welfare State*, Princeton, NJ: Princeton Univ. Press, 2003.

③ Hamilton S. , *Trucking Country*: *The Road to America's Wal-Mart Economy*, Princeton, NJ: Princeton Univ. Press, 2008, p. 5.

④ Boris E. , *Home to Work*: *Motherhood and the Politics of Industrial Homework in the United States*, New York: Cambridge Univ. Press, 1994.

⑤ Smith J. S. , *Building New Deal Liberalism*: *The Political Economy of Public Works*, *1933–1956*, New York: Cambridge Univ. Press, 2006.

⑥ Hacker J. , Pierson P. , *The Theoretical Benefits of Policy Focused Analysis*, Presented at Annu. Meet. Am. Polit. Sci. Assoc. , Toronto, 2009.

然也有我们未及发掘的领域，其中之一就是政治经济史。除了少数几位学者之外，大部分关于政治史的研究都集中在福利、性别和种族问题上。学者需要重新回到对商业、劳工和政府间关系等传统议题，以及它们在塑造公共政策和制度中的作用研究。这为历史学者提供了一个与政治学者合作的绝佳机会，不仅仅在美国政治发展领域，还包括其他子领域，如政治经济学等。

同样被我们忽视的还有20世纪60年代之后的美国自由主义发展史。但讽刺的是，正是学者们一窝蜂地投入右翼研究导致了自由主义影响被严重低估，因为在1968年民主党全国代表大会（Democratic Convention）之后，有人断言自由主义阵营将发生内乱并迅速没落。

然而有学者（Zelizer）对这个说法产生了质疑①。例如，塔克（Tuck）认为在20世纪70年代之后，城市中的民权运动议题开始变得多样化，如关注监狱改革和城市选举政治等新问题②。戴维斯（Davies）表示在诸如联邦教育等领域的政策从20世纪70年代开始巩固了官僚和利益集团的权力基础。保守派自愿地或不情愿地接纳了这些项目，并将其纳入执政议程，推动了大政府保守主义的兴起。他这样写道："教育政策的情况不能代表反政府右翼取得了胜利，其成功的局限在于即使支持联邦资助的人（包括相当数量的保守主义者）也拒绝了80年代教育政策的里根革命。"③另外一项近期研究考察了20世纪70年代的保守主义者在应对能源政策时，为何扩大了他们原本打算精简的政府规模④。笔者近期的一本关于国家安全的专著中也发现里根总统曾在80年代早期提出过强硬的国家安全政策，却处处受阻，这样看来60年代自由派的政治力量和制度遗产仍然影响至今⑤。

和自由主义政治相关的另一个话题是：保守派掌权后会为政治系统带来

① Zelizer J. E. , *Arsenal of Democracy: The Politics of National Security — From World War II to the War on Terrorism*, New York: Basic Books, 2010.

② Tuck S. ,"'We are Taking up Where the Movement of the 1960s Left off ' : The Proliferation and Power of African American Protest During the 1970s", *J. Contemp. Hist.*, 2008, pp. 637-654.

③ Davies G. , *Government Grow: Education Politics from Johnson to Reagan*, Lawrence: Univ. Press Kansas, 2007, pp. 4-5.

④ Jacobs M. , "The Conservative Struggle in the Energy Crisis", in *Rightward Bound: Making America Conservative in the 1970s*, Cambridge, MA: Harvard Univ. Press, 2008, pp. 193-209.

⑤ Zelizer J. E. , " Rethinking the history of American conservatism", *Rev. Am. Hist.*, 2010.

怎样的变化①？有一项针对保守派掌权后的执政策略研究正在进行中，主要通过考察面对治理超大型行政国家的压力，保守派会怎样平衡他们早前提出的精简政府、发动战争的政策主张。除此之外，该研究还注意到一旦右翼失去民主党这一攻击焦点时，保守运动中的深层分歧也将呈现。与其说这是一段保守主义取代自由主义的历史，不如说新政治史研究将二者放在同等重要的位置来观察 20 世纪 70 年代两种并存的意识形态和政治力量是如何处理相互关系的。还有一些关心制度持久性（institutional persistence）和社会运动政治学的政治学家，同样可以在此领域发现他们和历史学者共同感兴趣的话题。

好消息是，该领域的研究还刚刚起步。历史学家、政治学家和政治社会学家可以继续体会跨学科研究的乐趣，并以更为开放的心态展开我们对于制度和政策的讨论。

① Jacobs M., Zelizer J. , *The Reagan Revolution*, Boston: Bedford Books. In press, 2011; Critchlow D. T. , *The Conservative Ascendancy: How the GOP Right Made Political History*, Cambridge, MA: Harvard Univ. Press, 2007.

# 重要概念 / 理论综述

# Literature Review on Important Concepts/Theories

# 比较政治学视角下的国家理论发展

张长东*

**摘　要**：作为比较政治学的核心理论之一，国家理论在过去四十年得到了实质性发展。首先本文梳理介绍了不同理论视角下的国家概念和国家类型。然后回顾了国家理论的发展，从20世纪六七十年代社会中心论主导到80年代初兴起的“找回国家”运动的国家中心论，再到80年代末90年代初兴起的国家—社会关系的再平衡。其次，文章第三部分从国家建构视角讨论了不同地区现代国家的形成及其相应的理论解释。最后文章对国家理论的研究作了一些方法论上的讨论。

**关键词**：现代国家　国家建构　军事—财政模型　比较政治学

**Abstract:** This paper reviews the development of empirical state theory in the last forty years. The first section introduces and discusses state concepts and typologies under different theoretical perspectives. Then it traces the society-centered theories, the“bringing the state back in”movement, and state-society relationships theories in comparative politics. The third sector reviews state building theories and its revised versions in different regions. The paper ends up with a discussion on the methodology difficulties of studying the state.

**Keywords:** Modern state; State building; Military-Fiscal Model; Comparative Politics

---

*　张长东，北京大学政府管理学院副教授，国家治理研究院副研究员。本文得到国家社会科学基金一般项目“基于国家能力理论视角的国家治理能力现代化研究”（编号14BZZ044）资助。

国家是人类历史上最重要的制度之一，现代国家则被认为是一国经济发展和社会进步的前提条件（也可能是问题本身），被赋予了越来越多的功能和责任。因此，对国家的研究，和对诸如权力和权威、民主与威权政体的研究等，都成为了政治学的核心研究话题。国家研究的理论发展一方面反映了政治学学科发展的状态，另一方面也推动着政治学及相关学科的发展。国家理论对于政治学理论而言具有根本性的意义。正如经济学需要预设一个市场——不管是何种属性的市场①——的存在才能研究个体、厂商乃至政府的行为，政治学研究需要一个揭示了的（explicit）或者至少是隐含的（implicit）国家概念作为前提基础。②

国家理论有多个理论源流，韦伯从组织和支配的角度对国家的定义在比较政治学里长期占据主导地位，马克思的阶级统治工具的国家理论也影响深远，斯密的守夜人国家理论则被发展形成了基于理性选择的新古典国家理论，霍布斯把国家视为提供秩序的利维坦的观点也不可忽视。这些不同的理论流派还互相影响，推动了国家理论的实证研究。

二战后，比较政治学学科里的国家理论经历了被相对忽视、各种“社会中心论”理论盛行（20世纪50年代到70年代中后期），到“重新找回国家”的国家中心论运动（20世纪70年代中后期到80年代后期），再到理论多元化三个阶段。③正如科学里面的范式转换一样，三个阶段中每个阶段都是对前一个阶段的反动，有时候甚至是矫枉过正。本文主要讨论第二、第三阶段的国家理论发展。鉴于国家理论文献众多、流派纷呈，且国内外已经存在许多综述性文章，以及本人时间和学力有限，本文并不试图对比较政治学里的国家理论作一个无所不包的综述，而是尽量找出其理论主要发展脉络，侧重讨论新近发展，作为读者进一步阅读的路线图。作者在写作中，在思路上较

---

① 某种意义上，经济学的发展和其对市场的预设非常相关：从完全竞争市场到各种形式的垄断市场的转变带来了博弈论、产业经济学等的发展，从市场零交易成本到正交易成本的转变带来了信息经济学、制度主义、公司治理理论，从市场主体是完全理性人到非完全理性人预设带来了行为经济学革命，等等。当然，经济学的研究也预设了某种国家或者政府理论。

② 在这个意义上，迈克尔·曼将其他学者认为是忽视国家作用的各种“社会中心论”理论视为是不同流派的国家理论，参见曼（2015）第三章。

③ 跟其他理论一样，这样一个阶段划分法也存在过于简化的问题，但大体比较符合情况，有助于我们把握其发展史。本文文中将会对其中的一些争议进行简介。

多地参考了以下几个综述性文献：Levi 2002 年的 *The State of the Study of the State*（Levi 2002），Migdal 2009 年的 *Researching the State*（Migdal 2009），以及 Vu 2010 年的 *Studying the State through State Formation*（Vu 2010）。因为在美国政治这一分支学科中，对国家的研究不多（但是也有少量很好的研究），且和比较政治学里国家理论的对话很少，因此本文不讨论。

本文的第一部分将介绍几个重要的国家的概念界定及几种重要的国家类型划分；第二部分将简要梳理二战后比较政治学界国家理论发展的主要脉络：国家理论的“缺席”到重新找回国家到国家社会关系的再平衡；第三部分侧重讨论国家建构，从动态的角度看现代国家的形成和演变，及其如何影响国家形态的多样性；第四部分作一个简短的讨论。

## 一、国家的概念和类型

在一本新近出版的书中，综合（但也抛弃许多要素）了霍布斯、马克思、韦伯、蒂利、奥尔森等人的国家定义，Centeno 等人把国家定义为“一套嵌在社会中的治理机构，被认为是一种提供秩序和公共物品的组织化支配的形式（Centeno, Kohli and Yashar 2017: 1）”。Vu（2010）则认为国家是政治行为者活动的机构性构造（institutional configurations），从方法论上讲，国家无法被作为一个自变量对待，而应该被视为是政治运行的场所或过程。和许多其他关于国家的概念一样，这两个概念揭示的因素和忽略的因素都很多，下面我们通过列举和比较一些关于国家的定义来讨论其中重要的因素。

基于理想型的方法论和用手段（暴力）而非目的或活动定义国家的考量，韦伯（2016）提出了国家的经典定义：“国家者，就是一个在某固定疆域内肯定了自身对武力之正当使用的垄断权利的人类共同体。就现代来说，特别的乃是：只有在国家所允许的范围内，其他一切团体或个人，才有使用武力的权利。因此，国家乃是使用武力的‘权利’的唯一来源。”然而这个经典概念本身是一个复合型概念，至少包含以下几个层次的意义。首先，国家领导者们通过掌握正规军和警察部队，消灭非国家控制的军队、民兵和强盗而垄断其社会中的主要暴力手段。第二，通过相对于国内和外部势力的国家自主性，国家官员们力图按自身的偏好行事，制定能重塑、忽略或绕开即使是最强大的社会行为者们的偏好的政策。第三，国家领导者们力图使其机构高度分化，从而使得其无数的机构都专注于治理其民众生活细节的各种专门化的、复杂的任务。第四，（通过集权）国家的建造者们希望这些机构相互能很好地协调，从而使国家的不同机构间有凝聚力、不同机构工作的人们有共同的目标（米格代尔 2009）。因为概念的复合性，韦伯的追随者们对国家概念的理解也突出不同的侧重点，难免见仁见智。曼（Michael Mann）扩充了韦伯的国家定义，认为“现代国家”具有一种行政、法律秩序，且后者随法律而变，同时，立法也决定了行政人员 —— 他们同样受制度约束 —— 的有组织行为。这一由秩序组成的体系要求对国家的组成成员、公民 —— 以及在很大程度上堆砌管辖范围内发生的所有事情 —— 拥有令行禁止的权威。因此，“现代国家”是具有明确地域的强制性组织（曼 2015：65）。吉登斯（1998）修正韦伯的概念，去掉了其垄断暴力工具和合法性两个要素，认为国家的“统治在地域上是有章可循的，而且还能动员暴力工具来维护这种统治（21页）”。国家意指行政管理机器，是由专门从事行政管理工作（包括军事技能）的官员所组成的等级体系（79 页）。

基于经济基础决定上层建筑的原则，国家也被马克思主义者定义为经济上占统治地位的阶级进行阶级统治的工具。根据不同的分类标准，国家可以被分为不同的类型。按照国家存在的生产关系基础，马克思及其追随者们将国家区分为奴隶制国家、封建主义国家、资本主义国家、社会主义国家和共产主义（国家消亡）社会。虽然未来得及提出一个明确的国家理论而且在其诸多著作中存在一些相互矛盾的思想，马克思主义很长时间内被认为是工具观的国家观，直到在 20 世纪 70 年代的国家相对自主性的争论的产生（后文将会具体论述）。[①] 魏特夫（1989）的“东方专制主义”理论强调国家作为一个组织，其某些特殊功能（如治水）而非其经济基础，会对国家形式（及其对社会的管控）造成决定性影响。安德森（2016）也修正了马克思的国家观。在农民起义的威胁和西方经济整体结构中的商业、制造业资本的压力相结合

① 关于马克思主义的国家理论及国家社会关系的讨论，参见俞可平（2013）有关论述。

的双重压力之下，在西欧产生了绝对主义国家。相对于高度分权的封建主义国家，安德森认为，绝对主义国家是政治法律强制力向上转移到中央集权化、军事化的顶峰。“绝对君主政体带来了常备军、常设官僚机构、全国性税收、成文法以及初步统一的市场”（4 页）。“经过重新部署和装备的封建统治机器，旨在将农民在读固定于传统社会地位之上 —— 这是对农民由于地租广泛转化所获得的成果的漠视和抵抗。（5 页）” 本质上，绝对主义国家还是封建主义国家，因为这一制度建立于封建主义生产关系之上，且维护封建贵族集体利益 —— 将农民和市民群众压制住社会等级制度的最底层。但却将作为组织的国家的这一面提出了。

与马克思和韦伯的传统不同，理性选择理论的国家概念强调国家中理性的统治者（ruler）的重要性。奥尔森提出了“国家是常驻的匪帮”这一高度简化却很有洞察力的剥削论 / 掠夺论国家观。奥尔森认为国家的本质是掠夺性的（而非为了善或者正义），但是有的匪帮是流寇，其手段是杀烧劫掠，一次性获得最多的战利品；一旦有的匪帮能够长期控制一片领地，他们会发现，杀烧劫掠并不能带来自身收益最大化，因为这样会摧毁生产力，不利于下次掠夺。因此，常驻的匪帮会选择收取最大化的保护费（税收）而非杀烧劫掠，并保护民众不受其他匪帮劫掠，从而成为了国家（Olson 1993）。因此，关键是统治者的折现率 —— 流寇的折现率（discount rate）很高，而坐寇（常驻的匪帮）则具有较低的折现率，（一个期望万世传位的）国王的折现率甚至低于民主体制下的总统或首相。列维也将国家（统治者）的目标视为税收最大化，但税收最大化并不意味着掠夺性国家。比奥尔森更进一步（但更早），列维提出了税收最大化的统治者面临三个因素的影响和限制：折现率、交易成本和讨价还价能力，从而提出了一个更为全面的分析框架并在此基础上分析了不同时期的国家形式及其税收形式（Levi 1988）。

诺斯（2002）提出了一个基于契约论但也融入了剥削论的国家观：“国家是一种在行使暴力上有比较优势的组织，它对纳税选民拥有的权力决定其地理疆域的延伸。”国家处于“规定和强制实施所有权的地位”，理解国家的关键在于“潜在的利用暴力来实现对资源的控制”（ 22 页）。国家之所以重要是因为存在国家悖论：国家的存在对于经济增长来说是必不可少的；但国家又是人为的经济衰退的根源。国家规定和实施产权制度的时候，存在一个悖论：降低市场交易成本以促进经济效率从而促进经济增长；降低税收提取的交易成本从而增加国家税收。此外，统治者往往需要借助代理人实行统治和征税，但代理人往往和统治者有不同利益，需要统治者支付不同水平的监督费用。诺斯称之为交易成本约束。另外一个约束是竞争者约束：国外的竞争者和国内的潜在竞争者。统治者需要为（核心）选民提供公共服务以获取其支持以战胜国内外的竞争者。诺斯进而认为人口变化（影响土地和劳动的相对价格，从而影响所有权）、自然地理条件、地区资源和国家的军事技术在决定国家的规模和特点以及在塑造经济组织的形式方面，起了决定性作用（65 页）。诺斯虽然强调了国家的重要性并提出了许多极富洞察力的观点，但是他对动态发展的动力归因于相对价格变化和意识形态变化，因此并无法提供现代国家形成和变化的理论。

和诺斯类似，华盛顿学派的另外一位代表人物巴泽尔（Barzel 2002）认为国家有两个组成部分：一、一群受单一的、运用暴力以实施（产权和协议）的最终的第三方约束的人；二、此实施权所覆盖的、这群人所居住的疆域（4 页）。列维（Levi 2002: 40）将国家界定为“一个权力集权化且制度化的复杂机构，它在一定的领土范围内集中（concentrate）了暴力、确立了财产权并规制社会。这一机构也得到了国际社会的正式承认”。对理性选择者而言，国家理论充满内在的矛盾：国家是由一群利益最大化的个体构成的，但这群人却被要求提供各种公共物品（而非寻租）。① 因此，我们需要从理性选择理论进入（比较）制度主义理论，研究制度如何激励和约束个体行为者，来更好地定义和构建国家理论（Evans 1995: 25）。

和国家概念非常紧密联系的概念是主权 —— 完整的主权也是国家区别于其他组织的一个核心特征。Krasner（1999）认为有四个主权概念，本文将其归纳为表 1。

---

① 诸斯在其早期的研究中强调意识形态的重要性，但在 90 年代前后也开始关注一些制度设计，如宪政（constitutional government, see North and Weingast 1989）对约束统治者权力的作用；Weingast（1995）也强调了联邦制扮演的分权制衡作用。

表 1　四种主权及其定义和特征

| 主权种类 | 定义 | 特征 |
| --- | --- | --- |
| 国际法律主权 | 具有独立司法权的并占据一定领土的实体之间的相互承认 | 权威和合法性，行为的恰当性 |
| 威斯特伐利亚主权 | 外部势力不干涉一个（领土国家）内政 | |
| 国内主权 | 一国之内政治权威的正式组织以及公共权威能有效控制边疆 | 权威和控制 |
| 相互依赖的主权 | 公共权威有能力规制信息、观念、物品、人员、污染物和资本流出流入本国边界 | 控制 |

对于一个既定国家，四个主权可能但并不一定是正向相关的，而是可能参差不齐的。这种发展中国家尤为明显。

## 国家类型

前文提到，国家是个复合型概念，包含多个维度，因此按照不同维度进行分类就能分出很多国家类型。此外，还可以通过加前缀形容词增加新的维度。此文仅介绍几种分类，文中还会从经济发展的角度讨论国家类型学。

韦伯认为经济社会发展的关键特征是理性化和科层化。在此基础上主要区分了家产制国家和现代（理性化）国家。理性国家（rational state）：以有专长的官吏阶级和合理的法律（形式主义的司法）为基础，实行有连贯性的先后一致的经济政策（重商主义）（Weber 1968）。如后文将重点讨论的，现代国家的形成很大程度上就是家产制国家向理性国家转变的过程。[①] 当然，这个分类法也是基于理想型的方法论而无法被简单套用。譬如，中国历代王朝会被认为家产制和官僚制混合体国家。一个原因是农业无法产生足够的剩余来供养一个庞大的官僚体系，因此虽然取代分封制的郡县制在秦汉时期就确立，取代贵族制的科举制（基础上的官僚体系）早在隋唐时期就形成，但国家的职能范围有限（税收、治安、赈灾）、渗透能力有限（皇权不下县）、官僚化程度有限（严重依赖非官僚化的胥吏进行治理）。

熊彼特的国家类型说。以国家的财政收入来源作为分类标准，熊彼特

① 关于历史上的国家类型及其变迁演进，以及民族国家的类型，参见吉登斯（1998）有关论述，本文不再专文综述。

区分了“领主国家（domain state）”[①]、税收国家、租金国家（rentier state）。其中税收国家指国家通过常规性地征收税收获得主要收入的国家形态；租金国家则是依赖源自自然资源（如石油、矿产）等收入的财政资源的国家（Schumpeter 1918）。财政国家则是国家可以通过以未来税收为抵押的借贷获取临时性的大量资金。Lieberman 进一步拓展和细化了基于税收国家的类型学，提出了五类税收国家：弱税收国家（Skeletal state，直译为骨瘦如柴型国家）、租金国家、共产主义国家（类似于刘守刚〔2015〕提出的现代型家财国家），并根据精英阶层是否纳（更多的）税把税收国家分为两类：对抗型税收国家（精英群体不纳税）和合作型税收国家。

熊彼特赋予了税收和财政极度重要性，认为既是政治经济社会变迁的重要原因又是重要结果：一切重要的经济社会变迁都可以找到财税的根源。这些变化包含现代国家的产生（这一点熊彼特并未明确阐释）[②] 和代议制民主制度的确立 —— 这一点也是“无代表不纳税”原则的体现。

不难发现，韦伯的国家概念和熊彼特的国家类型说存在一定的契合性，其重要原因是官僚制需要税收制度作为支撑。我们在后文会看到，国家建构理论的原型军事—财政国家理论就受到二者的深刻影响。

曼对这两种国家权力之间关系的讨论更好地体现了国家自主性和国家能力之间的关系（后文会具体阐释这些概念）：基础性权力并不必然和专制性权力正相关，二者之间的关系可以是各种组合。如果我们以二者为纵轴横轴做图（见图 1），那么存在四类极端的类型，还有更多国家则是分布于四个角之间。

① 国内学者刘守刚、马骏称其为“家财型”，并认为存在传统的和现代的家财型两类：传统的家财型国家指君主制下君主直接占有领地并从领地获得主要收入；现代的家财型国家主要是指那些实行计划经济体制的国家，在这些国家，广泛的国家所有制使得国家的财政收入主要来源于国有企业上缴的利润。租金国家是指那些主要依靠国家垄断的自然资源出口而获取租金收入的国家（马骏，2011：20）。

② 而正如我们会在后文强调的那样，这一观点在 20 世纪 80 年代被以蒂利（Tilly）为代表的国家建构理论学者们所继承和发扬。

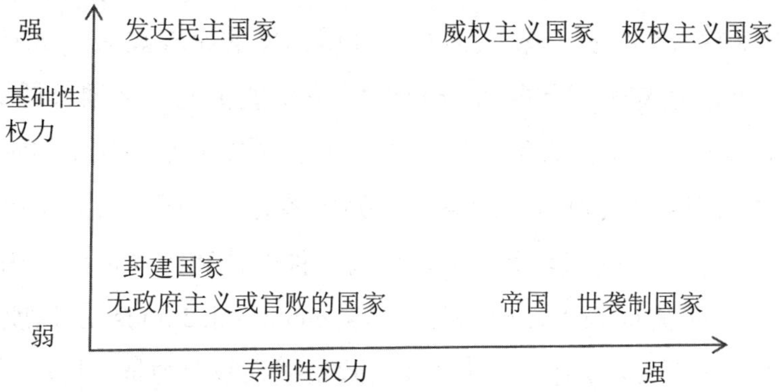


**图 1　基于两种权力划分的国家类型（改编自曼）**

国家的静态的类型分析有助于提供清晰的概念，但国家类型的动态演变则更能加深我们对国家本质及其功能的认识。本文的第三部分所讨论现代国家的形成，尤其是基础性权力增长背后的动力，也会涉及到专制性权力的消长。

按照国家能力的强弱，我们可以将国家区分为强国家、弱国家、失败国家或崩溃国家等。当然，因为国家能力往往指的是多项能力，因此可能存在有的国家指某项能力上特强，但在另外国家能力上却很弱的情况。强国家往往是长期的、充满流血历史的国家建构的成果，其他类型国家则缺乏国家建构的历史或国家建构失败。相对于中央集权且强力的现代民族国家，有机国家（organic state，此处有机一词借助斯宾塞的有机团结概念）无力直接和广泛地渗透社会，但因为存在宗教归属或缺乏较强的政治化的种族差异却也能获得民众精神上的效忠 —— 因为除了国家之外民众缺乏替代性的认同或可依附物（Badie 2000: 5）。

## 二、从国家的缺席到重新找回国家[1]

政治学的行为主义革命认为正式制度规则和现实政治之间存在巨大的鸿沟，强调对现实政治的研究。在美国政治中，对“政府过程”的研究 —— 政

① 读者可参考 Hagopian（2000）关于比较政治学对政治发展的研究的综述性文章以获得进一步的认识，该文章提供梳理的文献范围更广一些。

党的运作、利益集团和政策游说、公众舆论和投票行为研究等取代了对国家和正式制度的研究。二战后新兴的对发展中国家的比较政治学研究侧重于政治发展研究，多数基于现代化理论和结构—功能主义，强调公民文化研究。马克思主义的影响在国内政治层次主要在于巴林顿·摩尔开创的阶级和民主化的关系，在国际层次则是依附论和世界体系论。[①] 正如马克思主义强调阶级分析，多元主义（利益集团理论）强调各种群体和团体，而将国家视为社会中心论——亦被称为“社会还原论（societal reductionism）”或情境主义（contextualism）[②]，及将国家的性质及其政策视为社会力量对比的反映，国家自身缺乏自主性。

然而，国家这一概念及相关理论分析并没有在那个时代被彻底遗忘，一些学者提出了非常重要的呼吁，其代表性人物是亨廷顿、内特尔和奥唐奈。[③] 虽然没有使用国家一词，但亨廷顿在其《变革社会中的政治秩序》中提出了许多和国家理论相关的概念和理论分析，尤其是其“制度化”概念和理论，直接或间接地影响了 70 年代末开始复兴的国家理论。如米格代尔（2009）所归纳的那样：

“亨廷顿没有使用‘国家’这个词——当时这个词已经过时——但是国家还是不断地在他的分析中呈现出来。事实上，国家回归的潮流正应该归功于亨廷顿；他没有用一个词汇来确切地指称国家，他所描述的是在一定范围内（国家）的公共机构排列的行动和特征如何对社会产生了巨大的影响。他使得公共机构重返学术舞台的中央。他的理论还暗示如果我们仅仅关注国家是如何发展它的制度的，那么我们的视野就无法更加深入。他的论点很简单：只有当政治制度化的程度超过政治参与的程度时，才能产生稳定的、为公益服务的政治。”

---

① 依附论和世界体系论则从马克思主义理论出发，将阶级分析运用于全球体系，强调国际劳动分工对发展中国家发展的客观限制，国家也不是其分析对象。

② 马奇和奥尔森（2011:3）。

③ 此外，还有 Social Science Research Council（U.S.）, Committee on Comparative Politics 编的政治发展丛书，其中几本书涉及到国家和官僚制的发展。如 LaPalombara, Joseph and Carl Beck, 1963, *Bureaucracy and political development*, Princeton, N.J.,: Princeton University Press; 而 Tilly, Charles, Gabriel Ardant, 1975, *The Formation of national States in Western Europe*, Princeton, N.J.: Princeton University Press，则是直接开启了国家建构的理论源流。

奥唐奈（2008[1973]）则批评了现代化理论经济发展带来民主的预设，提出了官僚威权体制相对于经济社会变量的独立性和影响经济社会发展的作用。虽然没有明确提出国家概念，但是却也标志着学界对各种社会中心论的深刻反思而且概念中对军队和官僚机构的重视和后来的国家主义文献一脉相承。

基于韦伯的理想型国家概念使得人们忽视了不同国家的差异，内特尔（Nettl 1968）提出了“国家性（stateness）”这一概念，提出应该将国家视为一个概念性变量而非常量——不同国家间存在质和量的区别——只有这样我们才能进行有意义的实证的比较研究。[①] 内特尔列出了国家的以下四个特征：

（1）国家是具有一系列功能和结构的集合体；

（2）国家在国际关系领域是一个单一的行为体；

（3）国家是代表了社会一般性的一个自主的集合体和概要概念（The state represents an autonomous collectivity as well as a summating concept of high societal generality）；

（4）国家本质上是一个社会文化现象（有其主观和建构层面）——国家的边界正是存在于此而非其他三个层面。

虽然没有很快改变学界的研究风向，但是内特尔的理论引起了学界的反思并产生了深远的影响。很快就兴起了“把国家带回来（bringing the state back in，或译为‘重新找回国家’）”的运动，强调政治社会变迁乃至经济发展中国家的核心作用。

## 重新找回国家

然而，正如韦伯指出的那样，国家自身是一个组织机构（organization/institution），而相对于组织程度松散的社会群体（如阶级、利益集团等）而言，组织化了的国家会呈现许多自身特征——这些特征包括自主性、（横向和纵向的）集中化程度、委托代理关系等。[②] 进而有学者将政治视为基于层

① 几乎在同一时期，萨托利从方法论上强调比较政治分析中存在概念拉伸（concept stretching）的问题：基于西方国家经验归纳的概念被带到非西方国家“旅行”，在分析运用中却不加审视，不顾概念是否适用于新的语境。参见 Sartori（1970），在国家研究中，也存在一些研究者直接将韦伯的理想型概念直接用于分析发展中国家的问题。

② 米歇尔斯也从组织的角度出发提出了寡头统治铁律。

级原则（hierarchy，背后是权威的运用）组织的制度，将市场视为基于交易（exchange，背后是自愿原则）的制度。

70 年代末以来，一些学者开始将国家这一概念作为核心研究对象，从而掀起了一场以 1985 年编辑出版的《把国家带回来》一书（论文集）为高潮的学术潮流，倡导以国家中心论范式取代之前的各种版本的社会中心论。这方面文献众多，包括 Stepan（1978）对秘鲁的研究、斯考切波对国家和社会革命的研究、埃文斯对“依附性发展”的研究（Evans 1978）[①]、Nordlinger（1981）关于资本主义国家自主性的研究，等等。基于这些文献，Krasner（1984）在一篇综述性文章中归纳最近十年内的国家主义文献区别于行为主义革命文献的五个主要特征：

（1）国家主义者视政治为统治和控制而非（资源）配置（伊斯顿的定义）；更强调针对国内外的威胁维护既有秩序而非在政治行为者之间配置利益；

（2）认为可以将国家视为一个行为者 —— 从而作为一个外生变量或者中介变量，而非一个反应社会特征或者偏好的因变量；

（3）强调正式和非正式制度对个体和群体行为的制约 —— 制度限制乃至决定了行为者对自身利益的界定和手中的资源；

（4）更注重历史的重要性（historical cure）—— 这一点在 90 年代以来发展成为历史制度主义 —— 并由此产生了第五个特征；

（5）反功能主义：结构的存在并不是因为其发挥的功能，功能的发挥并不一定带来相应的结构。

Krasner 认为这五个特征并不构成一个一致、连贯的普遍性的国家理论 —— 因为这样一个理论基本是不可能的。

虽然作为区域研究和发展研究的产物而一开始并未有意介入国家回归学派的讨论，但基于东亚经验的发展型国家理论从一开始就天然成为国家回归

① 埃文斯的研究批评了依附论的结构论观点，提出了国家的作用以及国家一跨国企业一本国企业三角关系中不同联盟的可能性及其对发展结果的影响。此后，埃文斯 80 年代在一系列论文进一步突出国家的作用，将韦伯尤其是其官僚制研究带入了发展研究，强调国家 —— 具有韦伯式官僚制的国家 —— 对经济发展的决定性作用。

学派的经典理论。发展型国家理论对国家在经济发展中的主导作用、对官僚体系的强调都和国家学派非常契合。①

作为对各种社会中心论的反动，国家回归学派强调两个核心概念，国家自主性和国家能力——也就是国家既有意愿也有能力做自己想做的事情，乃至改变经济社会力量。曼的两种权力观——专制性权力和基础性权力，很大程度上把握住了国家自主性和国家能力理论的核心要素。专制性权力指国家精英对公民社会的分配性权力，“它源自国家精英能不经和公民社会群体协商的程序而采取行动的范围”。相反，基础性权力是“国家中央机构——无论是否专制——渗透入其疆域并准确地执行其决策的制度性能力（Mann 1986）”。曼指出基础性权力是集体性权力，社会“之中的权力”（power through society），通过国家的基础性机构协调社会生活。国家在促进社会变革时所能起的作用和其基础性权力的强弱成正比。

国家自主性：从相对自主性到国家自主性

一些新马克思主义者们（包括前文提到的安德森）意识到国家并非简单是被统治阶级直接控制并进行阶级统治的工具——“在资本主义社会中，国家首先是统治阶级的强制机器，它本身为它的所有制和对生产资料的控制所限定”（米利本德，1997:9-10），从而提出了国家的“相对自主性”概念和理论：国家制定并执行服务于整个统治阶级的根本性利益的政策，而非简单听命于统治阶级的某个特定集团或个人（米利本德，1997）。

对（阶级统治）工具说和（多元主义的利益集团竞争的）场域说忽略国家作为一个机构的独立作用——尤其是其作为独立行为者——的忽视的不满，国家中心论者提出了国家自主性概念：（作为一种对特定领土和人民主张其控制权的组织）国家可能会确立并追求一些并非仅仅是反映社会集团、阶级或社团之需求或利益的目标（斯考切波 2009：10）。

基于韦伯的官僚制理念，自主性意味着一个高度内聚的、基于能力和成就录取并晋升的韦伯主义的官僚体制。这个官僚体系能调动大量的财政和行政资源，且往往有（通过共同的教育经历和职业经历形成的）共同的意识形

① 鉴于有两篇很好的中文综述文章，朱天飚（2005）以及耿曙和陈炜（2017），本文不再阐释发展型国家理论的发展脉络。

态或理念认同等非正式规则作为支撑。① 国家回归学派主要关注国家自主性及其对于政策（宏观经济政策、产业政策、社会福利政策等）制定的影响。

从类型学上，学者们区分了三类国家自主性：一、国家和社会行为者偏好不同，但国家坚持己见制定并执行政策；二、二者偏好不同，但国家能说服社会行为者改变偏好，并制定和执行政策；三、二者偏好类似，国家依据自身偏好制定和执行政策。

受发展型国家理论影响，埃文斯重新界定了国家自主性，视其为保证国家（具体部门）能从长远考虑集体利益而非服务于官僚或政客的利益② 或某些特殊社会力量的利益③。因此自主性包含两方面的内容：高度内聚的官僚体系和自主意志。

国家自主性是一个理想型概念，将国家视为一个单一的行为者，然而这样的预设往往无法成立。理性选择理论者倾向于将国家分解（disaggregate）为具体的机构乃至个人，而不像国家学派那样将国家视为一个高度凝聚力的行为者。贝茨发现非洲许多国家的政策制定者往往制定损害经济发展的政策，但他们这么做并不认为是不理性的体现，相反他们认为是非常理性的：这些政策有利于他们取得权势集团的支持而维持权力（Bates 1998）。只有当普通民众拥有决定政策制定者命运的权力（也就是有选票）时，政策制定者们才会制定有利于普通民众的促进发展的政策。而格迪斯则将这个问题用更直接的方式展示出来。她假定政客（politician）和官僚都追求职业成功，因为无论你是现实主义者（为了权力或者个人利益而权力）还是理想主义者（通过权力实现其他目标和价值），权力都是实现目标的工具，所以要实现利益最大化，首先必须能够保住职务。不同于斯考切波等国家学派对外部经济和军

---

① 帕特南（Putnam 1988）基于打破国际政治和国内政治研究的分割而提出的双层博弈（two level game）理论认为，政治家同时面临国内外双重压力，一方面需要和国内利益集团和群体建立联盟以获得支持和权力，一方面需要和其他国家谈判取得共识并达成协议。如果我们把帕特南的逻辑再推一步，那么我们会发现一个聪明的政治家虽然受着夹板气，但可以游刃于二者之间而获得自主性：他既可以借国内压力增加国际上的讨价还价能力，也可以借助国际压力增加国内讨价还价能力。正如发展型国家理论强调的那样，险恶的国际环境和国家脆弱性有助于凝聚共识和增加国家自主性。

② 此处，埃文斯的自主性定义区别于前文提到的自主性——国家的目标不受社会力量的影响和制约。

③ 与此相关的是奥尔森（2007）提出的分利集团对国家经济政策的影响即对经济发展的长期影响。

事威胁的重视，格迪斯认为外部威胁固然重要，但政客们在采取何种策略应对时也会考虑如何在国内也促进自身的利益，而这在不同的制度下会对国家自主性和能力造成不同的影响。而官僚们也同样受到制度的影响而在实施政策中力度不一。旨在提高国家能力的改革即使不遇到既得利益的阻力，也往往因为是公共物品而面临集体行动的困境而无法实现。[①] 这一政治家的生存逻辑被梅斯奎塔及其合作者们（Mesquita et al. 2003；梅斯奎塔等，2014）发展成为“选举团理论（selectorate theory）”, 强调致胜联盟而非政治制度（乃至于民主和威权体制）的重要性。[②] 这类研究很大程度上解构了国家自主性，至少论证了国家自主性存在条件的苛刻 —— 这一点斯考切波也曾提到。

国家能力[③]

和基础性权力对应的概念是国家能力。斯考切波（2009）认为国家能力是国家（通过）实行政策实现其目标的能力，并认为存在总体的国家能力和按政策领域区分的国家能力 —— 同一个国家在不同政策领域的能力不同。斯考切波进而提出了国家能力是个相对概念并要放在一个和社会相互关系的视角（relational approach）下分析，但在其研究中更多强调的把国家作为自变量的单向度的分析。

吉登斯（1998）则借助福柯的监控概念，强调有组织的信息的收集和组织，以用于：一、监视被管理人群的活动；二、机构中上级监视或控制下级。吉登斯认为监控能力是国家能力的基础。

针对“国家回归学派”或“国家中心论”是否带来了范式转变，产生了一系列学术争论，很多学者认为存在言过其实、矫枉过正的问题。其中著名的是阿尔蒙德对国家中心论的严厉批评及其引起的回应。阿尔蒙德（Almond 1988）认为国家中心论者对多元主义和马克思主义的批评太夸大其词，认为多元主义和马克思主义者都强调过国家中心论的主要观点。回应者们则认为阿尔蒙德夸大了之前理论对国家的强调。

① 这段话摘自作者的另一篇文章（张长东 2014），有略微改动调整。
② 一个批评见 Gallagher and Hanson（2015）。
③ 本文不综述国家能力相关研究，中文文献参见黄冬娅（2008）、张长东（2014）。

## 国家—社会关系的再平衡

国家中心论者基于发达国家或快速发展的东亚国家得出的理论，在运用到第三世界国家时发生了各种困难，这引起了学者们的反思，强调将国家置于社会背景中研究。

米格代尔认为基于韦伯的理想型国家概念的理论过于脱离现实，尤其是第三世界的现实，从而影响学者更好地分析国家。米格代尔认为在发展中国家，国家只是社会中众多组织中的一个（更严谨地说，一类）组织，其垄断合法性使用暴力及制定统一规则能力的程度国家间差异很大。国家和社会处于争夺社会控制的零和博弈之中：只有当国家成功地将社会控制从社会精英（他称之为地方强人）的手中争夺过来时，国家才能更好地让民众服从它而非其他社会组织制定的规则。①

为了进一步分析国家和社会的接触和相互影响，米格代尔（2009）拒绝将国家视为单一的行为者，而是将其拆分。他提出将国家分为四个层级：国家领导、中央（联邦）政府各部门、地区级行政官员、街头官僚（field officers）。在每个层级，国家行动者面临不同的社会行动者和内部的政治斗争，上一层级的政治也会影响下一级的政治，而最下一级的国家和社会关系也会影响到国家高层执行政策的效果——亦即国家能力。米格代尔进而提出了改进版的韦伯式国家观："国家是一个权力的场域，其标志是使用暴力和威胁使用暴力，并为以下两个方面所形塑：一、一个领土内具有凝聚性和控制力的、代表生活于领土之上的民众的组织的观念；二、国家各个组成部分的实际实践。"并在此基础上提出了其社会中的国家分析视角（approach），兼顾国家观念和实践："视角一应把国家视为一种强大的观念，它界定清晰、高度统一，且能够被单一的措辞所言说（例如，一个标题性的说明，"以色列接受巴勒斯坦的要求"），就如同国家是一个单独、积极的演员在以高度集中的方式展示其在明确疆域上的统治术；视角二则是将国家视为一系列松散联系

① 这一点其实还是和韦伯的思路相契合的，韦伯认为近代国家的发展（亦即下文的国家建构的过程）是君主对以往有权支配这些工具的所有自主的身份制官员的剥夺，从而将组织的物质工具集中到其领导人的手中，实现垄断。

的碎片的实践，在这里，国家与其它境内外的组织之间的边界往往未能清晰界定，且后者常常会创制出相互冲突或直接与国家法律相冲突的规范。”[①]

发展型国家对国家自主性的片面强调也被埃文斯的“嵌入自主性（embedded autonomy）”理论所纠正。嵌入自主性指的是“国家有一个成熟的韦伯主义意义上的官僚体制，使其不会为强大的寻租集团所操纵；同时，国家精英处于一个使得他们能和公民社会中的私人部门保持联系的网络之中”。从国家自主性和嵌入性两个维度出发，埃文斯认为存在不同类型的国家及政企关系。埃文斯认为如果光有国家自主性而缺乏国家和企业的联系纽带（信息和沟通），自主的国家也无法制定有效的产业政策推动产业转型。理想的状态是既有国家自主性保证国家（具体部门）能从长远考虑集体利益并不是服务于官僚或政客的利益——也使得其不为企业所俘获，又有嵌入性使得国家能够和具有具体市场信息和激励的企业沟通互动，才能制定有效的产业政策（Evans 1995）。从理论原创角度而言，这其实是继承了1985年《找回国家》一书中斯考切波倡导但未能做到的研究国家能力需要采取关系型（relational）视角的思路。表2发展了埃文斯的国家类型和经济发展的关系。[②]

**表2　经济发展中不同的国家类型**

| | | 嵌入性 | |
|---|---|---|---|
| | | 强 | 弱 |
| 国家自主性 | 强 | 发展型国家（1950—1980日本、韩国） | 规制型国家（美国） |
| | 弱 | 庇护主义国家（裙带资本主义或国家被俘获）（巴西、印度） | 无政府主义/掠夺型国家（扎伊尔） |

来源：根据Evans（1995）的两个维度制作，参考了Grzymala-Busse（2008），作者修改了中间型国家为庇护主义国家，加入了规制型国家。

与此同时，埃文斯在强调政（国家）商（企业）关系的同时，也重新

① 国家是一个与自身相矛盾的实体。为理解支配这一概念，要有两个不同层面的分析，一个层面是关注全体的、统一维度的国家——强调其整体性——这点在国家观念中可以体现出来；另一种分析方式是对这种整体性的解构，它更偏好于检视互相强化的、矛盾的实践以及各个不同部分之间的联合。“社会中的国家”模型关注的正是国家的这一矛盾性；它要求学习“支配与变革”的学生在观察国家时能够具有双重视角。

② 一个综述文章，参见Johnson and Koyama（2016）。

分析了国家社会的正和博弈——国家社会协同关系（state-society synergy）（Evans eds. 1996）。科利（Kohli 2002）在一篇综述性文章中也讨论了这一问题。王旭通过将曼的两种权力观分析米格代尔和埃文斯等人的研究，提出国家的专制性权力是和公民社会群体的零和冲突，而基础性权力则是可以伴随着强而有力的公民团体的发展的，存在正和博弈的可能性并探讨了其条件（Wang 1999）。

## 三、国家建构：现代国家的形成

20 世纪 90 年代兴起的国家建构的研究很大程度上使得国家主义者摆脱了静态比较（comparative statics）面临的方法论困境，把国家（自主性和能力）作为因变量而非自变量甚至更进一步研究其背后因果机制。可以更好地研究不断变动之中的国家，同时可以更好地把握众多相关行为者（而非简单将国家视为具有统一意志的独特的单一行为者）之间的互动，国家社会"边界"的变化，把握正式制度和非正式实践的互动（Grzymala-Busse and Luong 2002）。也正如 Vu 提出的那样，通过研究国家建构的关键时刻和演变进程研究国家，能够为我们提供两个新的视角。一是把物质和非物质的因素都纳入分析，因为之前的研究更侧重官僚体制的建立和国家暴力的垄断，但对国家垄断知识和合法宣传却言之甚少；二是国家不再被定义为自主的行为者而是政治行为者活动的制度构造（institutional configurations）（Vu 2010: 151）。国家建构并非一个简单的自上而下的动员和提取过程，战争还创造了一种促进（绝望的）民众团结和认同的氛围和符号，使民众和国家牢牢结合在一起，民族主义应运而生。与国家建构相并行的还有民族建构（nation building）过程，也就是对政治共同体的认同的形成过程，往往和民族主义结合在一起。

前文提到，现代国家区别于传统国家的一个重要特征是其动员和汲取社会资源的强大能力、使用武力的能力。而这些能力的提高和一个中央集权的理性—法理的官僚体系并行不悖且相互加强。某种意义上讲，国家建构的过程就是统治者通过建立各种政治机构来提高国家能力的过程，但这个过程中统治者需要和精英合作或者对抗，需要从社会大众提取各种资源。

国家建构的过程是一个集权的过程：一方面是中央集权，在国家内部形成一套持久的机构（即使联邦制也比封建制更为集权），实现政治权力向上集中；一方面国家集权（concentration），国家的功能扩充，对经济和社会进行各种渗透和干预，提取税收资源，并形成和社会的特定关系模式（民主还是威权主义）。[①]

国家建构（state building，或者 state formation）的过程往往是和政体形成的过程同时进行的。政体形成包括民主还是威权体制，尤其是其各自早期的形式代议制（有限）民主和绝对主义政权的形成。民主化的研究者们，如摩尔等，往往注重于政体形成本身而不关注国家建构过程；但国家建构的研究者却往往同时关注二者。

## 西欧国家建构——国家建构的经典理论

区别于之前社会中心论的学者强调国家是对国内社会经济结构的反映，地缘政治学者强调国际因素——国家和国家之间的战争以及战争威胁的重要影响。国家建构的主要动力是战争，但是战争的形式、持续时间、激烈程度和发生的频繁性[②]都影响国家建构，这也就解释了为何现代国家最早出现在15世纪以来的西欧而非其他地区。[③]15世纪以来西欧的军事革命，尤其是常备军的产生、火器的使用、运输力的加强，大大提高了战争的成本，使得战争的规模经济优势得以形成，从而促使国家的规模也需要相应扩大、权力更加集中。

军事—财政模型

战争的关键作用被蒂利的名言“战争造就国家，国家发动战争（war makes state, state makes war）”所形象地展示。战争和战争的威胁使得统治者必须竭尽全力动员国内人力物力以建立强大的军队，而为此需要建立强有力

① 第二点涉及民主化问题，此处只是简单讨论。

② 譬如在一篇开创性的文章“军事组织与国家组织”中，欣兹（Hintz）提出国家间冲突比阶级冲突是更为重要的影响国家形式的因素，认为一个既定国家（和他国的）地理交界线长度影响领土受威胁的程度，从而影响其是否形成绝对主义国家（或地方自治）。转引自艾特曼（2010：8—9）。

③ 关于春秋战国时期的中国的国家形成及其和西欧的对比，参见许田波（2009）。

的行政尤其是税收机构。生存的压力迫使统治者建立现代国家，现代国家又在持续的战争中不断适应并改进。用孟子的话说，就是生于忧患。

蒂利（2012）、布鲁尔（Brewer 1989）、曼（2015）等人提出的国家建构的军事—财政模型基本观点是：战争和为战争提供必须的人力物力（财力）资源成为了统治者最严峻的挑战。那些成功动员（提取）了资源并有效组织战争的统治者生存了下来，甚至征服和兼并了其他国家（而获得了更多的资源）；那些未能有效动员资源的统治者在战争中被更强大的对手战败，失去了政权，国家也被吞并。所以，这里就出现了两个核心变量，战争和征税[①]。税收能力的提高往往是和行政体系能力的提高相互促进：更多的税收能够供养更大规模更有效的官僚机构，后者又促进税收的增加。[②]税收之外，君主的另一个财政来源是借贷：向资金富足的商人借贷。

当战争和战争的威胁是一个常量的时候，征税的方式和难度成为一个核心解释变量。又是什么因素决定了征税的难度呢？蒂利（2012）强调资本的总量及其集中对国家建构的影响。农业生产方式对国家建构也有重要影响。当地主需要借助中央政府的权力（暴力）控制农民进行农业生产时，中央集权更容易发生；当地主更多借助市场或地方性暴力（而非中央的暴力）控制农民时，地方更具有自主性（Moore 1966; Brenner 1976）。农业的商业化以及其他的资本和商业提供了战争所需的资金，但因为其流动性较强，国家不易通过暴力手段征收而更需要通过代议机构征收。

以蒂利为代表的军事—财政国家建构理论被后续者批判性发展，主要是两个方向。一是强调战争以外的因素对国家建构的影响，甚至否认战争的重要作用。如 Spruyt（1994）以 1400 年前后的法国为例，认为即使没有战争或者战争的威胁，统治者也可以在贵族的默许（以税收豁免权为代价）和市民的税收支持下建立起官僚体系；一是强调战争和税收对不同国家的国家建构的影响是不同的，受到其他因素作为中介变量的影响。

---

① 征兵被重视的程度远不如征税，Levi（1997）是一个征兵和国家制度变迁的经典研究学者。

② 当然，Kiser 和 Schneider（1994）认为短期内有效增加税收的办法可能是包税制而非官僚化。但包税制的做法往往是不可持续的，造成“政权内卷化”，长此以往造成的危害很大，参见孔飞力（2013）和杜赞奇（2010）。

从结构到行为者

结构解释具有很强的解释力，但是行为者（统治者）的作用同样不容忽视。战争和战争的威胁使得统治者为了政治生存而努力通过加强军事实力和行政管理能力，但这并不能解释不同国家不同的国家建构努力和结果：有的统治者采取了很大的努力但有的却无所作为；有的统治者建立了强大的国家并吞并邻国乃至于建立海外殖民地，但有的统治者却社稷不保。虽然很多时候统治者会在类似结构压力下选择类似的行为，或者他们模仿成功案例，但是行为者的选择很多时候还受到国际和国内结构之外的因素影响（Dincecco 2015）。这些因素中被重点研究的因素主要是精英的意识形态、精英间关系、宗教信条等。已有的政治制度如行政体制和代议制机构也会起一定作用。除了战争胜败、外交联盟等外部解释因素之外，我们还需要寻求内部解释因素。这就回到了国家自主性问题和摩尔提出的民主和专制的社会根源问题，需要把国家建构和政体形成两个重要问题结合起来分析。

借助历史制度主义的强调时机和事件发生顺序（timing and sequence）的分析视角，艾特曼（2010）认为战争发生的时机（timing）是关键性因素。1450 年前发生的战争（主要发生在欧洲南部和西部），因为当时国王可获得的技术资源——受过教育可充任官员的职业化人士、法律观念和可借贷资金——都非常有限，国王需要和贵族（只有他们受过教会的教育）合作获得人力资源，以及为数很少的金融家和商人合作借贷战争所需资金，因此战争往往带来的是家产制国家——官位可以被出售、继承、转卖；1450 年后的战争（日耳曼地区和北欧），因为当时大学的发展，国王可以直接利用受过大学教育的人来充实听命于他本人的官僚体系。与此同时，因为资本主义商业的发展，借贷机会也大大增加，所以形成了官僚制国家。[①] Spruyt（1994）对法国、德国、意大利的比较研究也提供了统治者和社会阶级的联盟理论视角。

精英的团结机制

统治者不能单凭自身进行国家建构，他需要联盟者——也称之为精英。

① 艾特曼的二阶段论比蒂利的四阶段论（世袭制、经纪人制、民族化和专业化）简单。

不同的精英群体有不同的利益诉求和意识形态，因此统治者在寻求支持和合作的时候也需要满足其支持者的利益诉求[①]。统治者需要借助他人进行统治，需要支持者和盟友。精英群体有不同的利益和意识形态，因此可以被进一步划分为不同的精英群体（拉克曼 2013）。在一些非君主制国家或者君主地位不稳固的国家，国家建构则是精英间的竞争。Grzymala-Busse and Luong（2002）将国家建构定义为“精英们竞争政策制定和执行的结构性框架权威的过程”（537 页）。

在其经典研究《民主与专制的社会起源》一书中，摩尔认为土地贵族的利益和权力是影响一个国家政体选择的重要因素。而贵族的利益取决于其商业化程度——商业化程度高则拥护民主体制和市场经济，反之亦然；贵族的权力取决于暴力革命的有无——暴力革命能削弱乃至摧毁贵族的权力（见表 3）。

**表 3　贵族商业化与国家政体建构**

| | | 革命 | |
|---|---|---|---|
| | | 有 | 无 |
| 贵族商业化 | 有 | 民主（英、美、法） | 法西斯（德、日） |
| | 无 | 共产主义（俄、中） | 停滞的社会（印度） |

从国家建构的视角，摩尔的理论也提供了很多洞察力，和蒂利的观点（资本和民主的关系）有深刻的契合之处。如果我们再把战争和战争威胁纳入分析框架，我们会发现民主和国家建构的不足往往是相伴而生[②]，而专制制度和国家建构携手并进（绝对主义国家）。Gorski 观点和艾特曼接近，但更强调宗教（加尔文派）对官僚制的影响。Adams 对荷兰的研究发现王室和商人阶级和地方贵族联合，在家产制和高度分权的官僚制的情况下也能维持几个世纪的霸权，但这一体制各个利益群体更关注自身的利益而非国家的利

① 统治者的自主性在于寻求不同的支持者并纵横捭阖，而非简单依附于单一群体。该理论被发展为 selectorate theory，Gallagher and Hanson（2015）提供了一个批判性综述。

② 如果我们采取 Zablatte 的观点，法国的民主化进程和英美相比，要更晚以及多次被颠覆。法国的强大的行政权力和弱民主传统，更多体现了国家建构的逻辑而非摩尔提出的民主化逻辑。

益——存在一个集体行动的困境，从而王朝最终衰弱。

Vu 在分析亚洲国家的建构时，从两个变量出发建构国家建构类型学。精英间关系：精英团结、精英极化[①]、精英碎片化、精英间妥协四类精英间关系，对国家建构（集权化、官僚机构凝聚力、促进发展的阶级联盟和意识形态的统一性）具有重要影响。精英与民众的三种关系（或者策略）——民众势力的吸收、镇压和有控制的动员，也对国家建构有重要影响。精英间关系和精英—民众关系的不同组合会造成三种不同的国家建构模式：冲突型（正面影响国家建构）、妥协型（负面）和混合型（有利有弊）。Easter（2000）在认同最高统治者的能力、暴力机构和苏俄共产党的干部体制（民主集中制和党支部渗透于各个角落，被称为是“组织武器”的列宁式政党）对于建立强大的苏俄国家的重要性的同时，指出人际关系网络和精英认同等非正式权力资源的重要性。此处，人际网络某种意义上和精英集团、派系概念是类似的：被共同经历、背景、理念所塑造的政治精英的非正式组织群体。[②]

Saylor 和 Wheeler（2017）认同军事—财政国家逻辑，但认为经济精英们是否支持国家建立强大的税收机构取决于其自身经济利益，其经济利益反过来又受资金市场的影响，从而解释了为何类似的地缘政治会造成不同的国家建构结果。如果借钱给统治者的经济精英们本身是净放贷者（其从信贷市场的借出多于借入），那么他们希望国家采取节约的财政政策（防止通胀带来的贬值）并建立有效的税收机制；反之，如果借钱给统治者的经济精英本身是净借贷者（其借入高于借出），那么，他们则希望国家采取不负责任的财政政策且建立无力的税收机构。

国家建构时，已有的制度遗产，尤其是代表制议会，通过与地缘政治（乃至国土面积）和税收来源等因素的互动，对国家的政体形式也起着重要的作用（唐宁 2015；Stasavage 2010）。

---

① 精英极化可能会造成国家分裂或者崩溃，也可能造成精英的高度团结——经历过残酷斗争而达成的。

② 从这个逻辑而言，Easter 的苏俄个案可以纳入 Vu 的精英关系类型学中，被视为是精英极化的类型，也很好地支持了 Vu 的理论的外部效度。

## 西欧之外的国家建构

第三世界充斥着“弱国家”、“失败国家”、“脆弱国家”、“仿造国家”等从其前缀形容词中就能看出端倪的国家，这些国家无力从社会提取足够的税收、官僚体系无力执行政策且腐败充斥、经济增长停滞、国家乃至于无法提供最基本的秩序而犯罪盛行乃至于国家陷入内战（Bates 2008）。为何发展中国家会和发达国家存在如此巨大的差异？除了经济发展水平的差异之外，主要是对内部资源提取的迫切性不强和外部资源可获得性强，而税收在这个过程中起了核心作用（Brautigam et al eds. 2008）。影响内部资源提取迫切性的因素主要是战争和战争威胁，影响外部资源可获得性的主要因素则是国际援助和自然资源的可获得性[①]。

战争造就国家，但只是在一定条件下才造就国家。战争的持续时间、间隔时间和地理集中度的不同，可以解释西欧的国家建构经验为何不能应用于非洲和拉美。如果说非洲国家是因为缺乏战争威胁，拉美国家则是战争持续时间短、间隔时间长且地理上分散（Centeno 2002）。米格代尔（2009）认为，缺乏战争的另一个后果是既有的社会结构和传统社会控制模式无法被摧毁，从而使得国家无法建立自身的社会控制。大多数发展中国家的国家建构的国际环境区别于西欧国家建构时的独特的地缘政治和国际贸易环境，而且西欧国家本身的存在及其对发展中国家的干涉——不论是殖民还是国家独立之后的跨国企业、国际贸易、国际组织和国际援助等——也根本性地改变了其所处的国际环境。一方面，联合国、国际货币基金组织和世界银行等拥有大量经济资源和意识形态资源的国际组织赋予了二战后的新兴国家（包括后文提到的后共产主义国家）新的使命：发展经济而非富国强兵、在全球进行经济竞争而非战争竞争（Grzymala-Busse and Luong 2002）。同时，他们又基于现代国家的理想型目标给新兴国家制定了很高的国家目标、功能和能力的

① 自然资源可获得性对国家发展的影响是“资源诅咒”理论的主要关注点，强调大量的自然资源带来的财政收入和财富会削弱国家建构的动力、造成贫富分化、种族冲突和内战、专制主义盛行等一系列恶果。近 20 年来无数文章发表。一个综述性文章参见 Weinthal and Luong（2006），以及 Ross（1999）。

预期（米格代尔，2009），而这些国家的经济社会发展程度却可能远不如17世纪的欧洲，无法内生地形成现代国家——这也使得后续的国家建构浪潮区别于西欧的国家建构（见表4）。

**表4　国家建构的类型学**

| | | 内部资源需求 | |
|---|---|---|---|
| | | 高 | 低 |
| 外部资源可获得性 | 高 | N.A. | 新家产制国家（弱） |
| | 低 | 国家建构一强（也可能失败） | 传统国家（弱） |

除了这些结构性因素之外，另一个重大的区别在于发展中国家面临的各种危机的同时发生还是逐个发生。[①]此外，复杂的族群关系也是影响发展中国家国家建构的一个不利因素。但也有一些例外，如Arriola（2013）提出，当商人们对国家控制的资本有一定自主性的（依赖较少）时候，他们更容易和反对党形成联盟，从而打破建立跨族群的选举联盟，这有利于国家的建构和民主的巩固。

非洲和拉美大部分国家都地广人稀，经济落后但国家间对领土的争夺却并不激烈（Herbst 2000）。同时，因为经济结构的变化，西欧国家建构的经验也无法在第三世界复制。当原宗主国及其操纵的国际组织将现代国家的形式强加给这些国家的时候，即使辅之以后续的援助，这些国家的绝大多数还是无法像现代国家那样运行。殖民者在很多殖民地建立了“仿造的国家（artificial states）”，将不存在任何国家认同的不同的种族和部落纳入同一国家。它们的国境线往往是由原宗主国划定而非通过多年的冲突形成的，国家贫穷、缺乏受教育人口、种族冲突盛行。因为要学习西方的现代国家，这些贫困的国家还往往拥有规模庞大的政府机构：政府雇佣过多官员，因而这些官员只能得到很低工资，所以政府官员通过各种方法获取资源，从而经济被破坏。这样的恶性循环并未被大量的国际援助所打破而进入新的均衡，因为权力不受制约的统治精英们发现将国际援助用于巩固自身权力、收买支持者

① 在逐个发生的国家，各个危机发生的时机和先后顺序对国家建构产生很大影响。

和打击反对者，比用于构建国家机构和提高民众福利，更为理性（符合自身利益）[①]。所以，国际援助往往强化了腐败状况而非改善了治理。

殖民历史会对独立后的国家产生深远影响——社会科学里称之为根本性原因（fundamental causes，区别于直接的近因 proximate cause）。[②] 一个重要的变量是殖民者是以掠夺资源为目标（建立起提取型制度，extractive institution），还是以发展为目标（建立产权保护体制，property rights institution），从而带来了“制度逆转”并造成了长期发展的“财富逆转（reversal of fortune）”（Acemoglu et al. 2003）。但是这一理论受到了诸多挑战，Foa（2017）发现，在殖民者到来之前存在一个发展中国家国家能力的门槛效应——那些有能力抵制殖民者侵略的国家能够通过改革进一步强化国家能力（防御型现代化，如日本、土耳其等），从而保证经济继续发展（persistence of fortune）；但如果当时的国家能力仅足以提取税收和压榨劳动力（而不足以抵抗殖民者），则会被殖民者殖民且改造其制度。因为这个遗产的不同，当二战后殖民地纷纷独立之后，这两类国家的发展轨迹截然不同。

殖民者是实行直接统治还是间接统治会对殖民地国家独立后的国家建构造成很大的区别。如日本殖民朝鲜和中国台湾时，摧毁了旧的经济社会结构，建立了高效的行政官僚体制和警察队伍。这也对二者后来建成“发展型国家”奠定了良好基础（Kohli 2004）。对于实行间接统治的殖民地，当这些国家独立之后，因为缺乏良好的官僚机构这个“基础设施”，以及社会控制的碎片化，国家建构面临极大挑战，陷于“强社会、弱国家”的困境而不能自拔（米格代尔，2009）。

Boone（2003）的研究则借鉴关于经济结构对欧洲国家多样性的影响，研究非洲国家建构的多样性。Boone 试图结合总体的策略结构与行为者的策略选择，并在此基础上建构相应的决策组合，以此验证非洲国家构建的路径，展现国家行为的多种面向。所谓的“政治地形学”（political topographies），是指非洲国家内部的地方性势力，包括不同地域的农业经济生产方式、社群结构（communal structure）、阶级关系（class relations）、精

---

① 其背后的生存政治逻辑，正如本文所介绍的，为理性选择理论较好地解释了。

② 一个关于殖民历史对国家建构的影响的综述参见 Steinmetz（2014）。

英合作意愿。在 Boone 看来，政治地域及其历史发展所形成的社会资源与社会 / 政治状况形成了中央—地方行为者政治斗争与讨价还价的背景，它们是国家制度设计背后实质性的内生性因素。为了国家政权的维持，统治者会根据社会资源的贡献程度与控制难度形成不同的决策组合：一、若该地区并非经济作物生产地，即地方没有足够的资源，因此不值得国家控制，则国家政权将选择国家控制较悬浮，权力分布集中在中央，并由地方精英自主行使权力的不兼并（Non-incorporation）决策制度决策；二、若该地区为经济作物生产地，但由于地方社会等级结构没有经济精英的整合，地方社会等级结构并不严密，则中央将选取直接由国家机构进行管理，防止产生新的经济精英对抗国家权威，且受制于地方社会结构较低的整合程度而未能延展中央的制度控制。这是一种类似于军事殖民的行政占据（Administrative Occupation）。三、若该地区为经济作物生产地，且地方社会已经在殖民时代得到有效整合，并且地方精英经济独立性较强，此时国家将采取权力褫夺（Usurpation）的决策，力图将制度设计延展至地方，且努力将权威集中在国家手中，形成更加细密有效的直接控制。四、若该地区为经济作物生产地，且地方社会已经得到整合，但地方精英的经济独立性较弱，此时国家将采取权力分享（Powersharing）的决策。借助已有的社会结构建立有效的制度控制，但权威更多地分配给地方精英。

虽然缺乏国际战争，但是在一些国家，国内战争也发挥了国家建构重要动力的功能。内战是“针对国内其他权威而非他国、或者武装的共同体之间的武装对抗”，和国家间的战争中多个方面有所区别：策略、规则、暴力形式、平民的角色和持久性等。传统理论一般认为内战会导致国家的失败、解体乃至崩溃，但也有学者认为内战会起到加强国家建构的作用，尤其通过以下几个机制：提升税收能力和促进精英团结。一方面，战争带来的安全和经济危机促使统治者向精英征税并加强和扩张税收征管机构，从而提高税收能力。另一方面，战争及其威胁也促使精英们意识到需要一个强大国家以保护其利益，并愿意为此支付更多税收（Lieberman 2003; Rodriguez-Franco 2016; Slater 2010; Thies 2007）。

然而，即使对于非西欧地区，在一些地缘政治不同、历史背景不同的地区，如东北亚地区，国家的形态则更接近于现代国家，甚至国家的功能和国家能力有过之而无不及。发展中国家也存在少数的超级强大但数量非常有限的发展型国家——“专家和富有凝聚力的官僚机构和组织化的私营部门合作以推动国际经济转型的组织复合体”，很大程度上取决于其国际环境——这一环境不一定是战争，但肯定和战争威胁相关。有学者提出“系统性脆弱性”是造就发展型国家的前提条件：一、民众生活水平的降低会带来不可避免的民众骚乱——广泛的联盟；二、因为国家安全而需要的外汇和战备物资需求急剧上升——战争威胁；三、缺乏税收来源造成的预算硬约束——资源有限。只有当三者结合的时候，为了保住权力，统治者才有强烈的动力去建立强大且有能力的官僚机构去改善制度绩效而非加强庇护关系（Doner et al. 2005）。

发展型国家可以被视为是格申屠龙提出的后发展国家国家建构的一个特殊类型。为了避免“落后就要挨打”的局面，面临严峻的国际战争威胁的国家的统治者，会发动“自上而下的革命”，改革国家的政治经济社会体制（另一种模式的国家建构），以推动工业化和国防力量建设——后者严重依赖前者提供的生产力、科技和税收。德国和日本是 19 世纪下半叶以来成功的后发展例子，通过国家支持的银行为赶超型工业化提供资金支持，通过重商主义政策发展本国工业。俄罗斯的改革被一战打断，但十月革命后的俄国却在战争和战争威胁中建立了更为集权的共产主义国家，并在恶劣的地缘政治环境下建立起了工业化追赶型的计划经济和与之相适应的极权主义国家。

中东地区因为其所处的恶劣的地缘环境，其国家建构的努力和成果也较为特殊，其财政—军事能力甚至超过同时期的欧洲国家。但不同于欧洲，因为阶级结构的不同（土地贵族的缺乏）和宗教势力的强大，宗教精英成为介于国家和社会之间的中介，因此伊斯兰教的很多制度因素也被融入了中东的国家机构之中（Blaydes 2017）。米格代尔（2009）也认为战争、大规模的移民等因素摧毁了之前的社会控制，使得强国家在中东出现。

**后共产主义国家建构**

冷战结束后，苏联和东欧共产主义体制国家崩溃之后产生了“后共产主义国家”，区别于西欧国家和发展中国家，此类国家面临的挑战与其说是国家建构，不如说是国家的重新建构——原来强大且高度集权的国家机构在经济和政治双重转型过程中分崩离析（Solnick 1998），出现了“重新封建化”现象[①]、“被俘获的国家”现象[②]。这类国家同时面临着四重转型：政体转型（民主化，被亨廷顿视为第三波民主化的主要构成部分）、经济转轨（市场转型和私有化）、公民社会的产生和发展，以及国家自身的转型——第四个转型相对前三个转型得到的关注较少，但可能却是更为重要的一个转型。与此同时，地缘政治也发生了剧烈的变化：东欧国家脱离了苏联的政治、军事控制转而逐渐加入了欧盟，原苏联的加盟共和国也各自独立。所有这些都对后共产主义国家的国家建构产生影响，使其区别于西欧的国家建构模式和后殖民地国家国家建构模式。国家的角色需要重新定位，从经济政治社会中撤出，计划经济和公有制经济变成自由市场经济或者国家资本主义，极权主义政体变为威权主义、民主主义政体或者混合政体。

Grzymala-Busse and Luong（2002）认为，在既有的制度资源、转型的速度、国际环境等因素的影响和限制下，后共产主义国家演变为四类国家：民主的、独裁的、难以驾驭的和个人统治的。相比于经济发展水平和资源禀赋，苏联的共产主义遗产——寡头威权政治、低度法治、碎片化的权力关系、强大的秘密警察部门，等等——起了更为重要的作用，被其继承者所使用并塑造了新的国家特征：强国家能力和低国家（治理）质量。泰勒（Taylor 2013）发现，在普京的领导下，俄罗斯经历了国家的重新建构，通过中央集权和大规模任命“权力部门（军队、警察、安全部门等）”人员担任重要职务等一系列措施，建成了一个警察国家，显著提高了国家能力（主要是非常规任务而非常规任务的能力）；但在提高国家质量（政府官员以公平公正方式服务于公共利益）方面却乏善可陈：腐败和压迫非常普遍。泰勒分析了三个研究国家的视角：一、志同道合者视角（cohort）强调来自“权力部门”的官员享有共同的组织文化，能团结一致，但被认为是高估了这群官员的内聚力；二、派系（clan）视角强调那些有共同利益和共事经历的精英们形成联盟，这些联盟跨越不同政府部门，也纵横政府和企业；三、组织机构（corporate

① 权力的地方化和私人化，参见 Fairbanks（1999）。
② 被俘获的国家指的是内聚性强的国家服务于少数特殊利益群体而非社会整体利益。

or organizational）视角，强调官僚政治的重要性，认为不同的（权力）部门间的利益和价值冲突。Grzymala-Busse（2008）也认为俄罗斯的国家建构是和国家被俘获并行不悖的。

Easter（2012）的研究则强调结构性因素——企业规模及其垄断性——通过国家税收影响俄罗斯和东欧国家的政治体制。

# 四、讨论

相比民主化等热门话题，国家理论的专著和期刊文章数量相对较少，但其在比较政治学中还是一个核心话题，而且在近 30 年取得了长足的理论进步，推动了比较政治学其他话题的研究。而且近年来，国家能力的研究也开始得到越来越多的关注。米格代尔（Migdal 2009: 163）在一篇综述文章中提到，在 21 世纪的前十年，比较政治学里国家理论的研究有以下几个趋势：

（一）从基于一个范式（理性选择、结构主义、文化主义）到多个范式的结合；

（二）从比较静态到注重历史细节，强调关键节点和先后顺序；

（三）从单一的国家模板到同时注重国家的同质化和差异性的研究视角；

（四）从单一的个案研究或定量研究到某种特殊类型的国家的研究，并形成对话；

（五）从线性的因果分析到过程导向的、复杂的、多层次的研究。

研究国家面临概念复杂性、抽象性、变动性的方法论困境：作为一个集合体概念，国家包含多个维度且各个维度之间存在复杂关系，因此很难作为一个变量（无论是自变量还是因变量）进行分析。首先，在分析过程中，我们往往侧重其一两个维度而非国家这一概念本身。其次，国家一方面是一个高度抽象的概念，另一方面却和我们的日常高度相关，如何把握抽象性和具体性的平衡也是一个挑战。再次，国家也在不断变动之中，国家和社会相互影响相互形塑。这些都使得对国家的研究非常困难，即使经典的研究也难免存在诸多局限。

综合前文的讨论，作者归纳整理了图 2，展示一个简化了的国家建构的因果链。

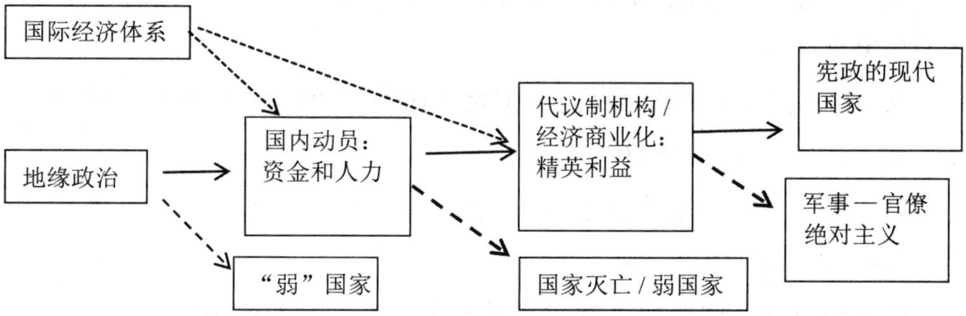


**图 2　国家形成的因果链**

同样需要指出的是，关于中国政治的研究，除了极少数的例外（如 Shue 1988），很少有对国家理论作出贡献的。这一方面也印证了中国政治研究中比较政治学研究中的边缘化地位的现状；另一方面，这和中国在最近一个多世纪发生的巨大的、全方位的、急剧的变迁（五千年未有之大变局）及其提供的理论素材严重不匹配。接下来可以从中国丰富的实证资料出发，在中层理论的层次研究国家和国家建构理论的各种因果机制，反哺比较政治学研究。

# 参考文献

## 中文著作和译作

〔美〕埃特曼：《利维坦的诞生》，郭台辉译，上海人民出版社 2010 年版。

〔美〕曼瑟 · 奥尔森：《国家的兴衰：经济增长、滞胀和社会僵化》，李增刚译，上海人民出版社 2007 年版。

〔阿根廷〕吉列尔莫 · 奥唐奈：《现代化和官僚威权主义：南美政治研究》，王欢、申明民译，北京大学出版社 2008 年版。

〔美〕布鲁斯 · 布鲁诺 · 德 · 梅斯奎塔、阿拉斯泰尔 · 史密斯：《独裁者手册》，骆伟阳译，江苏文艺出版社 2014 年版。

陈玮、耿曙：《发展型国家的兴与衰：国家能力、产业政策与发展阶段》，《经济社会体制比较》2017 年第 2 期。

〔美〕道格拉斯 · C. 诺思：《经济史上的结构和变革》，厉以平译，商务印书馆 2002 年版。

〔美〕杜赞奇：《文化、权力与国家（1900—1942 年的华北农村）》，王福明译，江苏人民出版社 2010 年版。

〔美〕亨廷顿：《变革社会中的政治秩序》，王冠华等译，生活 · 读书 · 新知三联书店 1989 年版。

黄冬娅：《比较政治学视野中的国家基础权力发展及其逻辑》，载《中大政治学评论》2008 年第 3 卷。

刘守刚：《家财帝国及其现代转型》，高等教育出版社 2015 年版。

〔英〕安东尼 · 吉登斯：《民族—国家与暴力》，胡宗泽、赵力涛译，生活 · 读书 · 新知三联书店 1998 年版。

〔美〕孔飞力：《中国现代国家的起源》，陈兼、陈之宏译，生活 · 读书 · 新知三联书店 2013 年版。

〔美〕理查德 · 拉克曼：《国家与权力》，郦菁、张昕译，上海人民出版社 2013 年版。

〔美〕马奇、奥尔森：《重新发现制度》，张伟译，生活 · 读书 · 新知三联书店 2011 年版。

〔美〕迈克尔 · 曼：《社会权力的来源》（第二卷），陈海宏等译，上海人民出版社 2015 年版。

〔美〕米格代尔：《强社会与弱国家：第三世界国家的国家社会关系和国家能力》，张长东等译，江苏人民出版社 2009 年版。

〔英〕密里本德：《资本主义社会的国家》，沈汉等译，商务印书馆 1997 年版。

〔德〕罗伯特 · 米歇尔斯：《寡头统治铁律：现代民主制度中的政党社会学》，任军锋等译，天津人民出版社 2003 年版。

〔英〕佩里 · 安德森：《绝对主义国家的系谱》，刘北成、龚晓庄译，上海人民出版社 2016 年版。

〔美〕斯考切波：《找回国家》，载埃文斯、斯考切波等主编：《找回国家》，生活 · 读书 · 新知三联书店 2009 年版。

〔美〕唐宁：《军事革命与政治变革》，赵信敏译，复旦大学出版社 2015 年版。

〔美〕查尔斯·蒂利：《强制、资本和欧洲国家（公元 990—1992 年）》，魏洪钟译，上海人民出版社 2012 年版。

〔德〕马克斯·韦伯：《学术与政治》，冯克利译，生活·读书·新知三联书店 2016 年版。

〔美〕卡尔·A·魏特夫：《东方专制主义 —— 对于极权力量的比较研究》，徐式谷等译，中国社会科学出版社 1989 年版。

俞可平：《让国家回归社会 —— 马克思主义关于国家与社会的观点》，《理论视野》2013 年第 9 期。

张长东：《国家治理能力现代化研究 —— 基于国家能力理论视角》，《法学评论》2014 年第 3 期。

朱天飚：《发展型国家的衰落》，《经济社会体制比较》2005 年第 5 期。

## 英文文献

Acemoglu, Daron, Johnson, Simon and Robinson, Janes A., "Reversal of Fortune: Geography and Institutions in the Making of the Modern World Income Distribution", *Quarterly Journal of Economics* 129, No. 3: 1231-94, 2002.

Adams, Julia, *The Familial State: Ruling Families and Merchant Capitalism in Early Modern Europe*, Ithaca, N.Y.: Cornell University Press, 2005.

Almond, Gabriel, "The Return to the State", *American Political Science Review*, 82, No. 3 September 1988, pp. 853-874.

Almond, Gabriel A., Flanagan, Scott C., and Mundt, Robert J. *Crisis, Choice, and Change: Historical Studies of Political Development*, Boston, Little, 1973.

Arriola, Leonardo R., "Capital and Opposition in Africa：Coalition Building in Multiethnic Societies", *World Politics*, 65, No. 2, April 2013, pp. 233-272.

Badie, B., *The Imported State: the Westernization of the Political Order*,

Stanford, Calif.: Stanford University Press, 2000.

Barzel, Yoram, *A Theory of the State: Economic Rights, Legal Rights, and the Scope of the State*, Cambridge; New York: Cambridge University Press, 2002.

Bates, Robert H., *Markets and States in Tropical Africa: the Political Basis of Agricultural Policies*, Berkeley: University of California Press, 1981.

*Annual Review of Political Science*, State Failure, 2008, 11, pp. 1-12.

Blaydes, Lisa, "State Building in the Middle East", *Annual Review of Political Science*, 2017, 20, pp. 487-504.

Boone, Catherine, *Political Topographies of the African State: Territorial Authority and Institutional Choice*, Cambridge, U.K.; New York: Cambridge University Press, 2003.

Brautigam, Deborah, Fjeldstad, Odd-Helge and Moore, Mick, *Taxation and State-Building in Developing Countries: Capacity and Consent*, Cambridge; New York: Cambridge University Press, 2008.

Taylor, Brian D., and Botea, Roxana, "Tilly Tally: War-Making and State-Making in the Contemporary Third World", *International Studies Review*, 10, 1, Spring 2008, pp. 27-57.

Bueno de Mesquita, Bruce, Morrow, James D., Siverson, Randolph M., Smith, Alastair, "Testing Novel Implications from the Selectorate Theory of War", *World Politics*, V 56, 3, April 2004, pp. 363-388.

——, *The Logic of Political Survival*, Cambridge, MA: MIT Press, 2003.

Centeno, Miguel, *Blood and Debt: War and the Nation-State in Latin America*, University Park: Pennsylvania State University Press, 2002.

Centeno, Miguel, Kohli, Atul and Yashar (eds.), *State Building in the Developing World*, Cambridge University Press, 2017.

Dincecco, Mark, "The Rise of Effective States in Europe", *The Journal of Economic History*, 75, 3, pp. 910-918, 2015.

Doner, Richard F., Ritchie, Bryan K. and Slater, Dan, "Systemic Vulnerability and the Origins of Developmental States: Northeast and Southeast Asia in

Comparative Perspective", *International Organization*, 59, Spring 2005, pp. 327-361.

Easter, Gerald, *Reconstructing the State: Personal Networks and Elite Identity in Soviet Russia*, New York, NY: Cambridge University Press, 2000.

Easter, Gerald, *Capital, Coercion, and Postcommunist States*, Ithaca: Cornell University Press, 2012.

Evans, Peter(eds.), *Embedded Autonomy: States and Industry Transformation*, Princeton: Princeton University Press, 1995.

Evans, Peter (eds)., *State-Society Synergy: Government and Social Capital in Development*, University of California Press, 1997.

Evans, Peter, Huber, Evelyn and Stephens, John D., "The Political Foundations of State Effectiveness", *State Building in the Developing World*, Cambridge University Press, 2017.

Fairbanks, Charles H. Jr., "What Went Wrong in Russia? The Feudalization of the State", *Journal of Democracy*, Vol. 10, No. 2, April 1999.

Foa, Roberto Stefan, "Persistence or Reversal of Fortune? Early State Inheritance and the Legacies of Colonial Rule", *Politics & Society*, 2017, Vol. 45, 2, pp. 301-324.

Gallagher, Mary and Hanson, Jonathan, "Power Tool or Dull Blade? Selectorate Theory for Autocracies", *Annual Review of Political Science*, 18, 23, pp. 1-23, 19, 2015.

Grzymala-Busse, Ann, "Beyond Clientelism: Incumbent State Capture and State Formation", *Comparative Political Studies*, Vol. 41(4/5), 2008, pp. 638-673.

Grzymala-Busse, Ann and Luong, Pauline Jones, "Reconceptualizing the State: Lessons from Post-Communism", *Politics and Society*, Special Issue on Reconceptualizing the State, December 2002.

Gorski, Philip, *The Disciplinary Revolution: Calvinism and the Rise of the State in Early Modern Europe*, Chicago: University of Chicago Press, 2003.

Hagopian, Frances, "Political Development, Revisited", *Comparative Political Studies*, 33, 6/7, August/September 2000, pp. 880-911.

Herbst, Jeffrey Ira, *States and Power in Africa: Comparative Lessons in*

*Authority and Control*, Princeton, N.J.: Princeton University Press, 2000.

Johnson, Moel and Koyama, Mark, "States and Economic Growth: Capacity and Constraints", *Explorations in Economic History,* 2016.

Kiser, Edgar and Schneider, Joachim, "Bureaucracy and Efficiency: An Analysis of Taxation in Early Modern Prussia", *American Sociological Review*, 59, No. 2, 1994, pp. 187-204.

Kohli, Atul, "States and Societies", in Ira Katznelson and Helen Milner, eds., *Political Science: The State of the Discipline*, New York: W. W. Norton and the American Political Science Association, 2002.

——, *State-Directed Development: Political Power and Industrialization in the Global Periphery*, New York: Cambridge University Press, 2004.

Krasner, Stephen, "Approaches to the State: Alternative Conceptions and Historical Dynamics", *Comparative Politics*, 16, No. 2, January 1984, pp. 223-246.

Krasner S., *Sovereignty: Organized Hypocrisy*, Princeton, NJ: Princeton University Press, 1999.

Levi, Margaret, *Of Rule and Revenue*, Berkeley: University of California Press, 1998.

——, "The State of the Study of the State", in Ira Katznelson and Helen Milner, eds., *Political Science: The State of the Discipline*, New York: W. W. Norton, 2002.

Mann, Michael, "The Autonomous Power of the State: Its Origins, Mechanisms and Results", *European Journal of Sociology*, 25, 1984, pp. 185-213.

——, "The Autonomous Power of the State: Its Origins, Mechanisms and Results", in John A. Hall, ed., *States in History*, London: Basil Blackwell, 1986, pp. 113-119.

Migdal, Joel, *State in Society : Studying How States and Societies Transform and Constitute One Another*, New York: Cambridge University Press, 2001.

——, "Researching the State", in Lichbach, Mark Irving, and Alan S. Zuckerman, *Comparative Politics: Rationality, Culture, and Structure*, New York: Cambridge University Press, 2009.

Migdal, Joel, Kohli, Atul, and Shue, Vivienne, (eds.), *State Power and Social Forces: Domination and Transformation in the Third World*, New York: Cambridge University Press, 1994.

Nettl, J. P., "The State as a Conceptual Variable", *World Politics*, 20, 1968, pp. 559-592.

Nordlinger, Eric A., *On the Autonomy of the Democratic State*, Cambridge, Mass.: Harvard University Press, 1981.

North, Douglass C. and Weingast, Barry R., "Constitutions and Commitment: The Evolution of Institutional Governing Public Choice in Seventeenth-Century England", *The Journal of Economic History*, 49, No. 4, 1989, pp. 803-832.

Mancur, Olson, "Dictatorship, Democracy, and Development", The *American Political Science Review*, 87, 3, pp. 567-576, 1993.

Putnam, Robert D., "Diplomacy and Domestic Politics: The Logic of Two-Level Games", *International Organization*, Vol. 42, No. 3, Summer 1988, pp. 427-460.

Rodríguez-Franco, Diana, "Internal Wars, Taxation, and State Building", *American Sociological Review*, 2016, 81, 1, pp. 190-213.

Ross, Michael L., "The Political Economy of the Resource Curse", *World Politics*, 51, 2, January 1999.

Saylor, Ryan and Wheeler, Nicholas C., "Paying for War and Building States: The Coalitional Politics of Debt Servicing and Tax Institutions", *World Politics*, 69, 2, 2017, pp. 366-408.

Schumpeter, Joseph A., "The Crisis of Tax State", in *The Economics and Sociology of Capitalism*, edited by Swedberg R. Princeton, NJ: Princeton University Press, 1981, pp. 99-140.

Shue, Vivienne, *The Reach of the State: Sketches of the Chinese Body Politic*, Stanford, Calif., Stanford University Press, 1988.

Smith, Benjamin B., *Hard Times in the Lands of Plenty: Oil Politics in Iran and Indonesia*, Ithaca: Cornell University Press, 2007.

Solnick, Steven Lee, *Stealing the State: Control and Oollapse in Soviet*

*Institutions*, Cambridge, Mass.: Harvard University Press, 1998.

Spruyt, Hendrik, *The Sovereign State and Its Competitors*, Princeton: Princeton University Press, 1994.

——, "The Origins, Development, and Possible Decline of the Modern State", *Annual Review of Political Science*, 5, No. 1: 127-149, 2002.

Stavasage, David, "When Distance Mattered: Geographic Scale and the Development of European Representative Assemblies", *American Political Science Review*, 2010.

Steinmetz, George, "The Sociology of Empires,Colonies, and Postcolonialism", *Annual Review of Sociology*, 2014, 40, pp. 77-103.

Stepan, Alfred, *The State and Society: Peru in Comparative Perspective*, Princeton: Princeton University Press, Chapter 1, 1978, pp. 3-45.

Taylor, Brian D., *State Building in Putin's Russia: Policing and Coercion After Communism*, New York: Cambridge University Press, 2013.

Thies, Cameron, "The Political Economy of State Building in Sub-Saharan Africa", *The Journal of Politics*, 69, No. 3, August 2007, pp. 716-731.

Vu, Tuong, "Studying the State through State Formation", *World Politics*, Vol 62(1), 2010, pp. 148-175.

——, *Paths to Development in Asia: South Korea, Vietnam, China, and Indonesia*, New York: Cambridge University Press, 2010.

Wang, Xu, "Mutual Empowerment of State and Society: Its Nature, Conditions, Mechanism, and Limits", *Comparative Politics*, Vol. 31, No. 2, 1999.

Weber, Max, *Economy and Society: An Outline of Interpretive Sociology*, New York: Bedminster Press, 1968.

Weingast, Barry R., "The Economic Role of Political Institutions: Market-Preserving Federalism and Economic Development", *Journal of Law, Economics, and Organization,* Spring 1995, 11, pp. 1-31.

Weinthal, Erika and Luong, Pauline Jones, "Combating the Resource Curse: An Alternative Solution to Managing Mineral Wealth", *Perspectives on Politics*, Vol. 4, 1, March 2006.

# 附　录

# Appendix

# 21世纪以来中外公民理论研究重要文献索引

何海兵 *

## 说　明

本索引以公民为主题词，选题范围围绕但不限于公民权利、公民教育、公民参与、公民品格、公民意识、公民文化进行。中文学术著作、中译学术著作的起讫时间为2000年和2016年，索引来源于国家图书馆、北京大学图书馆。中文学术论文的起讫时间为2000年到2010年，选介国内期刊正式公开发表的引用次数在50次（含）以上的部分论文，引用次数以中国知网显示的数据为准（截止日期为2017年6月17日），同时选介2011—2016年部分论文，未标注关键词的原文未标注关键词。限于学力，外文著作只选了英文著作，以“citizen”“citizenship”为主题词，起讫时间为2007年到2016年，索引来源于国家图书馆。

公民是理解中国的一个关键词，也是理解中国学术发展的一个关键词。公民话语凸显和转换的背后是深刻的现实政治的变迁。21世纪以来，中国学术界没有回避谈公民问题，也没有孤立地谈公民问题，来自马克思主义理论、哲学、法学、教育学、政治学、伦理学、社会学、经济学、社会心理学、新闻学、管理学、传播学、财政学、审计学等诸多学科的学者以开拓的学术勇气、深沉的学术使命、严肃的学术努力推进公民理论研究，对公民理论展开

* 何海兵，湖北通城人，1979年出生，法学博士，北方工业大学马克思主义学院副教授、公民教育研究所所长，硕士研究生导师，中央编译局在站博士后。

多学科、多视角、多层次的讨论，客观地分析中国特色的公民发展，严肃地对中国公民故事进行理论抽象，努力探索中国公民发展的内在逻辑。中国学术界不仅积极译介和评析西方公民理论，而且从翻译史、概念史、思想史对中国整体性变迁中的公民理论进行辨析和梳理，还对当代中国境遇中的公民问题展开批判性反思，努力探索新的概念框架和分析视角，探索建设性超越的路径，既有宏观的理论分析，也有具体的案例研究。

热点问题主要有五个：一是公民的内涵，考察古今中外语境中公民的意义，并与人民、群众、老百姓、臣民、市民的意义进行比较。二是现代中国公民的基本因素，主要涉及公民权利、公民品格、公民人格、公民德性、公民文化、公民形象、公民行动。三是如何培育现代中国公民，主要涉及理念、制度、行动、文化、教育、舆论等。四是政府与公民的关系，主要涉及如何实现公民与政府在政治生活中的良好合作，既维护好政府的权威、公信力和服务力，又保护好公民权利、保护公民自由追求幸福生活的权利。五是公民教育与思想政治教育的关系。公民教育与思想政治教育各自的意识形态本质、内容、价值定位，思想政治教育是对高度发达的公民教育的一种完善和超越，还是一种钳制和替代，成为争论的焦点。

从发展的角度前瞻未来，中国公民理论研究需要从以下四个问题进行持续探索，对中国公民问题进行历史的、动态的、现实性、图景式考察：

一是聚焦马克思主义公民观。“马克思主义是一种开放的和包容的理论，它善于吸收人类文明的一切优秀成果，包括社会科学的成果。”[①] 实现每个人的自由全面发展是马克思主义的最高理想和最高价值。从国内政治的角度看，马克思主义所主张的人类解放自然不能跳过公民身份、公民权利、公民教育等一系列核心问题。从人类解放的政治条件来看，发达的公民教育、完善的权利保护机制、自觉的公民意识、健全的公民人格、合法的公民行动不仅是必不可少的，也是必需的。马克思主义需要吸收当代公民理论研究的优秀成果，丰富和发展自己。

二是中国共产党公民教育发展战略。了解中国共产党是了解中国的切入

① 俞可平：《偏爱学问》，上海交通大学出版社2016年版，第173页。

点。在中国，政治意识形态对现实政治有着广泛而深远的影响。作为处于现代化转型中的政党，中国共产党要在执政能力建设、发展经济、实行民主法治、培育核心价值观的进程中持续推进“公民意识教育”，培育优秀的共和国公民。对现代国家公民教育理论进行系统深入的专门研究，最初源于西方发达国家。中国公民教育问题的研究是在西方公民教育理论高度发达的前提下进行的，但这并不意味着公民教育是西方发达国家的专利，否则就是简单地否定公民教育的普遍性，就像简单地否定公民教育的特殊性一样，都是有害的偏见。

三是国家治理与公民教育。国家治理现代化的提出，反映中国共产党重大的理论创新。从主体的角度说，国家治理现代化的核心是人的现代化，是公民的现代化。公民的素养关系到国家治理体系的形成、治理能力的提高、治理效果的实现。每一个公民都与国家血脉相连、心血相通。每一个公民都应该得到国家保护、社会的尊重。国家治理现代化的实现要求改造公民教育，提升公民素养、公民行动的合法性、公民参与的自觉性，以公民教育推动国家治理现代化。

四是公民参与。日常用语中的“身份证号码”的完整表达是“中华人民共和国居民身份证”上的“公民身份号码”。公民是人民的通行证，人民以公民的名义参与社会、国家和全球事务。中国的公民参与是在人类文明的差序格局中进行的，中国的公民参与没有离开人类政治文明的发展大道，却打上了特殊的中国印记，处于“中国时区”。我们既不能简单地用西方的公民参与理论来解释现实的政治进程，也不能完全无视学术的普遍公理，自说自话地来谈论中国的公民参与问题。

建设富强、民主、文明、和谐的社会主义现代化国家，需要深化公民理论研究，以造福人民，造福伟大的国家，中国学术界用世界的眼光看中国公民，用中国的眼光看中国公民，形成“中国公民学”。

## 一　中文学术著作

夏勇主编：《走向权利的时代：中国公民权利发展研究》（修订本），中国政法大学出版社 2000 年版。

何增科主编：《公民社会与第三部门》，社会科学文献出版社 2000 年版。

董炯：《国家、公民与行政法：一个国家—社会的角度》，北京大学出版社 2001 年版。

何怀宏编：《西方公民不服从的传统》，吉林人民出版社 2001 年版。

俞可平等：《中国公民社会的兴起与治理的变迁》，社会科学文献出版社 2002 年版。

彭宗超：《公民授权与代议民主：人民代表直接选举制比较研究》，河南人民出版社 2002 年版。

褚松燕：《个体与共同体 —— 公民资格的演变及其意义》，中国社会科学出版社 2003 年版。

朱晓宏：《公民教育》，教育科学出版社 2003 年版。

陈永清：《告别臣民的尝试：清末民初的公民意识与公民行为》，中国人民大学出版社 2004 年版。

李国强：《现代公共行政中的公民参与》，经济管理出版社 2004 年版。

风笑天主编：《中国独生子女：从“小皇帝”到新公民》，知识出版社 2004 年版。

许纪霖主编：《共和、社群与公民》，江苏人民出版社 2004 年版。

赵晓力编：《宪法与公民》，上海人民出版社 2004 年版。

焦国成主编：《公民道德论》，人民出版社 2004 年版。

刘大明：《民族再生的期望：法国大革命时期的公民教育》，中国社会科学出版社 2005 年版。

程德慧：《学校公民意识教育的理论与实践：德育的自我超越与现代追寻》，浙江大学出版社 2005 年版。

杨东平主编：《新公民读本》（共 8 册），北京大学出版社 2005 年版。

许纪霖主编：《公共性与公民观》，江苏人民出版社 2006 年版。

辛世俊：《公民权利意识研究》，郑州大学出版社 2006 年版。

从日云等：《中国公民读本》，天津教育出版社 2006 年版。

王啸：《全球化时代的中国公民教育》，福建教育出版社 2006 年版。

王文岚：《社会科课程中的公民教育研究》，中国社会科学出版社 2006 年版。

刘诚：《现代社会中的国家与公民：共和主义宪法理论为视角》，法律出版社 2006 年版。

应奇、刘训练编：《公民共和主义》，东方出版社 2006 年版。

郭忠华、刘训练编：《公民身份与社会阶级》，江苏人民出版社 2007 年版。

晏辉等：《公共生活与公民伦理》，北京师范大学出版社 2007 年版。

刘雪松：《公民文化与法治秩序》，中国社会科学出版社 2007 年版。

吴爽、李劲：《公民权利基本理论研究》，长江出版社 2007 年版。

蓝维、高峰、吕秋芳、邢永富：《公民教育：理论、历史与实践探索》，人民出版社 2007 年版。

赵晖：《社会转型与公民教育：中国公民教育目标与内容体系的建构》，人民教育出版社 2007 年版。

褚松燕：《权利发展与公民参与：我国公民资格权利发展与有序参与研究》，中国法制出版社 2007 年版。

何增科：《公民社会与民主治理》，中央编译出版社 2007 年版。

何增科、〔德〕托马斯·海贝勒、根特·舒伯特：《城乡公民参与和政治合法性》，中央编译出版社 2007 年版。

高丙中：《民间文化与公民社会：中国现代历程的文化研究》，北京大学出版社 2008 年版。

贾西津主编：《中国公民参与（案例与模式）》，社会科学文献出版社 2008 年版。

杨云彪：《公民的选举：一个公共选择话题》，中国大百科全书出版社 2008 年版。

陈小奇、陈志红：《中国流行音乐与公民文化——草堂对话》，新世纪出版社 2008 年版。

黄湘莲：《公民文化》，中南大学出版社 2008 年版。

林火旺：《正义与公民》，吉林出版集团有限责任公司 2008 年版。

陈焱光：《公民权利救济论》，中国社会科学出版社 2008 年版。

陈泽宪主编：《〈公民权利与政治权利国际公约〉的批准与实施》，中国社会科学出版社 2008 年版。

周国文：《公民伦理观的历史源流》，中央编译出版社 2008 年版。

顾成敏：《公民社会与公民教育》，知识产权出版社 2008 年版。

李亚非：《公民教育》，四川教育出版社 2008 年版。

香港特别行政区民政事务局、香港公民教育委员会、郑州大学公民教育研究中心编：《21 世纪中国公民教育的机遇与挑战》，郑州大学出版社 2008 年版。

唐克军：《比较公民教育》，中国社会科学出版社 2008 年版。

赵进中：《“世界公民”之路：论德国公民权利发展的历史主线》，北京大学出版社 2008 年版。

张炜：《公民的权利表达及其机制建构》，人民出版社 2009 年版。

梁金霞：《中国德育向公民教育转型研究》，知识产权出版社 2009 年版。

胡晓燕：《〈理想国〉的公民教育思想研究》，吉林大学出版社 2009 年版。

沈明明等：《中国公民意识调查数据报告（2008）》，北京大学出版社 2009 年版。

冯同庆：《中国工人的命运：工会民主选举与工人公民权利衍生》，中国社会科学出版社 2009 年版。

李朝东、王金元：《教育启蒙与公民人格建构》，中国社会科学出版社 2009 年版。

龚浩群：《信徒与公民：泰国曲乡的政治民族志》，北京大学出版社 2009 年版。

冯留建：《公民意识新论》，新华出版社 2009 年版。

秦树理：《公民学概论》，郑州大学出版社 2009 年版。

张宜海、王星源：《公民学》，郑州大学出版社 2009 年版。

王巍、牛美丽编译：《公民参与》，中国人民大学出版社 2009 年版。

谢芳：《西方社区公民参与：以美国社区听证为例》，中国社会出版社 2009 年版。

石路：《政府公共决策与公民参与》，社会科学文献出版社 2009 年版。

宋月红、方伟：《城市立法与公民参与》，中国社会出版社 2010 年版。

陈士玉：《当代中国公民政治参与的模式及其发展趋势研究》，吉林大学出版社 2010 年版。

刘军：《近现代西方公民权利观念的发展》，江西人民出版社 2010 年版。

周永坤：《公民权利：有尊严地活着》，人民出版社 2010 年版。

周金华：《新公民论：当代中国个体社会政治身份建构引论》，中国社会科学出版社 2010 年版。

严洁等：《公民文化与和谐社会调查数据报告》，社会科学文献出版社 2010 年版。

铁锴：《公民政治及其在当代中国的逻辑建构：主体性视域下的理性思考》，人民出版社 2010 年版。

赵刚印：《现代化进程中的公民政治参与：一项对中国与印度的比较研究》，上海人民出版社 2010 年版。

周红云：《社会资本与社会治理：政府与公民社会的合作伙伴关系》，中国社会出版社 2010 年版。

肖滨、郭忠华、郭台辉：《现代政治中的公民身份》，上海人民出版社 2010 年版。

张昌林：《共和主义公民身份与当代中国政治发展》，山东大学出版社 2010 年版。

宋建利：《公民资格与正义》，人民出版社 2010 年版。

欧阳恩钱：《公民资格范式的公用事业民营化法律控制研究》，中南大学出版社 2010 年版。

杨福禄：《和谐社会构建中的公民教育问题研究》，山东人民出版社 2010 年版。

李长伟：《古典传统与公民教育》，教育科学出版社 2010 年版。

汪栋：《霍布斯公民科学的宪法原理》，知识产权出版社 2010 年版。

江国华：《宪法与公民教育：公民教育与中国宪政的未来》，武汉大学出版社 2010 年版。

黑明：《公民记忆 1949—2009》，文化艺术出版社 2010 年版。

孙一萍：《沉默的决策者：法国公民投票制度化进程研究》，高等教育出版社 2011 年版。

万健琳:《共和主义的公民身份理论》，中国社会科学出版社 2011 年版。

冯俊、龚群:《东西方公民道德研究》，中国人民大学出版社 2011 年版。

檀传宝等:《公民教育引论：国际经验、历史变迁与中国公民教育的选择》，人民出版社 2011 年版。

姬振旗:《20 世纪 80 年代以来英国中小学公民教育研究》，高等教育出版社 2011 年版。

李海青:《公民、权利与正义：政治哲学基本范畴研究》，知识产权出版社 2011 年版。

郭忠华:《变动社会中的公民身份：与吉登斯基恩等人的对话》，广东人民出版社 2011 年版。

韩水法、黄燎宇主编:《从市民社会到公民社会：理解“市民—公民”概念的维度》，北京大学出版社 2011 年版。

秦德君:《中国公民文化：道与器》，东方出版中心 2011 年版。

钱宁:《社会正义、公民权利和集体主义：论社会福利的政治与道德基础》，云南人民出版社 2011 年版。

苏守波:《美国现代化进程中的公民教育》，山东人民出版社 2011 年版。

吴道霞:《警察执法与公民民事权利保护》，中国人民公安大学出版社 2011 年版。

赵波:《奥克肖特的公民联合体理论研究》，中国传媒大学出版社 2011 年版。

王金辉:《企业公民教育研究：企业公民、企业自生能力与企业社会责任》，经济管理出版社 2011 年版。

王琪:《美国青少年公民教育理论与实践研究》，北京理工大学出版社 2011 年版。

张金岭:《公民与社会：法国地方社会的田野民族志》，北京大学出版社 2011 年版。

周吉平:《特别公民：北京接收特赦战犯实录》，中国社会出版社 2011 年版。

王立京：《中国公民参与制度化研究》，武汉大学出版社 2011 年版。

梁莹、姚军：《草根社区中的合作治理与公民治理》，研究出版社 2011 年版。

陈芳：《公共服务中的公民参与——基于多层次制度分析框架的检视》，中国社会科学出版社 2011 年版。

王立京：《中国公民参与制度化研究》，武汉大学出版社 2011 年版。

陈卫东编：《公民参与司法研究》，中国法制出版社 2011 年版。

孙龙：《公民参与：北京城市居民态度与行为实证研究》，中国社会科学出版社 2011 年版。

胡传胜：《公民的技艺：西塞罗修辞学思想的政治学解读》，上海三联书店 2012 年版。

秦树理、陈思坤、王晶等：《西方公民学说史》，人民出版社 2012 年版。

程广云、夏年喜：《作为公民教育和对话教育的哲学教育》，中国社会科学出版社 2012 年版。

李艳霞：《公民资格与社会福利》，中国社会科学出版社 2012 年版。

刘军：《美国公民权利观念的发展》，中国社会科学出版社 2012 年版。

陈雄：《国家权力与公民权利的规范理论》，法律出版社 2012 年版。

柳飒：《近代中国公民基本权利变迁研究》，法律出版社 2012 年版。

刘志山、梁桂麟主编：《港澳台公民教育比较研究》，中国社会科学出版社 2012 年版。

李丁：《英国青少年公民教育研究》，人民出版社 2012 年版。

唐克军、蔡迎旗：《美国学校公民教育》，中国社会科学出版社 2012 年版。

臧宏：《公民教育的民族性趋势与本土资源研究》，吉林人民出版社 2012 年版。

李奎：《自我公民教育研究》，北京理工大学出版社 2012 年版。

王改娇：《公民利用档案权研究》，上海世界图书出版公司 2012 年版。

张铎：《中国信访制度研究：公民主权与普通人政治》，华夏出版社 2012 年版。

郭台辉、余慧：《历史中的公民概念》，天津人民出版社 2013 年版。

葛笑如:《农民工公民资格研究》，中山大学出版社 2013 年版。

韩志明:《让权利运用起来：公民问责的理论与实践研究》，天津人民出版社 2013 年版。

孙谦、韩大元主编:《公民权利与义务：世界各国宪法的规定》，中国检察出版社 2013 年版。

桂家友:《中国城乡公民权利平等化研究》，上海人民出版社 2013 年版。

王俊平主编:《〈公民权利和政治权利国际公约〉与中国刑法立法：域外的经验和启示》，知识产权出版社 2013 年版。

陈焱光:《公民权利救济基本理论与制度体系建构研究》，长江出版社 2013 年版。

石发勇:《公民社区：国家、关系网络与城市基层治理》，社会科学文献出版社 2013 年版。

王鹤岩、张志顺、牛翠萍:《马克思主义视阈下的中国公民教育研究》，黑龙江教育出版社 2013 年版。

周兴国:《公民德性教育：历史、观念与行动》，安徽教育出版社 2013 年版。

吴科达:《臣民还是公民？——教科书审定制度和思想道德教科书（1902—1949）》，中国社会科学出版社 2013 年版。

黄晓婷:《中小学公民教育政策：变迁与展望》，社会科学文献出版社 2013 年版。

王振国:《中国近代公民教育历史演进研究》，河南人民出版社 2013 年版。

孙凤华:《新课程公民教育的理论与实践》，吉林大学出版社 2013 年版。

刘丹:《全球化时代的认同问题与公民教育研究：基于公民身份的视角》，北京师范大学出版社 2013 年版。

刘铁芳:《公共生活与公民教育：学校公民教育的哲学探究》，教育科学出版社 2013 年版。

张翠梅:《公民身份认同研究》，中国政法大学出版社 2013 年版。

冉艳辉:《我国公民受教育权的平等保护：以法权中心主义为进路》，中国政法大学出版社 2013 年版。

张英洪：《农民、公民权与国家：1949—2009年的湘西农村》，中央编译出版社2013年版。

袁贺：《公民与现代性政治：以卢梭为中心的考察》，中央民族大学出版社2013年版。

王建学：《1789年人权和公民权宣言的思想渊源之争》，法律出版社2013年版。

张宜海：《中小学生公民意识教育研究》，人民出版社2013年版。

张明澍：《中国“政治人”—— 中国公民政治素质调查报告》，社会科学文献出版社2013年版。

王法硕：《公民网络参与公共政策过程研究》，上海交通大学出版社2013年版。

杨振宏：《政府转型中公民参与的构建及内在法理基础》，法律出版社2013年版。

严利华：《从个体激情到群体理性：新媒介时代公民参与的理论与实践》，武汉大学出版社2013年版。

朱德米：《公共政策制定与公民参与研究》，同济大学出版社2014年版。

付宏：《基于社会化媒体的公民政治参与》，国家行政学院出版社2014年版。

王柯平：《艺术教育与公民德行》，南京出版社2014年版。

刘科：《从权利观念到公民德性》，上海大学出版社2014年版。

连志英：《公民获取政府电子文件信息权利保障研究》，世界图书出版公司2014年版。

刘灿等：《完善社会主义市场经济体制与公民财产权利研究》，经济科学出版社2014年版。

陈华：《中国近代公民课程的孕育》，北京师范大学出版社2014年版。

尚红娟：《台湾地区公民教育发展中“文化认同”变迁之研究（1945—2008）》，上海人民出版社2014年版。

徐梓淇：《生态公民》，江苏人民出版社2014年版。

叶飞：《公共交往与公民教育》，人民出版社2014年版。

王国胜、陈静主编:《公民教育、道德与法律》，西安地图出版社 2014 年版。

栗蕊蕊:《学校道德教育的本土演进：以公民教育为核心》，中国经济出版社 2014 年版。

王英杰:《当代中国公民教育取向发展研究》，吉林出版集团有限责任公司 2014 年版。

徐梓淇:《生态公民》，江苏人民出版社 2014 年版。

谢维雁:《公民导论》，四川大学出版社 2014 年版。

伍华军、周叶中:《我国公民意识及其培植研究》，武汉大学出版社 2014 年版。

刁瑷辉:《当代公民身份理论研究》，复旦大学出版社 2014 年版。

郭忠华主编:《中国公民身份：历史发展与当代实践》，格致出版社 2014 年版。

张英洪:《农民公民权研究》，九州出版社 2014 年版。

聂静港:《公民美德与现代国家——共和主义公民身份研究》，中国社会科学出版社 2015 年版。

冯琼:《哈贝马斯的公民理论研究》，中国社会科学出版社 2014 年版。

陈明:《儒教与公民社会》，东方出版社 2014 年版。

史卫民、郑建君、田华等:《中国不同公民群体的政治认同与危机压力》，中国社会科学出版社 2014 年版。

伍华军、周叶中:《我国公民意识及其培植研究》，武汉大学出版社 2014 年版。

杨英文:《城镇化视域下公民住宅权研究》，知识产权出版社 2014 年版。

陈冬:《美国环境公民诉讼研究》，中国人民大学出版社 2014 年版。

陈东利:《中国公民慈善意识培育》，上海大学出版社 2014 年版。

杨俊明:《古罗马公民社会道德研究》，湖南人民出版社 2015 年版。

秦燕:《公民身份语境中的社会权利》，人民日报出版社 2015 年版。

陈海平:《公民资格问题研究》，南开大学出版社 2015 年版。

陈征:《国家权力与公民权利的宪法界限》，清华大学出版社 2015 年版。

杨云香、张宜海：《古希腊古罗马公民思想》，人民出版社2015年版。

苏东、沈德咏编：《公民权利义务与国家制度》，中国民主法制出版社2015年版。

王建国、刘旭：《法治视域下公民主体意识研究》，法律出版社2015年版。

朱金瑞等：《新中国成立以来公民道德建设的历史演进》，人民出版社2015年版。

国家社科基金重大项目课题组：《当代中国公民道德发展》（上、下），江苏人民出版社2015年版。

付轶男：《美国现代化进程中的公民教育与道德教育关系》，东北师范大学出版社2015年版。

马文琴：《美国学校公民教育的转向》，浙江教育出版社2015年版。

冯建军：《公民身份认同与学校公民教育》，人民出版社2015年版。

任勇：《公民教育与认同序列重构》，中央编译出版社2015年版。

王小飞：《比较公民教育：范型与变革》，广东教育出版社2015年版。

王洪松：《当代中国的志愿服务与公民社会建设》，中国政法大学出版社2015年版。

张福刚：《宪法文化视野下的公民权利教育问题研究》，中国政法大学出版社2015年版。

吴威威：《公民责任探析》，中国社会科学出版社2015年版。

郭小香：《美国建国初期公民教育研究》，外语教学与研究出版社2015年版。

姚国建：《公民宪法读本》，法律出版社2015年版。

黄明涛：《公民文化权研究——〈宪法〉第47条之规范建构》，中国政法大学出版社2015年版。

何平：《公民社会救助权研究》，北京大学出版社2015年版。

侯健：《利益表达与公权行为：公民如何影响国家》，复旦大学出版社2015年版。

张夫伟、张红艳：《公民意识与学校生活建构》，中国社会科学出版社2015年版。

唐昊：《中国式公益：现代性、正义与公民回应》，中国社会科学出版社

2015 年版。

王健：《受众的再现：法兰克福批判理论中的大众、精英与公民》，广西师范大学出版社 2015 年版。

宁立成、黄睿：《公民检举权研究》，群众出版社 2015 年版。

黄典林：《公民权的话语建构：转型中国的新闻话语与农民工》，中国传媒大学出版社 2015 年版。

曾繁旭：《媒体作为调停人：公民行动与公共协商》，上海三联书店 2015 年版。

杨成虎：《政策过程中的公民参与》，天津人民出版社 2015 年版。

黄蓬威：《刑事司法中的公民参与》，社会科学文献出版社 2016 年版。

孙彩红：《公民参与城市政府治理研究》，社会科学文献出版社 2016 年版。

肖滨、郭忠华：《公民身份研究》第 1 卷，格致出版社 2015 年版。

肖滨、郭忠华：《公民身份研究》第 2 卷，格致出版社 2016 年版。

文建龙：《中国共产党执政以来改善公民权利状况的实践及经验》，中央文献出版社 2016 年版。

杨异：《网络环境下的公民权利意识》，知识产权出版社 2016 年版。

梁成意：《中国公民基本权利》，中国政法大学出版社 2016 年版。

陈振明、〔加拿大〕安德鲁·桑克顿：《地方治理中的公民参与：中国与加拿大比较研究视角》，中国人民大学出版社 2016 年版。

吴再柱：《公民教育与现代学校》，清华大学出版社 2016 年版。

姜元涛：《世界公民教育思想研究》，科学出版社 2016 年版。

秦秋霞、于海涛：《当代中国公民教育价值取向研究：权利优先的视角》，吉林大学出版社 2016 年版。

贺雄飞、曾勋：《智慧改变命运：如何把孩子培养成“世界公民”》，世界知识出版社 2016 年版。

徐贲：《统治与教育：从国民到公民》，中央编译出版社 2016 年版。

朱志萍：《现代化转型视域中的积极公民身份培育》，上海人民出版社 2016 年版。

颜剑英：《21 世纪初欧盟积极公民教育研究》，知识产权出版社 2016 年版。

周国文：《生态公民论》，中国环境出版社 2016 年版。

吴再柱：《公民教育与现代学校》，清华大学出版社 2016 年版。

郭忠华：《公民身份的核心问题》，中央编译出版社 2016 年版。

周国文：《公民观的复苏》，上海三联书店 2016 年版。

陈兆旺：《民主与福利：社会结构与公民身份制度变迁的路径》，上海人民出版社 2016 年版。

常青：《全球化视野下公民爱国意识培育研究》，人民出版社 2016 年版。

檀传宝、〔澳〕默里·普云特主编：《培育好公民——中外公民教育比较研究》，浙江教育出版社 2016 年版。

唐慧玲：《公民服从的逻辑》，中国社会科学出版社 2016 年版。

杨伟民：《论公民福利权利之基础》，北京大学出版社 2017 年版。

张秀：《政治义务、法律正义与公民服从：基于政治伦理的思考》，上海人民出版社 2017 年版。

张恩玺主编：《国外处理公民申诉制度法律法规选编》（上、下册），中国法制出版社 2017 年版。

阴建峰等：《刑事立法过程中公民参与问题研究》，法律出版社 2017 年版。

杜时忠：《重构学校制度生活：培养现代公民精神》，华中师范大学出版社 2017 年版。

陈乐民、史傅德：《公民社会与启蒙精神》，华东师范大学出版社 2017 年版。

周盛：《走向共识的公民参与：参与式政策制定的偏好分歧与共识形成机制》，科学出版社 2017 年版。

## 二　中译学术著作

〔美〕托马斯·雅诺斯基：《公民与文明社会：自由主义主体、传统政体和社会民主政体下的权利与义务框架》，柯雄译，辽宁教育出版社2000 年版。

〔美〕菲利克斯·格罗斯：《公民与国家：民族、部族和族属身份》，王建娥、魏强译，新华出版社 2003 年版。

〔美〕乔治·S. 布莱尔：《社区权力与公民参与》，伊佩庄、张雅竹编译，中国社会出版社2003年版。

〔英〕霍布斯：《论公民》，应星、冯克利译，贵州人民出版社2004年版。

〔法〕皮埃尔·罗桑瓦龙：《公民的加冕礼：法国普选史》，吕一民译，上海人民出版社2005年版。

〔英〕昆廷·斯金纳、〔瑞典〕博·斯特拉思：《国家与公民：历史、理论、展望》，彭利平译，华东师范大学出版社2005年版。

〔加拿大〕威尔·金里卡：《少数的权利：民族主义、多元文化主义和公民》，邓红风译，上海译文出版社2005年版。

〔美〕史珂拉：《美国公民权：寻求接纳》，刘满贵译，上海人民出版社2006年版。

〔美〕纪念美国宪法颁布200周年委员会编：《美国公民与宪法》，劳娃、许旭译，清华大学出版社2006年版。

〔俄〕鲍里斯·尼古拉耶维奇·米罗诺夫：《俄国社会史·个性、民主家庭公民社会及法制国家的形成·帝俄时期：十八世纪至二十世纪初》（上、下册），张广翔等译，山东大学出版社2006年版。

〔法〕菲利普·奥德莱尔、弗索瓦兹·韦热斯：《从奴隶到公民》，陈伟丰译，译林出版社2006年版。

〔美〕沃尔特·C. 帕克：《美国小学社会与公民教育》，教育科学出版社2006年版。

〔美〕尼克·史蒂文森：《文化与公民身份》，陈志杰译，吉林出版集团有限责任公司2007年版。

〔英〕布赖恩·特纳：《公民身份与社会理论》，郭忠华、蒋红军译，吉林出版集团有限责任公司2007年版。

〔英〕德里克·希特：《何谓公民身份》，郭忠华译，吉林出版集团有限责任公司2007年版。

〔英〕恩靳·伊辛，布雷恩·特纳主编：《公民权研究手册》，王小章译，浙江人民出版社2007年版。

〔加拿大〕菲利普·汉森：《汉娜·阿伦特：历史、政治与公民身份》，刘佳林译，江苏人民出版社2007年版。

〔美〕乔纳森·卡恩：《预算民主：美国的国家建设与公民权（1890—1928年）》，叶娟丽等译，格致出版社2008年版。

〔奥〕曼弗雷德·诺瓦克：《〈公民权利和政治权利国际公约〉评注》（修订第二版），孙世彦、毕小青译，生活·读书·新知三联书店2008年版。

〔加拿大〕威尔·金里卡：《多元文化的公民权：一种有关少数族群权利的自由主义理论》，杨立峰译，上海译文出版社2009年版。

〔加拿大〕乔治·H.理查森、大卫·W.布莱兹主编：《质疑公民教育的准则》，郭洋生、邓海译，教育科学出版社2009年版。

〔加拿大〕威尔·金利卡：《多元文化的公民身份：一种自由主义的少数群体权利理论》，马莉、张昌耀译，中央民族大学出版社2009年版。

〔美〕彼得·雷森伯格：《西方公民身份传统：从柏拉图至卢梭》，郭台辉译，吉林出版集团有限责任公司2009年版。

〔美〕基思·福克斯：《公民身份》，郭忠华译，吉林出版集团有限责任公司2009年版。

〔美〕苏黛瑞：《在中国城市中争取公民权》，单丽卿、王春光译，浙江人民出版社2009年版。

〔德〕托马斯·海贝勒、君特·舒耕德：《从群众到公民：中国的政治参与》，张文红译，中央编译出版社2009年版。

〔英〕安德鲁·查德威克：《互联网政治学：国家、公民与新传播技术》，任孟山译，华夏出版社2010年版。

〔德〕塞缪尔·普芬道夫：《人和公民的自然法义务》，鞠成伟译，商务印书馆2009年版。

〔英〕莫里斯·罗奇：《重新思考公民身份——现代社会中的福利、意识形态和变迁》，郭忠华、黄冬娅、郭韵、何惠莹译，吉林出版集团有限责任公司2010年版。

〔德〕奥特弗里德·赫费：《经济公民、国家公民与世界公民——全球化时代中的政治伦理学》，沈国琴、尤岚岚、励洁丹译，上海译文出版社2010年版。

〔美〕露丝·里斯特：《公民身份：女性主义的视角》，夏宏译，吉林出版集团有限责任公司 2010 年版。

〔英〕彼得·泰勒-顾柏：《重构社会公民权》，郭烁译，中国劳动社会保障出版社 2010 年版。

〔英〕德里克·希特：《公民身份——世界史、政治学与教育学中的公民理想》，郭台辉、余慧元译，吉林出版集团有限责任公司 2010 年版。

〔德〕米夏埃尔·帕夫利克：《人格体主体公民：刑罚的合法性研究》，谭淦译，中国人民大学出版社 2011 年版。

〔英〕尼克·史蒂文森：《文化公民身份：全球一体的问题》，王晓燕、王丽娜译，北京大学出版社 2011 年版。

〔美〕劳拉·赫茵、马克·塞尔登：《审查历史：日本、德国和美国的公民身份与记忆》，聂露译，社会科学文献出版社 2012 年版。

〔日〕岭井明子：《全球化时代的公民教育》，姜英敏译，广东教育出版社 2012 年版。

〔英〕马克·史密斯、皮亚·庞萨帕：《环境与公民权：整合正义、责任与公民参与》，侯艳芳、杨晓燕译，山东大学出版社 2012 年版。

〔土耳其〕哈坎·奥尔蒂奈：《全球公民：相互依赖世界中的责任与权利》，祁怀高、金芮帆译，上海人民出版社 2012 年版。

〔英〕奥德丽·奥斯勒、休·斯塔基：《变革中的公民身份：教育中的民主与包容》，王啸、黄玮珊译，教育科学出版社 2012 年版。

〔德〕格奥尔格·耶利内克：《〈人权与公民权利宣言〉：现代宪法史论》，李锦辉译，商务印书馆 2012 年版。

〔德〕格奥尔格·耶利内克：《〈人权与公民权利宣言〉：现代宪政史上的一大贡献》，钟云龙译，中国政法大学出版社 2012 年版。

〔美〕威廉·F. 马克威克、威廉·A. 史密斯：《公民的诞生：美国公民培养读本》，戚成炎、袁利丹译，天津人民出版社 2012 年版。

〔德〕曼弗雷德·富尔曼：《公民时代的欧洲教育典范》，任革译，人民出版社 2013 年版。

〔美〕加布里埃尔·A. 阿尔蒙德、西德尼·维巴：《重访公民文化》，李国强等译，东方出版社 2014 年版。

〔美〕约翰·克莱顿·托马斯：《公共决策中的公民参与》，孙柏瑛等译，中国人民大学出版社 2014 年版。

〔美〕加布里埃尔·A. 阿尔蒙德、西德尼·维巴：《公民文化：五个国家的政治态度和民主制度》，张明澍译，商务印书馆、人民出版社 2014 年版。

〔美〕迈克尔·舒德森：《好公民：美国公共生活史》，郑一卉译，北京大学出版社 2014 年版。

〔法〕爱弥儿·涂尔干：《职业伦理与公民道德》，渠敬东译，商务印书馆 2015 年版。

〔美〕托马斯·欧立希、欧内斯廷·付：《公民参与　公民教育——两代人对公共服务的反思》，蒋菲、高地译，人民出版社 2015 年版。

〔法〕阿里亚娜·舍贝尔·达波洛尼亚：《种族主义的边界：身份认同、族群性与公民权》，钟震宇译，社会科学文献出版社 2015 年版。

〔比〕马可·马尔蒂尼埃罗：《多元文化与民主：公民身份、多样性与社会公正》，尹明明、王鸣凤译，社会科学文献出版社 2015 年版。

〔美〕莎伦·R. 克劳斯：《公民的激情：道德情感与民主商议》，谭安奎译，译林出版社 2015 年版。

〔美〕罗伯特·D. 帕特南：《使民主运转起来：现代意大利的公民传统》，王列、赖海榕译，中国人民大学出版社 2015 年版。

〔美〕亚历山大·舍隆：《公民关系管理——政府治理中的客户关系管理研究》，杨光煜、尚祥等译，中国物资出版社 2015 年版。

〔美〕劳伦斯·J. 弗里德曼、马克·D. 麦加维编：《美国历史上的慈善组织、公益事业和公民性》，上海财经大学出版社 2016 年版。

〔美〕罗伯特·贝拉：《背弃圣约：处于考验中的美国公民宗教》，郑莉译，商务印书馆 2016 年版。

〔美〕丹纳·维拉：《苏格拉底式公民身份》，张鑫炎译，华夏出版社 2016 年版。

〔英〕J. 马克·霍尔斯特德、马克·A. 派克：《公民身份与道德教育：行动中的价值观》，杨威译，社会科学文献出版社 2017 年版。

〔美〕梅拉·莱文森：《不让一个公民掉队》，李潇君、李艳译，人民出版社 2017 年版。

## 三 中文学术论文

2000 年

王春光：《新生代的农村流动人口对基本公民权的渴求》，《民主与科学》2000 年第 1 期。

何增科：《公民社会与第三部门研究引论》，《马克思主义与现实》2000 年第 1 期。

童怀宇：《论公民和公民意识》，《唯实》2000 年第 3 期。

郑航：《社会变迁中公民教育的演进——兼论我国学校公民教育的实施》，《清华大学教育研究》2000 年第 3 期。

关键词：公民教育；公民训练；社会公共生活；教育目标模式

袁曙宏：《政府形象论纲——政府与公民双向回应的视角》，《国家行政学院学报》2000 年第 3 期。

葛新斌：《公民教育：我国现代化历史进程中的深切呼唤》，《清华大学教育研究》2000 年第 3 期。

关键词：政治国家；公民社会；现代化进程；健全自律；公民教育

吕忠梅：《再论公民环境权》，《法学研究》2000 年第 6 期。

金生鋐：《教育的多元价值取向与公民的培养》，《教育理论与实践》2000 年第 8 期。

关键词：教育；价值取向；公民；公民教育

2001 年

丛日云：《民主制度的公民教育功能》，《中共天津市委党校学报》2001 年第 1 期。

李龙、周刚志：《论公民意识的法治价值》，《浙江社会科学》2001 年第 1 期。

关键词：公民意识；法治价值；思想基础；心理基础

王绍光、王有强：《公民权、所得税和预算体制——谈农村税费改革的思路》，《战略与管理》2001年第3期。

姜涌：《中国的“公民意识”问题思考》，《山东大学学报》（哲学社会科学版）2001年第4期。

关键词：公民；公民意识；公民权

左卫民、朱桐辉：《公民诉讼权：宪法与司法保障研究》，《法学》2001年第4期。

朱谦：《对公民环境权私权化的思考》，《中国环境管理》2001年第4期。

关键词：环境法；公民环境权；私权；民事权利

张小林、戚振江：《组织公民行为理论及其应用研究》，《心理学动态》2001年第4期。

关键词：组织公民行为；个人主动力；工作满意感；组织承诺；绩效

费善诚：《我国公民基本权利的宪法诉讼制度探析》，《浙江大学学报》（人文社会科学版）2001年第4期。

关键词：宪法；基本权利；宪法诉讼

黄德林、唐承敏：《公民的“知情权”及其实现》，《法学评论》2001年第5期。

关键词：公民权利；知情权；立法

俞可平、王颖：《公民社会的兴起与政府善治》，《中国改革》2001年第6期。

秦德君：《中国政治发展与扩大公民政治参与》，《社会科学》2001年第9期。

廖申白：《公民伦理与儒家伦理》，《哲学研究》2001年第11期。

2002年

张力刚、沈晓蕾：《公民环境权的宪法学考察》，《政治与法律》2002年第1期。

关键词：公民环境权；人权；宪法保护

王存福：《论社会转型期我国公民的政治参与》，《云南行政学院学报》2002 年第 2 期。

关键词：社会转型；公民；政治参与；对策建议

何增科：《全球公民社会引论》，《马克思主义与现实》2002 年第 3 期。

魏娜：《公民参与下的民主行政》，《国家行政学院学报》2002 年第 3 期。

关键词：全球化；公共管理；公民

高峰：《公民·公民教育·思想政治教育》，《东北师大学报》2002 年第 4 期。

关键词：公民；公民教育；思想政治教育；公民意识；公民道德建设

胡艳蓓：《当代西方公民教育思想述评》，《国外社会科学》2002 年第 4 期。

关键词：公民教育；自由主义；共和主义；社群主义；多元文化论

洪明、许明：《国际视野中公民教育的内涵与成因》，《国外社会科学》2002 年第 4 期。

关键词：公民教育；国际；20 世纪 90 年代

梁波：《当代中国公民政治参与的制约因素》，《求实》2002 年第 5 期。

关键词：中国；公民；政治参与；制约因素

秦天宝：《中美公民环境诉讼比较研究》，《城市环境与城市生态》2002 年第 5 期。

关键词：环境保护；公民诉讼；美国；比较研究

吴昕春：《公共选择与公民参与集体行动的动力》，《安徽大学学报》2002 年第 5 期。

关键词：公民参与；动力；公共选择理论

韩大元、王德志：《中国公民宪法意识调查报告》，《政法论坛》2002 年第 6 期。

关键词：公民；基本权利；宪法意识；宪法理念；宪法监督；修宪

杨春福：《保障公民权利 —— 中国法治化进程的价值取向》，《中国法学》2002 年第 6 期。

韩大元、王德志：《中国公民宪法意识调查报告》，《政法论坛》2002 年第 6 期。

关键词：公民；基本权利；宪法意识；宪法理念；宪法监督；修宪

朱应平：《论我国公民平等工作权的宪法保护》，《法学》2002年第8期。

关键词：平等；工作权；宪法；保护

李萍、钟明华：《公民教育——传统德育的历史性转型》，《教育研究》2002年第10期。

关键词：公民；公民教育；传统德育；历史性转型

2003年

葛荃、韩玲梅：《从政治教育到公民教育——政治文明与人的发展刍议》，《理论与现代化》2003年第1期。

关键词：政治文明；政治教育；公民教育；做人教育

万明钢、王文岚：《全球化背景中的公民与公民教育》，《西北师大学报》（社会科学版）2003年第1期。

关键词：全球化；民族国家；多元文化；公民教育

张华青：《论政治现代化与公民文化》，《复旦学报》（社会科学版）2003年第1期。

关键词：政治现代化；民主；公民文化；臣民文化

李艳芳：《美国的公民诉讼制度及其启示——关于建立我国公益诉讼制度的借鉴性思考》，《中国人民大学学报》2003年第2期。

关键词：美国；公民诉讼；公益诉讼；公共利益

蔡定剑：《公民素质与选举改革调查》，《战略与管理》2003年第2期。

王颖：《当代中国公民教育历史性复兴的现实反思》，《教育理论与实践》2003年第2期。

关键词：公民；公民教育；公民伦理；公民权责

夏建中：《中国公民社会的先声——以业主委员会为例》，《文史哲》2003年第3期。

关键词：公民社会；业主；业主委员会；公共领域

张成福、孟庆存：《重建政府与公民的信任关系——西方国家的经验》，《国家行政学院学报》2003年第3期。

张劲松：《论公民参与公共管理的有序化》，《江苏行政学院学报》2003年第3期。

关键词：公民参与；公共管理；有序化；无序；程序规则

王成栋、江利红：《行政征用权与公民财产权的界限——公共利益》，《政法论坛》2003年第3期。

关键词：行政征用；公共利益；界限；标准

姜涌：《公民的主体意识》，《山东大学学报》（哲学社会科学版）2003年第3期。

关键词：公民主体；公民的主体性；公民的主体性意识

潘荣伟：《论公民社会权》，《法学》2003年第4期。

关键词：公民社会权；基本权利；程序保障；平等实现

姜涌：《公民意识的自觉》，《理论学刊》2003年第5期。

关键词：公民；公民意识；公民社会

胡锦光：《论公民启动违宪审查程序的原则》，《法商研究》2003年第5期。

关键词：公民；违宪审查；案件；宪法救济；时效；诉讼程序

王小章：《国家、市民社会与公民权利——兼评我国近年来的市民社会话语》，《浙江大学学报》（人文社会科学版）2003年第5期。

万明钢：《论公民教育》，《教育研究》2003年第9期。

关键词：公民；公民资质；公民教育；基础教育

党秀云：《论公共管理中的公民参与》，《中国行政管理》2003年第10期。

关键词：公民；公民参与；参与机制

孙柏瑛：《全球化时代的地方治理：构建公民参与和自主管理的制度平台》，《教学与研究》2003年第11期。

关键词：全球化；地方治理；公民参与；自主管理

2004年

李步云、刘士平：《论行政权力与公民权利关系》，《中国法学》2004年第1期。

关键词：行政权力；公民权利；职责；义务；区别；联系

王朔柏、陈意新：《从血缘群到公民化：共和国时代安徽农村宗族变迁研究》，《中国社会科学》2004年第1期。

关键词：血缘；宗族；国家；公民化

钱宁：《从人道主义到公民权利——现代社会福利政治道德观念的历史演变》，《社会学研究》2004年第1期。

关键词：公民环境权；环境管理权；排污权；合理开发利用环境权

魏健馨：《论公民、公民意识与法治国家》，《政治与法律》2004年第1期。

关键词：公民；公民意识；法治国家

卢雷：《宪政治理与公民参与》，《江南大学学报》（人文社会科学版）2004年第1期。

关键词：宪政秩序；宪政治理；公民参与

苗伟伦：《公民教育——高校思想政治教育的历史转型》，《浙江海洋学院学报》（人文科学版）2004年第1期。

关键词：公民意识；公民教育；思想政治教育；高等学校

徐祥民、张锋：《质疑公民环境权》，《法学》2004年第2期。

关键词：环境；公民环境权；环境使用权

徐祥民：《对"公民环境权论"的几点疑问》，《中国法学》2004年第2期。

关键词：公民；权利；环境权

雷骥：《我国公民教育的基本内涵、特点和作用——兼论公民教育与思想政治教育的关系》，《郑州大学学报》（哲学社会科学版）2004年第3期。

关键词：公民教育；思想政治教育；公民素质

徐长江、时勘：《对组织公民行为的争议与思考》，《管理评论》2004年第3期。

黄国满：《当前我国公民政治参与问题分析》，《社会科学战线》2004年第3期。

关键词：公民；政治参与；分析

胡连生：《公民权利本位：现代民主政治的基本走向》，《长白学刊》2004年第3期。

关键词：权利本位；约束权力；制度保障；积极的权利

袁祖社：《“全球公民社会”的生成及文化意义——兼论“世界公民人格”与全球“公共价值”意识的内蕴》，《北京大学学报》（哲学社会科学版）2004年第4期。

关键词：全球化；全球公民社会；世界公民人格

陈云松：《从“行政社区”到“公民社区”——由中西比较分析看中国城市社区建设的走向》，《城市发展研究》2004年第4期。

关键词：公民社区；社区建设；二元动力机制；公民社会

周训芳：《欧洲发达国家公民环境权的发展趋势》，《比较法研究》2004年第5期。

吴建南、庄秋爽：《“自下而上”评价政府绩效探索：“公民评议政府”的得失分析》，《理论与改革》2004年第5期。

关键词：公民；政府；绩效；评价

苗连营：《公民司法救济权的入宪问题之研究》，《中国法学》2004年第5期。

关键词：司法救济权；人权；宪法

梁丽萍、邱尚琪：《建国以来中国公民政治参与模式的演变分析》，《中国行政管理》2004年第5期。

关键词：政治参与；政治体制；政治主体意识

许琳、张晖：《关于我国公民慈善意识的调查》，《南京社会科学》2004年第5期。

关键词：慈善意识；慈善资源；慈善组织；慈善事业

乔耀章：《论政府社会管理中的政府、社会、公民三者关系》，《湖北行政学院学报》2004年第5期。

关键词：政府自觉；自强；社会自治；公民自觉

馨元：《公民概念在我国的发展》，《法学》2004年第6期。

关键词：臣民；国民；人民；公民

顾昕：《公民社会发展的法团主义之道——能促型国家与国家和社会的相互增权》，《浙江学刊》2004年第6期。

关键词：国家法团主义；社会法团主义；能促性国家；公民社会；社会

团体

朱健刚：《草根 NGO 与中国公民社会的成长》，《开放时代》2004 年第 6 期。

鄯爱红：《我国公民社会的兴起与公民意识的培育》，《中国特色社会主义研究》2004 年第 6 期。

关键词：公民；公民社会；公民意识；培育

邓琼：《政府绩效评估中的公民参与》，《行政与法》2004 年第 11 期。

关键词：公民；公民参与；绩效评估

梁莹：《重塑政府与公民的良好合作关系——社会资本理论的视域》，《中国行政管理》2004 年第 11 期。

关键词：社会资本；政府；公民；良好合作关系；善治

于海：《民族精神意涵：国家意识、文化认同、公民人格》，《思想·理论·教育》2004 年第 12 期。

2005 年

胡弘弘：《论公民意识的内涵》，《江汉大学学报》（人文科学版）2005 年第 1 期。

关键词：公民意识；权利意识；义务意识；公民身份

朴贞子：《政策制定与公民参与》，《中国行政管理》2005 年第 2 期。

关键词：公民参与；立法听证会；行政听证会；政策研讨会；“赛博”

陈炳水：《论我国行政决策中的公民参与》，《社会科学》2005 年第 2 期。

关键词：行政决策；公民参与；条件保障

丛日云：《当代中国政治语境中的“群众”概念分析》，《政法论坛》2005 年第 2 期。

关键词：群众；人民；公民；臣民

黄湘莲：《公民社会、公民性与公民文化建设》，《北京师范大学学报》（社会科学版）2005 年第 2 期。

关键词：公民社会；市场经济；民主；公民性；公民文化建设

张民省：《公民意识与中国现代化》，《山西大学学报》（哲学社会科学版）2005年第2期。

关键词：公民；公民意识；民主政治；现代化

秦前红：《论我国宪法关于公民基本权利的限制规定》，《河南省政法管理干部学院学报》2005年第2期。

关键词：宪法；公民基本权利；限制规定

张雪：《试论公民意识的培养》，《华南师范大学学报》（社会科学版）2005年第2期。

关键词：公民意识；和谐社会；市场经济；权利；义务

李庶泉：《公民教育的国际比较》，《济南大学学报》（社会科学版）2005年第2期。

宋希仁、黄显中：《和谐社会与公民道德》，《道德与文明》2005年第2期。

关键词：公民教育；价值目标；模式和方法；评价；趋势

刘鑫淼：《中国公民教育的历史复兴及其当代意义》，《东北师大学报》2005年第2期。

关键词：公民教育；现代化语境；自我赋权

李治德：《论公民教育内容的理论框架》，《郑州大学学报》（哲学社会科学版）2005年第4期。

关键词：公民概念；公民教育；理论框架；概念模式

孟伟：《建构公民政治：业主集体行动策略及其逻辑——以深圳市宝安区滢水山庄业主维权行动为例》，《华中师范大学学报》（人文社会科学版）2005年第3期。

关键词：城市业主；集体行动；行为逻辑；公民政治

雷骥：《当前我国公民教育研究领域中几个亟待解决的问题》，《河南师范大学学报》（哲学社会科学版）2005年第3期。

关键词：公民教育；思想政治教育；中国化

张骐：《走向和谐——当代中国的公民社会探析》，《北京大学学报》（哲学社会科学版）2005年第4期。

关键词：公民社会；中国公民社会；和谐社会

杨敏：《公民参与、群众参与与社区参与》，《社会》2005年第5期。

孙柏瑛：《公民参与形式的类型及其适用性分析》，《中国人民大学学报》2005年第5期。

关键词：公民参与；参与的形式与分类；参与形式的有效性

高峰：《美国公民教育的基本内涵》，《比较教育研究》2005年第5期。

关键词：美国；公民教育；公民知识；公民技能；公民品性

熊淑媛：《公民、公民意识与政治文明》，《理论探索》2005年第5期。

关键词：公民；公民意识；政治文明；着力点

兰华：《我国公民社会发展与服务型政府建设——治理理论视角》，《山东大学学报》（哲学社会科学版）2005年第5期。

关键词：公民社会；服务型政府；治理理论

胡肖华、徐靖：《论公民基本权利限制的正当性与限制原则》，《法学评论》2005年第6期。

关键词：基本权利；基本人权；权利限制；人权保障

王洛忠：《我国转型期公共政策过程中的公民参与研究——一种利益分析的视角》，《中国行政管理》2005年第8期。

关键词：公共政策；公民参与；利益博弈

党秀云：《公民精神与公共行政》，《中国行政管理》2005年第8期。

关键词：公民；公民精神；公共行政

2006年

俞可平：《中国公民社会：概念、分类与制度环境》，《中国社会科学》2006年第1期。

关键词：中国公民社会；民间组织；制度环境

俞可平：《改善我国公民社会制度环境的若干思考》，《当代世界与社会主义》2006年第1期。

郭道晖：《公民权与公民社会》，《法学研究》2006年第1期。

关键词：公民权；公民社会；非政府组织

周安平：《公民财产权与国家行政权之法治关系——以房屋拆迁为分析背景》，《华东政法学院学报》2006年第1期。

关键词：房屋拆迁；财产权；国家公权；公共利益

孙永怡：《我国公民参与公共政策过程的十大困境》，《中国行政管理》2006年第1期。

马俊锋、袁祖社：《中国“公民社会”的生成与民众“公共精神”品质的培养与化育》，《人文杂志》2006年第1期。

关键词：市场经济；公民社会；公共精神

郭道晖：《政府治理与公民社会参与》，《河北法学》2006年第1期。

关键词：公民权；公民社会；政治参与

范东升：《公民新闻的兴起和启示》，《国际新闻界》2006年第1期。

徐勇、项继权：《公民国家的建构与农村公共物品的供给》，《华中师范大学学报》（人文社会科学版）2006年第2期。

刘松山：《宪法文本中的公民“政治权利”——兼论刑法中的“剥夺政治权利”》，《华东政法学院学报》2006年第2期。

关键词：宪法；刑法；政治权利

叶汝贤、黎玉琴：《公民社会、公民精神和集体行动》，《马克思主义与现实》2006年第3期。

关键词：公民精神；公民社会；集体行动

周国文：《“公民社会”概念溯源及研究述评》，《哲学动态》2006年第3期。

高丙中：《社团合作与中国公民社会的有机团结》，《中国社会科学》2006年第3期。

关键词：社会团体；合作；公民社会；有机团结；和谐社会

韩鸿：《论新媒体背景下的公民共享新闻学》，《新闻与传播研究》2006年第3期。

王东纛：《关于公民教育基础问题及基本内涵的思考》，《中州学刊》2006年第4期。

关键词：公民教育；基础问题；基本内涵

何增科：《中国公民社会发展的制度环境影响评估》，《江苏行政学院学报》2006年第4期。

关键词：公民社会；制度环境；影响评估

马骏、罗万平：《公民参与预算：美国地方政府的经验及其借鉴》，《华中师范大学学报》（人文社会科学版）2006年第4期。

关键词：公民参与；公共预算；美国地方政府

顾昕、王旭、严洁：《公民社会与国家的协同发展——民间组织的自主性、民主性和代表性对其公共服务效能的影响》，《开放时代》2006年第5期。

何增科：《中国公民社会组织发展的制度性障碍分析》，《中共宁波市委党校学报》2006年第6期。

关键词：中国；公民社会组织；发展；制度性障碍

赖彩明、赖德亮：《加强公民举报权的制度保障》，《法学》2006年第7期。

关键词：公民举报权；保护体系；身份重置

朱小蔓、冯秀军：《中国公民教育观发展脉络探析》，《教育研究》2006年第12期。

关键词：公民教育观；权利；义务；道德教育

2007年

仲理峰：《心理资本对员工的工作绩效、组织承诺及组织公民行为的影响》，《心理学报》2007年第2期。

关键词：心理资本；工作绩效；组织承诺；组织公民行为

李友梅：《社区治理：公民社会的微观基础》，《社会》2007年第2期。

关键词：civilsociety；社区治理；权力关系；公民社会的微观基础

魏星河：《我国公民有序政治参与的涵义、特点及价值》，《政治学研究》2007年第2期。

关键词：公民；有序政治参与

檀传宝：《当前公民教育应当关切的三个重要命题》，《人民教育》2007第3期。

姜晓萍：《构建服务型政府进程中的公民参与》，《社会科学研究》2007年第4期。

关键词：服务型政府；公共政策；公民参与

郭道晖：《法治国家与法治社会、公民社会》，《政法论丛》2007年第5期。

关键词：法治国；法治社会；自由；法社会化

俞可平：《中国公民社会研究的若干问题》，《中共中央党校学报》2007年第6期。

关键词：公民社会；民间组织；制度环境；善治

孙平：《政府巨型数据库时代的公民隐私权保护》，《法学》2007年第7期。

关键词：个人信息保护；政府巨型数据库；隐私权

汪伟全：《公民参与：推进行政问责制的重要途径》，《探索与争鸣》2007年第7期。

关键词：公民参与；行政问责制；战略途径

林尚立：《公民协商与中国基层民主发展》，《学术月刊》2007年第9期。

关键词：公民；公民协商；基层民主

2008年

周志忍：《政府绩效评估中的公民参与：我国的实践历程与前景》，《中国行政管理》2008年第1期。

关键词：绩效评估；公民参与；政治参与

蒋传光：《公民的规则意识与法治秩序的构建》，《社会科学研究》2008年第1期。

关键词：公民意识；公民规则意识；理性规则秩序；法治秩序

霍海燕：《公民社会的兴起对政策制定的影响》，《中国行政管理》2008年第2期。

关键词：公民社会；政策制定；公民参与；模式转换

高丙中：《中国的公民社会发展状态——基于“公民性”的评价》，《探索与争鸣》2008年第2期。

关键词：公民社会；公民性；社会领域

杨宜音：《当代中国人公民意识的测量初探》，《社会学研究》2008年第2期。

关键词：公民意识；公民性；心理测量

党秀云:《公民社会的精神与时代意义》,《中国人民大学学报》2008年第2期。

关键词：公民社会；公民社会的精神；时代意义

俞慈珍:《扩大公民有序政治参与的现实意义及路径依赖》,《中国行政管理》2008年第3期。

关键词：公民；政治参与；民主政治

张康之、张乾友:《对“市民社会”和“公民国家”的历史考察》,《中国社会科学》2008年第3期。

关键词：市民；市民社会；公民；公民国家

陈鹏:《公民权社会学的先声——读T. H. 马歇尔〈公民权与社会阶级〉》,《社会学研究》2008年第4期。

徐家良、万方:《公民网络参与的政府创新分析——以湖南“献计献策”活动为例》,《中国行政管理》2008年第4期。

关键词：公民参与；网络民主；公共政策；政府创新；吸纳机制

陈芳、陈振明:《当代中国地方治理中的公民参与——历程、现状与前景》,《东南学术》2008年第4期。

关键词：公民参与；地方治理；中国

陈家刚:《多元主义、公民社会与理性：协商民主要素分析》,《天津行政学院学报》2008年第4期。

关键词：协商民主；多元主义；公民社会；理性

郑杭生:《从政治学、社会学视角看公民意识教育的基本内涵》,《学术研究》2008年第8期。

关键词：公民意识教育；政治学；社会学

2009年

孙柏瑛:《我国公民有序参与：语境、分歧与共识》,《中国人民大学学报》2009年第1期。

关键词：公民参与；有序；话语；共识

王小章:《从“生存”到“承认”：公民权视野下的农民工问题》,《社会学研究》2009年第1期。

关键词：农民工；公民权；户籍制度；承认与排斥

黄崴、黄晓婷：《近十年公民教育研究的回顾与展望》，《清华大学教育研究》2009年第1期。

关键词：公民教育；回顾与展望

褚松燕：《我国公民参与的制度环境分析》，《上海行政学院学报》2009年第1期。

关键词：公民参与；权利；制度；程序

杨光斌：《公民参与和当下中国的治道变革》，《社会科学研究》2009年第1期。

关键词：公民参与；制度性参与；非制度性参与；治道变革；人民民主

陈福平：《强市场中的“弱参与”：一个公民社会的考察路径》，《社会学研究》2009年第3期。

关键词：市场经济；公民社会；自主空间；合作精神

王名：《走向公民社会——我国社会组织发展的历史及趋势》，《吉林大学社会科学学报》2009年第3期。

关键词：社会组织；公民社会；和谐社会

刘泽华：《从臣民意识向公民意识的转变》，《炎黄春秋》2009年第4期。

陈鹏：《从“产权”走向“公民权”——当前中国城市业主维权研究》，《开放时代》2009年第4期。

许耀桐：《大力加强公民意识教育》，《求是》2009年第5期。

程金华：《中国行政纠纷解决的制度选择——以公民需求为视角》，《中国社会科学》2009年第6期。

关键词：行政纠纷；法治；制度供给；制度需求；公民需求

2010年

肖滨：《两种公民身份与国家认同的双元结构》，《武汉大学学报》（哲学社会科学版）2010年第1期。

关键词：全球化；公民身份；国家认同；双元结构

俞可平：《新移民运动、公民身份与制度变迁 —— 对改革开放以来大规模农民工进城的一种政治学解释》，《经济社会体制比较》2010 年第 1 期。

关键词：农民工；新移民；公民身份；制度变迁

王丽萍、方然：《参与还是不参与：中国公民政治参与的社会心理分析 —— 基于一项调查的考察与分析》，《政治学研究》2010 年第 2 期。

关键词：信任；权威人格；政治参与；政治心理；政治效能感

刘学民：《网络公民社会的崛起 —— 中国公民社会发展的新生力量》，《政治学研究》2010 年第 4 期。

关键词：网络公民社会；网络结社；网络舆论

龚向和：《国家义务是公民权利的根本保障 —— 国家与公民关系新视角》，《法律科学》（西北政法学院学报）2010 年第 4 期。

关键词：国家义务；公民权利；国家权力

檀传宝：《论“公民”概念的特殊性与普适性 —— 兼论公民教育概念的基本内涵》，《教育研究》2010 年第 5 期。

关键词：公民；私民；公民身份；公民教育

韩震：《全球化时代的公民教育与国家认同及文化认同》，《社会科学战线》2010 年第 5 期。

关键词：公民教育；民族国家；文化认同；全球化

檀传宝：《论公民教育是全部教育的转型 —— 公民教育意义的现代化视角分析》，《安徽师范大学学报》（人文社会科学版）2010 年第 5 期。

关键词：公民；公民教育；现代化

2011 年

薛洁：《互惠利他：和谐交往的公民态度》，《政治学研究》2011 年第 1 期。

关键词：公民；交往合作；和谐社会；互惠利他；政治态度

暨爱民：《“公民教育”与“民族国家”诉求 —— 以近代中国知识分子的公民教育观为分析对象》，《教学与研究》2011 年第 1 期。

关键词：“公民教育”；“民族国家”诉求；近代中国；知识分子

汲喆：《论公民宗教》，《社会学研究》2011 年第 1 期。

关键词：公民宗教；共和价值；保卫社会；卢梭；涂尔干；贝拉

李艳霞：《公民资格与我国公民教育的历史逻辑》，《厦门大学学报》（哲学社会科学版）2011年第1期。

关键词：公民教育；公民资格；现代化

李向平：《从“宗教文化”到“公民文化”——兼论当代中国宗教社会角色的转变》，《江海学刊》2011年第2期。

关键词：宗教文化；文化范式；宗教型公民文化；社会角色

郭忠华：《动态匹配·多元认同·双向建构——再论公民身份与国家认同的关系》，《中山大学学报》（社会科学版）2011年第2期。

关键词：公民身份；国家认同；维系论；切割论；匹配论

郭台辉：《民族—国家建设视域中的公民身份——以德国模式的形成为例》，《中山大学学报》（社会科学版）2011年第2期。

关键词：民族—国家建设；公民身份；社会权利；德国模式

谭安奎：《慎议与民主的张力——慎议民主中公民的能力平等问题》，《中山大学学报》（社会科学版）2011年第2期。

关键词：慎议民主；合法性；平等；作为慎议资格的能力；从事慎议的能力

葛道顺：《中国社会组织发展：从社会主体到国家意识——公民社会组织发展及其对意识形态构建的影响》，《江苏社会科学》2011年第3期。

关键词：社会组织；社会主体；主体意识；国家意识

韩震：《公民权利、差异与社会公正》，《马克思主义与现实》2011年第3期。

关键词：权利；公正；差异；平等

左袖阳：《比较法视野下我国公民扭送权之完善》，《中国人民公安大学学报》（社会科学版）2011年第4期。

关键词：公民扭送；范围；程序

郭巍青、陈晓运：《垃圾处理政策与公民创议运动》，《中山大学学报》（社会科学版）2011年第4期。

关键词：政策过程；社会运动；反对垃圾焚烧厂建设；公民社会

杨嵘均：《论虚拟公共领域对公民政治意识与政治心理的影响及其对政治生活的形塑》，《政治学研究》2011年第4期。

关键词：虚拟公共领域；政治意识；政治心理；政治生活；虚拟性

刘玉芝：《政府在扩大公民有序政治参与中的地位与作用》，《政治学研究》2011年第4期。

关键词：政府；公民；有序；政治参与

汪锦军：《公共服务中的公民参与模式分析》，《政治学研究》2011年第4期。

关键词：公共服务；公民参与；模式

李图强、李家福：《公民教育的理论与结构分析》，《教学与研究》2011年第5期。

关键词：公民教育；公民意识；公共领域；公共性；公民社会；公民能力

王金水：《公民网络政治参与与政治稳定》，《中国行政管理》2011年第5期。

关键词：网络政治参与；政治稳定；网络突发事件

虞崇胜、张星：《社会转型过程中的"政治人"——对"公民"概念中国境遇的政治学考察》，《云南行政学院学报》2011年第5期。

关键词："政治人"；臣民；国民；人民；公民

林安梧：《孔子思想与"公民儒学"》，《文史哲》2011年第6期。

关键词：公民；心性；普遍性；公共论述

何海波：《公民对行政违法行为的藐视》，《中国法学》2011年第6期。

关键词：行政违法行为；公定力；行政行为无效；间接抗辩；公民拒绝权

余慧元：《从特权到权利——公民观念发展的德国道路》，《马克思主义与现实》2011年第6期。

关键词：市民；国家公民；市民阶级；特权；权利；德国

汤汇浩：《邻避效应：公益性项目的补偿机制与公民参与》，《中国行政管理》2011年第7期。

关键词：邻避效应；补偿机制；公民参与

毕苑：《第一部公民教科书的诞生》，《读书》2011年第8期。

孙智昌：《公民教育的逻辑起点》，《教育研究》2011 年第 11 期。

关键词：公民；公民教育；实践逻辑；价值逻辑

官文娜：《近代日本社会转型中的社会改造 —— 明治时代的风俗改造、公德建立和公民教育》，《开放时代》2011 年第 8 期。

关键词：文明开化；风俗改造；公德；私德；公民

2012 年

原祖杰：《从上帝选民到社区公民：新英格兰殖民地早期公民意识的形成》，《中国社会科学》2012 年第 1 期。

关键词：新英格兰殖民地；清教；上帝选民；公民；人民共同体

郭忠华：《变动社会中的公民身份 —— 概念内涵与变迁机制的解析》，《武汉大学学报》（哲学社会科学版）2012 年第 1 期。

关键词：公民身份；变动社会；变迁机制

郭台辉：《公民概念如何通向现代？—— 一段学术史的考察》，《武汉大学学报》（哲学社会科学版）2012 年第 1 期。

关键词：公民概念；共和主义；绝对主义

高丙中：《"公民社会"概念与中国现实》，《思想战线》2012 年第 1 期。

关键词：公民社会；社团；公民精神

李景鹏：《中国公民社会成长中的若干问题》，《社会科学》2012 年第 1 期。

关键词：社会衰败；社会新生；公民社会；志愿者；人文主义；公益慈善

冯建军：《公民身份认同与公民教育》，《中国人民大学教育学刊》2012 年第 1 期。

关键词：公民身份；公民身份认同；公民教育；公民身份认同教育

薛晓阳：《公民德育的德性化诠释及危机与认识 —— 公民教育在德育政策层面的价值设计和政策反思》，《华东师范大学学报》（教育科学版）2012 年第 1 期。

关键词：公民教育；公民德育；德育政策；德性化诠释

徐湘林：《把政治文化找回来 ——"公民文化"的理论与经验反思》，《政治学研究》2012 年第 2 期。

关键词：政治文化；公民文化；行为取向模式；规范价值；经验性检验

阴元涛：《试论雅典公民法庭的发展与演变》，《世界历史》2012年第2期。

关键词：公民法庭；上诉法庭；陪审法庭

靳继东、潘洪阳：《贫困与赋权：基于公民身份的贫困治理制度机理探析》，《吉林大学社会科学学报》2012年第2期。

关键词：贫困治理；公民身份；赋权

石中英：《社会同情与公民形成》，《北京师范大学学报》（社会科学版）2012年第2期。

关键词：同情；社会同情；公民形成；社会责任

宇文利：《关于当前我国公民意识教育的几个问题》，《高校理论战线》2012年第2期。

关键词：公民意识教育；社会主义；实践

韩志明：《公民抗争行动与治理体系的碎片化——对于闹大现象的描述与解释》，《人文杂志》2012年第3期。

关键词：闹大；公民抗争；利益表达；资源动员；议程设置；碎片化；治理体系

秦鹏：《环境公民身份：形成逻辑、理论意蕴与法治价值》，《法学评论》2012年第3期。

关键词：环境时代；公民身份；环境公民身份；法治价值

陈炳：《公民性与公民教育：古典政治哲学之维》，《哲学研究》2012年第4期。

毕苑：《民国的公民教育》，《炎黄春秋》2012年第4期。

何包钢：《协商民主和协商治理：建构一个理性且成熟的公民社会》，《开放时代》2012年第4期。

关键词：协商民主；协商治理；公民社会；“出嫁女”；上访

魏伟：《马克思的公民观及其对社会主义公民教育的启示》，《北京交通大学学报》（社会科学版）2012年第4期。

关键词：马克思；公民观；公民教育

高丙中、夏循祥：《作为当代社团的家族组织——公民社会的视角》，

《北京大学学报》（哲学社会科学版）2012 年第 4 期。

关键词：家族组织；公民社会；自愿结社；合法化

李志明：《社会保险权的历史发展：从工业公民资格到社会公民资格》，《社会学研究》2012 年第 4 期。

关键词：社会保险制度；社会保险权；工业公民资格；社会公民资格历史与未来

萧功秦：《重建公民社会：中国现代化的路径之一》，《探索与争鸣》2012 年第 5 期。

关键词：公民社会；改革开放；强国家—弱社会；全能主义；法团主义协商制

李游、秦燕：《中国特色公民教育“元”问题探究》，《学海》2012 年第 5 期。

关键词：民主；现代化；公民教育；思想政治教育

张昌林：《公民身份与民主陀螺 ——共和主义的视角及其启示》，《武汉大学学报》（哲学社会科学版）2012 年第 5 期。

关键词：公民身份；民主陀螺；共和主义；启示

郭忠华：《清季民初的国民语义与国家想象 —— 以 citizen、citizenship 汉译为中心的论述》，《南京大学学报》（哲学 · 人文科学 · 社会科学版）2012 年第 6 期。

关键词：citizen；citizenship；国民；国家主义；个人主义

孙向晨：《公民宗教：现代政治的秘密保障》，《复旦学报》（社会科学版）2012 年第 6 期。

关键词：公民宗教；卡尔 · 施密特；自由主义；卢梭；托克维尔；罗伯特 · 贝拉；哈贝马斯

熊易寒：《从业主福利到公民权利 —— 一个中产阶层移民社区的政治参与》，《社会学研究》2012 年第 6 期。

关键词：业主福利；公民权利；中产阶层；外来人口；洼地效应

于伟：《公民抑或自然人 —— 卢梭公民教育理论的前提性困境初探》，《教育研究》2012 年第 6 期。

关键词：卢梭；公民教育；个人；国家

郑戈：《作为公民的乞丐：一种共和主义的济贫思路》《开放时代》2012年第9期。

关键词：乞讨；公民；共和主义；宪政

熊易寒：《新生代农民工与公民权政治的兴起》，《开放时代》2012年第11期。

关键词：生产政治；公民权；新生代农民工；权利意识

彭富春：《国学教育与公民教育》，《人民教育》2012年第21期。

2013年

李寿初：《公民不服从的正当性辨析》，《上海交通大学学报》（哲学社会科学版）2013年第1期。

关键词：自然法；自由主义；公民不服从；正当性

吴俊：《政治伦理视域中的爱国主义与公民认同》，《马克思主义与现实》2013年第1期。

关键词：公民资格；公民认同；爱国主义

施芸卿：《自我边界的"选择性固化"：公民运动与转型期国家—个人关系的重塑——以B市被拆迁居民集团行政诉讼为例》，《社会学研究》2013年第2期。

关键词：自我边界；选择性固化；国家—个人关系；公民运动

孙丽岩：《行政权下的公民权利之辩》，《政法论坛》2013年第2期。

关键词：公民权利；行政权；限制

高奇琦：《试论东亚政党与公民社会关系的两种模式》，《武汉大学学报》（哲学社会科学版）2013年第2期。

关键词：政党；公民社会；东亚；政党主导模式；双重虚弱模式

高敬文、节大磊：《海外公民的保护、主权和不干涉内政》，《国际政治研究》2013年第2期。

程民选：《公民财产权利、社会资本与经济增长》，《学术月刊》2013年第3期。

关键词：公民财产权利；社会资本；经济增长

杨光斌：《国家建构、公民权利与全球化——评“当代世界学术名著·政治学系列”》，《教学与研究》2013年第3期。

关键词：国家性格；国家权力；公民权利

蒋红军：《为公民身份而斗争：被征地农民抗争的政治学解释——以四川G镇的抗争事件为例》，《浙江学刊》2013年第3期。

关键词：公民身份；农民抗争；行动主义公民；公民行动

郭忠华：《中国社会建设：话语省思与策略选择——以citizenship翻译为中心的分析》，《马克思主义与现实》2013年第4期。

关键词：社会建设；citizenship；话语策略

傅慧芳：《公民意识建构的中国理路——基于对西方公民意识普世性的反思》，《政治学研究》2013年第5期。

关键词：公民意识；普世性；中国公民意识

冯周卓、黄震：《抗战时期中共统辖区内公民身份的形成与特征》，《湖南社会科学》2013年第5期。

关键词：公民身份；抗战时期；中共统辖区

郭台辉：《公民身份认同：一个新研究领域的形成理路》，《社会》2013年第5期。

关键词：公民身份；认同；公民身份认同；合法化构建的；拒斥性的；重新规划

李武装：《中国晚近二十多年公民社会理论研究述评与学理透视》，《文史哲》2013年第6期。

关键词：公民社会；国家社会；文化意识形态；文化公共性

夏瑛：《理解西方公民身份理论：理想、权利与现实》，《现代哲学》2013年第6期。

关键词：公民身份；自由主义；共和主义；权利理论；经验研究

常士訚：《公民与子民——基于中西方传统文化的比较分析》，《武汉大学学报》（哲学社会科学版）2013年第6期。

关键词：公民；子民；民主；中西政治文化比较

胡康：《文化价值观、社会网络与普惠型公民参与》，《社会学研究》2013年第6期。

关键词：社会网络交往；社会网络公共话题讨论；普遍性互惠规范；儒家忠恕观；普惠型公民参与

夏瑛：《当代西方公民身份概念批判》，《武汉大学学报》（哲学社会科学版）2013年第6期。

关键词：公民身份；概念内核；情境因素

郭忠华：《人权、公民权及其终结：理解马克思的现代史观》，《马克思主义研究》2013年第6期。

关键词：人权；公民权；马克思；现代史

褚松燕：《公民塑造：国家建构的重点》，《探索与争鸣》2013年第6期。

关键词：公民；缺位；塑造；国家建构；社会；公共生活

王一程：《论"公民社会"的实质》，《马克思主义研究》2013年第9期。

关键词：公民社会；当代西方；当今中国

翟志勇：《人民主权是一种法权结构与公民行动》，《学术月刊》2013年第10期。

关键词：人民主权；公意；同意

2014年

肖滨：《改革开放以来中国公民权利成长的历史轨迹与结构形态》，《广东社会科学》2014年第1期。

关键词：公民权利成长形态；公民身份；公民参与

郭忠华：《我国公民教育的内涵与途径》，《中国德育》2014年第1期。

赵秉志：《公民个人信息刑法保护问题研究》，《华东政法大学学报》2014年第1期。

关键词：个人信息；公民；刑法保护

任剑涛：《论积极公民——共和主义与自由主义的公民定位分析》，《武汉大学学报》（哲学社会科学版）2014年第1期。

关键词：积极公民；消极公民；共和主义；自由主义；平衡摆

金生鈜：《公民的伦理身份及其养成》，《北京大学教育评论》2014 年第 2 期。

关键词：公民伦理身份；公共精神；公民教育；教育变革

姚中秋：《重新思考公民与公共生活 —— 基于儒家立场和中国历史经验》，《社会》2014 年第 3 期。

关键词：公民；公共生活；儒学；君子

杨百寅、梅哲群：《“组织主人翁”还是“组织公民” —— 基于中国社会文化的员工行为分析视角》，《清华大学学报》（哲学社会科学版）2014 年第 3 期。

关键词：组织公民行为；组织主人翁行为；心理所有权

郭忠华：《立民与立国：中国现代国家构建中的话语选择》，《武汉大学学报》（哲学社会科学版）2014 年第 3 期。

关键词：citizen；现代国家；话语；翻译；现代性

陈肖生：《尊重公民的意涵与要求 —— 对自由主义一项内部争论的考察》，《现代哲学》2014 年第 4 期。

关键词：尊重公民；政治自由主义；完善论自由主义；自主性

渠敬东：《职业伦理与公民道德 —— 涂尔干对国家与社会之关系的新构建》，《社会学研究》2014 年第 4 期。

关键词：涂尔干；国家；社会；职业伦理；公民道德

孔新峰：《贤能政治视野下的“公仆”与“公民”》，《文史哲》2014 年第 4 期。

关键词：公仆；公民；代表制；干部教育培训；公民教育；贤能政治

孙一萍：《“公民投票”概念辨析 —— 以法国学界为例》，《世界历史》2014 年第 5 期。

关键词：公民投票；全民投票；法国；概念辨析

毕苑：《华南圭与〈法国公民教育〉》，《读书》2014 年第 5 期。

王新生：《阶级意识的退隐与公民理性的建构 —— 马克思主义政治哲学视野中的当代政治文化嬗变分析》，《哲学动态》2014 年第 5 期。

柳砚涛、仇婷婷：《论公民个人监督行政执法》，《北京行政学院学报》2014 年第 6 期。

关键词：公民个人监督；价值正当性；督政型监督

王绍光：《社会建设的方向：“公民社会”还是人民社会？》，《开放时代》2014 年第 6 期。

关键词：公民社会；人民社会；非政府组织；非营利组织；第三部门

戴木才：《我们应该成为什么样的公民》，《求是》2014 年第 7 期。

韩大元、孟凡壮：《中国社会变迁六十年的公民宪法意识》，《中国社会科学》2014 年第 12 期。

关键词：公民；社会变迁；宪法意识；宪法实施

李兰芬：《国家认同视域下的公民道德建设》，《中国社会科学》2014 年第 12 期。

关键词：国家认同；公民道德；社会主义核心价值观

2015 年

王立峰：《论公民自愿守法的条件》，《人权》2015 年第 1 期。

关键词：自愿守法；国家认同；程序正义；立法良好；公民美德

陈卫东：《公民参与司法：理论、实践及改革 —— 以刑事司法为中心的考察》，《法学研究》2015 年第 2 期。

关键词：司法改革；公民参与司法；“依靠群众”原则；刑事司法

郭忠华：《双重论证结构下现代公民身份的起源 —— 对韦伯公民身份思想的分析》，《马克思主义与现实》2015 年第 2 期。

关键词：公民身份；韦伯；市民；西方；东方

孟天广、李锋：《网络空间的政治互动：公民诉求与政府回应性 —— 基于全国性网络问政平台的大数据分析》，《清华大学学报》（哲学社会科学版）2015 年第 3 期。

关键词：政府回应性；网络政治；公众诉求；文本分析；大数据

杨嵘均：《网络空间公民政治情绪宣泄的刺激因素与政治功能》，《学术月刊》2015 年第 3 期。

关键词：网络虚拟空间；负面政治情绪；网络宣泄；社会转型

刘剑文：《预算治理中的人大、政府与公民》，《武汉大学学报》（哲学社会科学版）2015 年第 3 期。

芮国强、宋典：《公民参与、公民表达与政府信任关系研究——基于“批判性公民”的视角》，《江海学刊》2015 年第 4 期。

关键词：公民参与；公民表达；政府信任；批判性公民

王春梅：《走过历史：“公民”与“自然人”的博弈与启示》，《华东政法大学学报》2015 年第 4 期。

关键词：苏联法；俄罗斯法；公民；自然人；法律表达

檀传宝：《何为“公民意识”？——中国“公民意识”概念的官方定义及其特征分析》，《全球教育展望》2015 年第 5 期。

关键词：公民意识；中国特色社会主义；社会主义核心价值观

罗伯中：《马克思〈论犹太人问题〉中的公民资格理论重探》，《理论探讨》2015 年第 5 期。

关键词：马克思；公民资格；犹太人问题；鲍威尔

孙平：《弥合“人民”与“公民”之间的宪法分歧——以〈共同纲领〉第 49 条的解读为中心》，《法律科学》（西北政法学院学报）2015 年第 6 期。

关键词：宪法分歧；基本权利；人民权利观；公民权利观；新闻自由

张金庆、冷向明：《现代公民身份与农民工有序市民化研究》，《复旦学报》（社会科学版）2015 年第 6 期。

关键词：农民工市民化；工农平权；现代公民身份；现代国家构建

竺乾威：《政治生态变化中官员的公民身份认知回归》，《探索与争鸣》2015 年第 6 期。

关键词：公民身份；职业身份；理性经济人；行政道德

余露：《驯养动物应享有公民身份吗？——兼论公民身份的范围》，《社会科学辑刊》2015 年第 6 期。

关键词：动物权利论；公民身份；驯养动物；理性

姚中秋、郭忠华、郭台辉、王苍龙：《君子与公民：寻找中国文明脉络中的秩序主体》，《天府新论》2015 年第 6 期。

任勇：《公民教育与少数民族地方性知识互构：基于协商政治的路径》，《学术月刊》2015 年第 8 期。

关键词：地方性知识；公民教育；协商政治；国家认同

李西杰：《国家认同视野下的公民意识“他者”化问题》，《哲学研究》2015年第12期。

关键词：全球化；他者；公民意识；国家认同

2016年

董丽敏：《“政治化”性别：走向“公民社会”？——以“后社会主义”中国为场域的考察》，《开放时代》2016年第1期。

关键词：政治化；性别；后社会主义；公民社会

王浦劬、李锋：《试析公务员对于公民政治参与的态度——基于六个地级市问卷结果的结构方程模型研究》，《政治学研究》2016年第1期。

关键词：公民政治参与；能力认知；组织环境；公共服务动机

王浦劬、李锋：《我国公务员信任公民的影响要素实证分析》，《中共中央党校学报》2016年第1期。

关键词：公务员；公民；信任；个人因素；职务因素；社会因素

张劼颖：《从“生物公民”到“环保公益”：一个基于案例的环保运动轨迹分析》，《开放时代》2016年第2期。

关键词：反焚运动；运动轨迹；环保主义；生物公民

葛双龙：《宪政视野下的警察执法与公民权利保障》，《甘肃社会科学》2016年第2期。

关键词：宪政；公民权利；警察执法；权利保障

陈华文：《作为公民美德的审慎——论在现代语境中复兴古典德性的意义》，《马克思主义与现实》2016年第3期。

关键词：审慎；公民美德；民主政治；积极公民

刘小枫：《普罗塔戈拉论公民教育》，《湖南师范大学教育科学学报》2016年第4期。

关键词：柏拉图；普罗塔戈拉；公民教育；政治德性；民主政制

谈火生：《公民教育：卢梭美德共和国的微观基础》，《学术月刊》2016年第5期。

关键词：公民教育；家庭教育；公共教育；爱的共同体；公共机构

田先红、罗兴佐：《“群众”抑或“公民”：中国信访权利主体论析》，《华中师范大学学报》（人文社会科学版）2016年第5期。

关键词：群众；公民；信访制度；权利主体；群众路线

刘磊：《发现“我”与认同“我们”——公民诞生视角下的公民教育》，《教育研究》2016年第5期。

关键词：公民诞生；公民教育；政治觉悟；伦理觉悟

郑建君：《个体与区域变量对公民选举参与的影响——基于8506份中国公民有效数据的分析》，《政治学研究》2016年第5期。

关键词：个体特征；参与心理；社会经济因素；选举参与；多层线性模型

肖唐镖、易申波：《当代我国大陆公民政治参与的变迁与类型学特点——基于2002与2011年两波全国抽样调查的分析》，《政治学研究》2016年第5期。

关键词：政治参与；接触型参与；沟通型参与；抗争型参与；以权力为中心的参与

林颐：《协商民主与公民相互教育》，《南开学报》（哲学社会科学版）2016年第5期。

关键词：协商民主；相互教育；主体意识

林安梧：《从“德性治理”到“公民社会”的建立——“顺服的伦理”、“根源的伦理”与“公民的伦理”》，《江淮论坛》2016年第6期。

关键词：天理；人欲；顺服的伦理；根源的伦理；公民的伦理

王旭：《公民参与行政的风险及法律规制》，《中国社会科学》2016年第6期。

关键词：参与行政；风险；公共领域；正当程序；问责制

程民选、白晔：《信息不对称、市场秩序与公民财产权保护》，《学术月刊》2016年第6期。

关键词：信息不对称；市场秩序；公民财产权；第三方治理

寇东亮：《马克思早期思想中的“市民—公民”观念及其批判意蕴》，《哲学研究》2016年第8期。

关键词：市民；公民；政治解放；人类解放

邓达：《培养更有情感温度的公民》，《人民教育》2016年第23期。

郭忠华：《20世纪上半期的“人民”语义与国家建构》，《政治学研究》2016年第6期。

关键词：人民；语义；国家建构

## 四　英文学术著作

2007

Bruce Macfarlane, *The Academic Citizen: The Virtue of Service in University Life*, New York: Routledge, 2007.

Susan Balloch and Michael Hill（eds.）, *Care, Community and Citizenship: Research and Practice in a Changing Policy Context*, Bristol: Policy, 2007.

Tessa Brannan, Peter John, and Gerry Stoker（eds.）, *Re-energizing Citizenship: Strategies for Civil Renewal*, New York: Palgrave, 2007.

Luigi Cajani（ed.）, *History Teaching, Identities, Citizenship*, Stoke-on-Trent: Trentham, 2007.

Richard Ennals, *From Slavery to Citizenship*, Hoboken: John Wiley, 2007.

Andreas Fahrmeir, *Citizenship: The Rise and Fall of a Modern Concept,* New Haven: Yale University Press, 2007.

Thomas Faist, Peter Kivisto（eds.）, *Dual Citizenship in Global Perspective: From Unitary to Multiple Citizenship*, New York: Palgrave Macmillan, 2007.

Thomas Faist（ed.）, *Dual Citizenship in Europe: From Nationhood to Societal Integration*, Burlington: Ashgate, 2007.

Wayne Hudson and Steve Slaughter（eds.）, *Globalisation and Citizenship: The Transnational Challenge,* New York: Routledge, 2007.

Peter Kivisto and Thomas Faist, *Citizenship: Discourse, Theory, and Trans-*national Prospects, Malden: Blackwell Pub. , 2007.

Kevin Mc Donough and Walter Feinberg（eds.）, *Citizenship and Education in Liberal-democratic Societies: Teaching for Cosmopolitan Values and Collective Identitie*, New York: Oxford University Press, 2007.

Amanda Root, *Market Citizenship: Experiments in Democracy and Globalization*, London: SAGE, 2007.

Jo Shaw, *The Transformation of Citizenship in the European Union: Electoral Rights and the Restructuring of Political Space*, Cambridge: Cambridge University Press, 2007.

2008

Richard Butsch, *The Citizen Audience: Crowds, Publics, and Individuals,* New York: Routledge, 2008.

James Arthur, Ian Davies and Carole Hahn（eds.）, *The SAGEH and book of Education for Citizenship and Democracy,* Los Angeles: SAGE, 2008.

John Beck, *Meritocracy*, *Citizenship and Education: New Labour' s Legacy,* NewYork: Continuum, 2008.

Mark E. Button, *Contract, Culture, and Citizenship: Transformative Liberalism from Hobbes to Rawls,* University Park：Pennsylvania State University Press, 2008.

Jose V. Ciprut（ed.）, *The Future of Citizenship,* Cambridge: MIT Press, 2008.

Andrew Crane, Dirk Matten, Jeremy Moon, *Corporations and Citizenship,* New York: Cambridge University Press, 2008.

Geoff Eley and Jan Palmowski（eds.）, *Citizenship and National Identity in Twentieth-Century Germany,* Stanford: Stanford University Press, 2008.

Dean Garrattand Heather Piper, *Citizenship Education, Identityand Nationhood*：*Contradictions in Practice?* New York: Continuum, 2008.

Monica Heintz（ed.）, *Weak State, Uncertain Citizenship: Moldova,* New York: P. Lang, 2008.

James Holston, *Insurgent Citizenship: Disjunctions of Democracy and Modernity in Brazil,* Princeton: Princeton University Press, 2008.

Engin F. Isin, Peter Nyers and Bryan S. Turner, *Citizenship between Past and*

*Future,* Abingdon: Routledge, 2008.

Engin F. Isin（ed.）, *Recasting the Social in Citizenship,* Buffalo: University of Toronto Press, 2008.

Lester T. Kane and Marylyn R. Poweller（eds.）, *Citizenship in the 21st Century,* New York: Nova Science Publishers, 2008.

Dora Kostakopoulou, *The Future Governance of Citizenship,* New York: Cambridge University Press, 2008.

Michael Lister and Emily Pia, *Citizenship in Contemporary Europe,* Edinburgh: Edinburgh University Press, 2008.

Karen Mossberger, Caroline J. Tolbert and Ramona S. McNeal, *Digital Citizenship: The Internet, Society, and Participation,* Cambridge: MIT Press, 2008.

Hans Schattle, *The Practices of Global Citizenship,* Lanham: Rowman & Littlefield Pub. , 2008.

Birte Siim and Judith Squires（eds.）, *Contesting Citizenship,* London: Routledge, 2008.

Margaret R. Somers, *Genealogies of Citizenship: Markets, Statelessness, and the Right to Have Rights,* New York: Cambridge University Press, 2008.

Peter J. Spiro, *Beyond Citizenship: American Identity after Globalization,* New York: Oxford University Press, 2008.

Steven J. Wulf, *A Philosophical Theory of Citizenship: Obligation, Authority, and Membership,* Lanham: Lexington Books, 2008.

2009

Stuart Allan and Einar Thorsen（eds.）, *Citizen Journalism: Global Perspectives,* New York: Peter Lang, 2009.

Alan Murdie, *Environmental Law and Citizen Action,* Sterling: Earthscan, 2009.

Derek W. M. Barker, *Tragedy and Citizenship: Conflict, Reconciliation, and Democracy from Haemon to Hegel,* Albany: State University of New York Press, 2009.

Eugene Borgida, Christopher M. Federico, John L. Sullivan（eds.）, *The Political Psychology of Democratic Citizenship,* New York: Oxford University Press, 2009.

Douglas Bradburn, *The Citizenship Revolution: Politics and the Creation of the American Union, 1774–1804,* Charlottesville: University of Virginia Press, 2009.

Allison C. Carey, *On the Margins of Citizenship: Intellectual Disability and Civil Rights in Twentieth-Century America,* Philadelphia: Temple University Press, 2009.

Elizabeth F. Cohen, *Semi-Citizenship in Democratic Politics,* New York: Cambridge University Press, 2009.

Scott L. Greer, *Devolution and Social Citizenship in the UK,* Bristol: Policy Press, 2009.

Michael S. Greve and Michael Zöller（eds.）, *Citizenship in America and Europe: Beyond the Nation-State?* Washington: AEI Press, 2009.

Bruce Haynes（ed.）, *Patriotism and Citizenship Education,* Malden: Wi-ley-Blackwell, 2009.

Marc Morjé Howard, *The Politics of Citizenship in Europe,* New York: Cambridge University Press, 2009.

Andrew Kakabadse, Nada Kakabadse and Kalu N. Kalu（eds.）, *Citizenship: A Reality Far From Ideal,* New York: Palgrave Macmillan, 2009.

Bronwen Manby, *Struggles for Citizenship in Africa,* New York: Zed Books, 2009.

Tristan McCowan, *Rethinking Citizenship Education: A Curriculum for Participatory Democracy,* New York: Continuum, 2009.

Peter Taylor-Gooby, *Reframing Social Citizenship,* New York: Oxford University Press, 2009.

2010

Alan Reid, Judith Gill and Alan Sears（eds.）, *Globalization, The Nation-State and the Citizen: Dilemmas and Directions for Civics and Citizenship Educa-*

*tion,* New York: Routledge, 2010.

Dennis F. Thompson, *The Democratic Citizen: Social Scienceand Democratic Theory in the Twentieth Century,* Cambridge: Cambridge Univ. Pr. , 2010.

Shubhra Kothari, Zeenat Ara, *Citizenship and Globalisation,* Delhi: Abhi-jeet Publications, 2010.

Martha A. Ackelsberg, *Resisting Citizenship: Feminist Essays on Politics, Community, and Democracy,* New York: Routledge, 2010.

Richard Bellamy, Antonino Palumbo（eds.）, *Citizenship,* Farnham: Ash-gatePub. Co. , 2010.

April Biccum, *Global Citizenship and the Legacy of Empire: Marketing Development,* New York: Routledge, 2010.

Luis Cabrera, *The Practice of Global Citizenship,* New York: Cambridge University Press, 2010.

Peter Dwyer, *Understanding Social Citizenship: Themes and Perspectives for Policy and Practice,* Portland: Policy Press, 2010.

Thomas Janoski, *The Ironies of Citizenship: Naturalization and Integration in Industrialized Countries,* New York: Cambridge University Press, 2010.

Ireneusz Pawel Karolewski, *Citizenship and Collective Identity in Europe,* New York: Routledge, 2010.

Derek McGhee, *Security, Citizenship and Human Rights: Shared Values in Uncertain Times,* New York: Palgrave Macmillan, 2010.

Ediberto Román, *Citizenship and Its Exclusions: A Classical, Constitutional, and Critical Race Critique,* New York: New York University Press, 2010.

Anupama Roy, *Mapping Citizenship in Lndia,* New Delhi: Oxford University Press, 2010.

Kim Rygiel, *Globalizing Citizenship,* Vancouver: UBC Press, 2010.

Pauline Stoltz（eds.）, *Gender Equality, Citizenship and Human Rights: Controversies and Challenges in China and the Nordic Countries,* New York: Routledge, 2010.

Paulina Tambakaki, *Human Rights, or Citizenship?* New York: Birkbeck Law Press, 2010.

2011

Jim Davies, *The European Consumer Citizen in Law and Policy,* New York: Palgrave Macmillan, 2011.

Brian Duff, *The Parentas Citizen: A Democratic Dilemma,* Minneapolis: University of Minnesota Press, 2011.

Perry Keller（ed.）, *The Citizen and the Chinese State,* Farnham: Burlington, Vt. : Ashgate, 2011.

M. Victoria Costa, Rawls, *Citizenship, and Education,* New York: Routledge, 2011.

V. Geetha, Nalini Rajan, *Religious Faith, Ideology, Citizenship: The View From Below,* New York: Routledge, 2011.

Wing-Wah Law, *Citizenship and Citizenship Education in a Global Age: Politics, Policies, and Practices in China,* NewYork: P. Lang, 2011.

Robert C. Pirro, *The Politics of Tragedy and Democratic Citizenship,* New YorkL: Continuum, 2011.

Robert A. Rhoads and Katalin Szelényi, *Global Citizenship and the University: Advancing Social Life and Relations in an Interdependent World,* Stanford: Stanford University Press, 2011.

Lynette Shultz, Ali A. Abdi, and George H. Richardson（eds.）, *Global Citizenship Education in Post-Secondary Institutions: Theories, Practices, Policies,* NewYork: PeterLang, 2011.

Rogers M. Smith（ed.）, *Citizenship, Borders, and Human Needs,* Philadelphia: University of Pennsylvania Press, 2011.

Nick Stevenson, *Education and Cultural Citizenship,* London: SAGE, 2011.

David Wiles, *Theatre and Citizenship: The History of a Practice,* New York: Cambridge University Press, 2011.

2012

Michael Dougan, Niamh Nic Shuibhne and Eleanor Spaventa（eds.）, *Empowerment and Disempowerment of the European Citizen,* Oxford: Hart Publishing, 2012.

Meira Levinson, *No Citizen Left Behind,* Cambridge, Mass. : Harvard University Press, 2012.

Mikko Rask, Richard Worthington, Minna Lammi（eds.）, *Citizen Participation in Global Environmental Governance,* New York： Earthscan, 2012.

Tim Soutphommasane, *The Virtuous Citizen*： *Patriotism in a Multicultural Society,* New York: Cambridge University Press, 2012.

Kathryn Wheeler, *Fair Trade and the Citizen-Consumer: Shopping for Justice?* New York: Palgrave Macmillan, 2012.

James Arthur and Hilary Cremin（eds.）, *Debates in Citizenship Education,* New York: Routledge, 2012.

Chang Kyung-Sup and BryanS. Turner（eds.）, *Contested Citizenship in East Asia: Developmental Politics, National Unity, and Globalization,* New York: Routledge, 2012.

Ben Kisby, Manchester, *The Labour Party and Citizenship Education: Policy Networks and the Introduction of Citizenship Lessons in Schools,* New York: Manchester University Press, 2012.

Christian Kock and Lisa S. Villadsen（eds.）, *Rhetorical Citizenship and Public Deliberation,* University Park： Pennsylvania State University Press, 2012.

Eric Lohr, *Russian Citizenship: From Empire to Soviet Union,* Cambridge, Massachusetts: Harvard University Press, 2012.

Andy Scerri, *Greening Citizenship: Sustainable Development, The State and Ideology,* Basingstoke: Palgrave Macmillan, 2012.

Hans Schattle, *Globalization and Citizenship,* Lanham: Rowman & Littlefield, 2012.

Mimi Sheller, *Citizenship From Below: Erotic Agency and Caribbean Free-*

*dom,* Durham: Duke University Press, 2012.

Amit Singh, *Citizenship and Globalization in Lndia,* New Delhi: Neha Publishers, 2012.

Janelle Ward, *Communicating Citizenship Online,* New York: Hampton Press, 2012.

2013

Stuart Allan, *Citizen Witnessing: Revisioning Journalism in Times of Crisis,* Malden: Polity Press, 2013.

Joseph R. Blasi, Richard B. Freeman, DouglasL. Kruse, *The Citizen's Share: Putting Ownership back into Democracy,* New Haven, Conn. : Yale University Press, 2013.

Carol J. Lukensmeyer with Wendy Jacobson, *Bringing Citizen Voices to the Table: A Guide for Public Managers,* San Francisco: Jossey-Bass, 2013.

Sigal R. Ben-Porath and Rogers M. Smith (eds.), *Varieties of Sovereignty and Citizenship,* Philadelphia: University of Pennsylvania Press, 2013.

Michael Bratton (ed.), *Voting and Democratic Citizenship in Africa,* Boulder: Lynne Rienner Publishers, 2013.

Tom Cockburn, *Rethinking Children's Citizenship,* New York: Palgrave Macmillan, 2013.

Sabina Donati, *A Political History of National Citizenship and Identity in Italy, 1861–1950,* Stanford: Stanford University Press, 2013.

Adalbert Evers and Anne-Marie Guillemard (eds.), *Social Policy and Citizenship: The Changing Landscape,* New York: Oxford University Press, 2013.

Randolph Hohle, *Black Citizenship and Authenticity in the Civil Rights Movement,* Abingdon: Routledge, 2013.

Engin F. Isin and Michael Saward (eds.), *Enacting European Citizenship,* Cambridge: Cambridge University Press, 2013.

Niraja Gopal Jayal, *Citizenship and Its Discontents: An Lndian History,*

Cambridge: Harvard University Press, 2013.

Lee Jerome, *England's Citizenship Education Experiment: State, School and Student Perspectives,* London: Bloomsbury, 2013.

Sian Lazar, *The Anthropology of Citizenship: A Reader,* Hoboken: Wiley-Blackwell, 2013.

Willem Maas（ed.）, *Multilevel Citizenship,* Philadelphia: University of Pennsylvania Press, 2013.

Michael S. Merry, *Equality, Citizenship, and Segregation: A Defense of Separation,* New York: Palgrave Macmillan, 2013.

Brian Milne, *The History and Theory of Children's Citizenship in Contemporary Societies,* New York: Springer, 2013.

Subrata K. Mitra（ed.）, *Citizenship as Cultural Flow: Structure, Agency and Power,* Heidelberg: Springer, 2013.

Teresa Anne Murphy, *Citizenship and the Origins of Women's History in the United States,* Philadelphia: University of Pennsylvania Press, 2013.

Hoang GiaPhan, *Bonds of Citizenship: Law and the Labors of Emancipation,* New York: New York University Press, 2013.

Sasha Roseneil，*Beyond Citizenship? : Feminism and the Transformation of Belonging,* Houndmills, Basingstoke, Hampshire: Palgrave Macmillan, 2013.

2014

Russell J. Dalton, *Citizen Politics: Public Opinion and Political Parties in Advanced Industrial Democracies,* Los Angeles: SAGE, CQ Press, 2014.

Ernst Hirsch Ballin, *Citizens' Rights and the Righttobea Citizen,* Boston: Brill Nijhoff, 2014.

Vanessa De Oliveira Andreotti（ed.）, *The Political Economy of Global Citizenship Education,* London：Routledge, 2014.

Richard Bellamy and Madeleine Kennedy-Macfoy（eds.）, *Citizenship,* New York: Routledge, 2014.

Raoul V. Bianchi and Marcus L. Stephenson, *Tourism and Citizenship: Rights, Freedom and Responsibilities in the Global Order,* New York： Routledge, 2014.

Thom Brooks（ed.）, *Ethical Citizenship: British Idealism and the Politics of Recognition,* New York: Palgrave Macmillan, 2014.

John Clarke, Kathleen Coll, *Evelina Dagnino and Catherine Neveu, Disputing Citizenship,* Chicago: Policy Press, 2014.

Philip Cook and Jonathan Seglow（eds.）, *The Margins of Citizenship,* Abingdon： Routledge, 2014.

Costica Dumbrava, *Nationality, Citizenship and Ethno-Cultural Belonging: Preferential Membership Policies in Europe,* New York：Palgrave Macmillan, 2014.

Elspeth Guild, Steve Peers, Jonathan Tomkin, *The EU Citizenship Directive: A Commentary,* Oxford: Oxford University Press, 2014.

Hein-Anton van der Heijden（ed.）, *Handbook of Political Citizenship and Social Movements,* Northampton: Edward Elgar, 2014.

Neil Hopkins, *Citizenship and Democracy in Further and Adult Education,* Dordrecht: Springer, 2014.

Brookfield, Frank Huisman, Harry Oosterhuis（eds.）, *Health and Citizenship: Political Cultures of Health in Modern Europe,* Pickering & Chatto, 2014.

Engin F. Isin（ed.）, *Citizenship After Orientalism: An Unfinished Project,* London: Routledge, 2014.

Engin F. Isin and Peter Nyers（eds.）, *Routledge Handbook of Global Citizenship Studies,* Abingdon: Routledge, 2014.

Edmond J. Keller, *Identity, Citizenship, and Political Conflict in Africa,* Bloomington: Indiana University Press, 2014.

Kerry J. Kennedy, Gregory P. Fairbrother, and Zhao Zhenzhou（eds.）, *Citizenship Education in China: Preparing Citizens for the "Chinese century"*, New York: Routledge, 2014.

Robert C. Paehlke, *Hegemony and Global Citizenship: Transitional Governance for the Twenty-First Century,* New York: Palgrave Macmillan, 2014.

David Thunder（ed.）, *Citizenship and the Pursuit of the Worthy Life,* New York: Cambridge University Press, 2014.

Richard Yarwood, *Citizenship,* London: Routledge, 2014.

2015

Jennifer Carlson, *Citizen-Protectors: The Everyday Politics of Guns in an Age of Decline,* New York: Oxford University Press, 2015.

Ian Cram, *Citizen Journalists: Newer Media, Republican Moments and the Constitution,* Cheltenham: Edward Elgar Publishing, 2015.

Bartow J. Elmore, *Citizen Coke: The Making of Coca-Cola Capitalism,* NewYork: W. W. Norton & Company, 2015.

Shao Jiang, *Citizen Publications in China before the Lnternet,* New York: Palgrave Macmillan, 2015.

Chris Wells, *The Civic Organization and the Digital Citizen: Communicating Engagement in a Networked Age,* New York: Oxford University Press, 2015.

Timofey Agarin, Ireneusz Pawe Karolewski, *Extraterritorial Citizenship in Postcommunist Europe,* New York: Rowman & Littlefield Internationa, 2015.

Bridget Anderson, Vanessa Hughes, *Citizenship and Its Others,* New York: Palgrave Macmillan, 2015.

Hassan Bashir and Phillip W. Gray，*Deconstructing Global Citizenship: Political, Cultural, and Ethical Perspectives,* Lanham: Lexington Books, 2015.

Benito Cao, *Environment and Citizenship,* New York: Routledge, 2015.

Zhonghua Guo and Sujian Guo, *Theorizing Chinese Citizenship,* Lanham: Lexington Books, 2015.

Matthew Guschwan, *Sport and Citizenship,* London: Routledge, 2015.

Ben Herzog, *Revoking Citizenship: Expatriation in America Fromthe Colonial Era to the War on Terror,* New York: New York University Press, 2015.

Lee Jarvis, Michael Lister, *Anti-Terrorism, Citizenship and Security,* Manchester: Manchester University Press, 2015.

Ralph Ketcham, *Public-Spirited Citizenship: Leadership and Good Government in the United States,* New Brunswick, N. J. : Transaction Publishers, 2015.

Julius Kirshner, *Marriage, Dowry, and Citizenship in Late Medieval and Renaissance Italy,* Toronto: University of Toronto Press, 2015.

Marjorie Levine-Clark, *Unemployment, Welfare, and Masculine Citizenship: "So Much Honest Poverty" in Britain, 1870 –1930,* New York: Palgrave Macmillan, 2015.

Richard Marback and Marc W. Kruman（eds.）, *The Meaning of Citizenship,* Detroit: Wayne State University Press, 2015.

Alexander Massmann, *Citizenship in Heaven and on Earth: Karl Barth' s Ethics,* Minneapolis: Fortress Press, 2015.

Pramod K. Nayar, *Citizenship and Identity in the Age of Surveillance,* Delhi: Cambridge University Press, 2015.

S. Mark Pancer, *The Psychology of Citizenship and Civic Engagement,* Oxford: Oxford University Press, 2015.

Michael Rowe, *Citizenship and Mental Health,* New York: Oxford University Press, 2015.

Nicole Stokes-DuPass, *Integration and New Limits on Citizenship Rights: Denmark and Beyond,* New York: Palgrave Macmillan, 2015.

Peter Yeandle, *Citizenship, Nation, Empire: The Politics of History Teaching in England, 1870 –1930,* Manchester: Manchester University Press, 2015.

EnginIsin（ed.）, *Citizenship After Orientalism: Transforming Political Theory,* NewYork: Palgrave Macmillan, 2015.

2016

Victor Albert, *The Limits to Citizen Power: Participatory Democracy and the Entanglements of the State,* London: Pluto Press, 2016.

James Arvanitakis, David J. Hornsby, *Universities, The Citizen Scholar and the Future of Higher Education,* New York: Palgrave Macmillan, 2016.

Mona Baker and Bolette B（eds.）, *Citizen Media and Public Spaces: Di-*

*verse Expressions of Citizenship and Dissent,* New York： Routledge, 2016.

Robert A. Cropf, Timothy C. Bagwell, *Ethical Issues and Citizen Rights in the Era of Digital Government Surveillance,* Hershey PA: Information Science Reference, 2016.

Alex Frame and Gilles Brachotte（eds.）, *Citizen Participation and Political Communication in a Digital World,* New York: Routledge， 2016.

Amy Bridges and Michael Javen Fortner, *Urban Citizenship and American Democracy,* Albany, State University of New York Press, 2016.

William Gaudelli, *Global Citizenship Education: Everyday Transcendence,* New York: Routledge, 2016.

Helen Irving, *Citizenship, Alienage and the Modern Constitutional State: A Gendered History,* Cambridge: Cambridge University Press, 2016.

Tracey Skelton, *Politics, Citizenship and Rights,* New York: Springer, 2016.

Inbal Ofer and Tamar Groves, *Performing Citizenship: Social Movements Acrossthe Globe,* New York: Routledge, Taylor & Francis Group, 2016.

Jacob A. C. Remes, *Disaster Citizenship: Survivors, Solidarity, and Power in the Progressive Era,* Urbana: University of Illinois Press, 2016.

Anupama Roy, *Citizenship in India,* New Delhi: Oxford University Press, 2016.

Amalia Sa‘ ar, *Economic Citizenship: Neoliberal Paradoxes of Empowerment,* New York: Berghahn Books, 2016.

Richard Sobel, *Citizenship as Foundation of Rights: Meaning for America,* Cambridge: Cambridge University Press, 2016.

Nicole Stokes-DuPass and Ramona Fruja, *Citizenship, Belonging and Nation-states in the Twenty-First Century*, New York: Palgrave Macmillan, 2016.

Margaretha Van Es, *Citizenship, Gender and Diversity,* New York: Springer Berlin Heidelberg, 2016.

Flora Lu, *Oil, Revolution, and Indigenous Citizenship in Ecuadorian Amazonia*, NewYork: Springer Nature, 2016.

# 《北大政治学评论》约稿函

《北大政治学评论》（*PKU Political Science Review*）是北京大学政府管理学院主办的连续出版物，计划每年出版2—4期。本刊秉持推动中国政治学和公共管理研究的学术宗旨，倡导严谨治学，鼓励理论创新，关注实证研究，主要刊登中外学者在政治学、公共管理等学科领域的最新代表性学术论文和评论，为相关领域的研究者提供一个学术交流平台。

本刊以发表理论与实证研究性论文为主，兼及研究评论、海外译稿、学术专访、学术动态、书评等其他相关撰述，诚邀海内外学界同人赐稿。

1. 所有稿件须为未在任何报刊、书籍或其他出版物发表的原创作品。研究性论文篇幅以1万—3万字为宜；学术动态、书评等字数可在2000—5000字；其他类型文字以不超过万字为宜。

2. 稿件请勿一稿多投。若投稿后三个月仍未接到用稿通知，可自行处理稿件。纸质稿件恕不退还。

3. 凡在本刊发表的文章，著作权归北京大学政府管理学院所有。北京大学政府管理学院有权在其官方网站、微信公众号“北大政治学”（PKURCCP）及其他学术媒体上刊发。

4. 经北京大学政府管理学院院务会议决定，凡是本院作者在本刊发表的研究性论文一律视同核心期刊文章。

5. 请遵守学术规范，如涉及剽窃及其他问题，文责自负。

6. 来稿请以电子版（Word文档）发到编辑部邮箱。通信地址如下：《北大政治学评论》编辑部

邮寄地址：北京市海淀区颐和园路5号

北京大学廖凯原楼335室，邮编：100871

邮箱地址：gzgpsr@pku.edu.cn

# 《北大政治学评论》稿件规范

## 一　稿件要求

### (一) 形式要求

1. 电子文件

Microsoft Office 软件文本。

2. 纸质文件

电子文本以 A4 纸打印。

3. 基本信息

（1）文章中、英文标题；

（2）作者姓名、单位、通信地址、电话与电子邮箱地址。

4. 内容提要和关键词

理论文章请提供内容提要和关键词。内容提要请提供中英文版本，要求体现作者的主要观点，行文流畅、简洁、客观、规范，篇幅以中文 300 字以内为宜。另请提供 3—5 个中、英文关键词。

### (二) 文本要求

1. 正文文本

5 号宋体，单倍行距，页边距上下限、左右边距均采用 Office 软件的默认设置。

2. 文章标题

一级标题："一、二、三……"；

二级标题："（一）（二）（三）……"；

三级标题："1.2.3.……"；

四级标题："（1）（2）（3）……"。

一、二、三级标题各占一行，其中一级标题居中，二、三级标题缩进两个字符且左对齐，四级及以下标题后加句号且与正文接排。

3. 图表文件

（1）统计表、统计图或其他示意图等，均用阿拉伯数字连续编号，后加空格并注明图表名称；

（2）表号及表名须标注于表的上方且居中；

（3）图号及图名须标注于图的下方，且末尾不加标点符号。

如图表下有标注补充说明或资料来源，格式为：先标注补充说明，再另起一段标注资料来源，具体为："注"须标注于图表的下方，以句号结尾；"资料来源"须标注于"注"的下方，并按正文引用格式标注文献。

示例如下：

**表 1　天津都市区单中心密度函数拟合结果**

| 区域 | 函数形式 | 1990 年 | 2000 年 |
|---|---|---|---|
| 天津 | 负指数 | -6.0E-006' | -9.1E-006 |
| | Pareto 函数 | -0.329 | -0.364 |
| | 平方根负指数 | -0.005'' | -0.006 |

注：无标注的参数估计的显著水平为 P≤0 001，标注代表参数估计不显著，标注代表参数估计的显著性水平为 P≤0 01。

资料来源：国家统计局：《中国发展报告 2001》，中国统计出版社 2001 年版。

# 二　编辑体例

本刊采用页下注释。正文中注号用阿拉伯数字加圆圈标注于相关句子的右上角，通常应在相关标点之外。

页下注释的格式基本与参考文献格式一致，但需注意的是外文注释中的作者姓名遵照外国人名的书写顺序。

参考文献连续排序，按先中文，后译文、外文排序。

例证如下：

## （一）中文

1. 著作

吴冷西：《十年论战：1956—1966中苏关系回忆录》上册，中央文献出版社1999年版，第13页。

倪世雄主编：《冲突与合作：现代西方国际关系理论评介》，四川人民出版社1988年版，第71页。

马克思：《工资、价格和利润》，载《马克思恩格斯选集》第2卷，人民出版社1995年版。（视同中文著作）

中华人民共和国外交部研究室：《中国外交：1998年版》，世界知识出版社1998年版，第768页。

胡乔木：《胡乔木回忆毛泽东》，人民出版社1992年版，第88—89页。转引自杨玉圣《中国人的美国观——一个历史的考察》，复旦大学出版社1996年版，第183页。

2. 报刊文章

符福渊、周德武：《安理会通过科索沃问题决议》，《人民日报》1999年6月11日第1版。

吴承明：《论二元经济》，《历史研究》1994年第2期。

李济：《创办史语所与支持安阳考古工作的贡献》，《传记文学》（台北）第28卷第1期（1976年1月）。

3. 论文

任东来：《对国际体制和国际制度的理解和翻译》，提交给"全球化与亚太区域化国际研讨会"的论文，天津，南开大学，2000年6月5日至16日，第2页。

孙学峰：《中国国际关系理论研究方法20年：1979—1999》，硕士学位论文，中国现代国际关系研究所，2000年，第39页。

4. 古文献等

黄宗羲：《明儒学案》卷五十八《东林学案》，文渊阁《四库全书》本，第 1030 页。

5. 未刊文献、手稿等

“蒋介石日记”，毛思诚分类摘抄本，中国第二历史档案馆藏。陈云致王明信，1937 年 5 月 16 日，缩微胶卷，莫斯科俄罗斯当代文献保管与研究中心藏，495/74/290。

## （二）译文

1. 著作

马克斯·韦伯：《学术与政治》，冯克利译，生活·读书·新知三联书店 1988 年版。

赫德利·布尔：《无政府社会：世界政治秩序研究》，张小明译，世界知识出版社 2003 年，导言，第 15 页。

亚历山大·罗森伯格：《经济学理论的认知地位如何》，载罗杰·E 巴克豪斯编《经济学方法论的新趋势》，张大宝等译，经济科学出版社 2000 年版。

2. 通讯

《和平、繁荣与民主》，美新署，华盛顿 1994 年 2 月 24 日英文电。

## （三）外文

1. 著作

Morgenthau, Hans J., *Politics Among Nations: The Struggle for Power and Peace*, 6th ed, New York: Alfred A. Knopf Inc., 1985, pp. 389-392.

Keohane, Robert & Nye, Joseph, *Power and Interdependence: World Politics in Transition*, Boston: Little Brown Company, 1977, pp. 45-46.

2. 编著

Baldwin, David(ed.), *Neorealism and Neoliberalism: The Contemporary Debate*, New York：Columbia University Press, 1993, p. 106.

Knorr, Klause and Rosenau, James N. (eds.), *Contending Approaches to International Politics*, Princeton, New Jersey: Princeton University Press, 1969, pp .225-227.

3. 文章

Levaold, Robert , "Soveit Learning in the 1980s" , in George W. Breslauer and Philip E.Tetlock (eds.), *Learning in US and Soviet Foreign Policy*, Boulder，CO: Westview Press, 1991, p. 27.

Van Evera, Stephen, "Primed for Peace: Europe after the Cold War" , *International Security*, Vol. 15, No. 3, 1990/ 1991.

Jones, Clayton, "Japanese Link Increased Acid Rain to Distant Coal Plants in China" , *The Christian Science Monitor*，November 6, 1992, p. 4.（报纸名用斜体；此处 p. 4 指第 4 版）

"Beijing Media Urge to Keep Taiwan by Force" , *Xinhua*, July 19, 1995.

4. 政府出版物

Central Intelligence Agency, Directorate of Intelligence, *Handbook of Economic Statistics*, 1988, Washington，D.C. : US Government Printing Office, 1988, p. 74.

5. 国际组织出版物

报告：United Nation Register of Conventional Arms, *Report of the Secretary General*, UN General Assembly Document A/ 48/ 344, October 11, 1993.

决议：UN Security Council Resolution 687, April 3, 1991.（决议的注释应当包括两项内容：发布机构和决议号、生效日期）

6. 论文

Tretyakava, Albina, " Fuel and Energy in the CIS" , paper delivered to Ecology' 90 conference, sponsored by the America Enterprise Institute for Public Policy Research, Airlie House, Virginia, April 19- 22, 1990.

Flank, Steven, *Reconstructing Rockets*: *The Politics of Developing Military Technologies in Brazil*，Indian and Israel, Ph. D. Dissertation, MIT, 1993.

7. 互联网资料

Astrid Forland, " Norway's Nuclear Odyssey," *The Nonproliferation Review*, Vol. 4 (Winter 1997), http：//cns. miis. edu/nPr/forland. htm.

8. 转引

F.G.Bailey, ed., *Gifts and Poisons: The Politics of Reputation*, Oxford: Basil Blackwell, 1971, p. 4, cited from Paul Ian Midford, *Making the Best of A Bad Reputation: Japanese and Russian Grand Strategies in East Asia*, Dissertation, UMI, No. 9998195, 2001, p. 14.